Von Sophie Seeberg sind bereits folgende Titel erschienen:
Die Schakkeline ist voll hochbegabt, ey!
Die Schanin hat nur schwere Knochen!

Über die Autorin:
Sophie Seeberg ist Diplom-Psychologin und arbeitet seit fast zwanzig Jahren als Sachverständige für Familiengerichte. Ihre Aufgabe ist es, Gutachten für das Gericht zu erstellen. Regelmäßig arbeitet sie dabei auch eng mit dem Jugendamt zusammen. Von ihren skurrilsten und außergewöhnlichsten Fällen berichtet sie in diesem Buch. Selbstverständlich wurden alle Fälle fiktionalisiert, um die Anonymität zu wahren.
Besuchen Sie Sophie Seeberg auf ihrer Homepage und lesen Sie zwei exklusive, bisher nicht veröffentlichte Geschichten:
www.sophie-seeberg.com

SOPHIE SEEBERG

Der Maik-Tylor verträgt kein Bio!

Neues aus dem Alltag einer Familienpsychologin

KNAUR

Besuchen Sie uns im Internet:
www.knaur.de

Originalausgabe Februar 2017
Knaur Taschenbuch
© 2017 Knaur Verlag
Ein Imprint der Verlagsgruppe
Droemer Knaur GmbH & Co. KG, München
Redaktion: Roman Schmid
Covergestaltung: ZERO Werbeagentur, München
Coverabbildung: FinePic®, München / Shutterstock
Satz: Adobe InDesign im Verlag
Druck und Bindung: CPI books GmbH, Leck
ISBN 978-3-426-78854-7

2   4   5   3   1

Inhaltsverzeichnis

Vorwarnung

Ich möchte dieses Buch mit einer Vorwarnung beginnen:
Achtung, Achtung! Die Geschichten, die ich hier erzählen
werde, sind stellenweise traurig und schockierend.
Ich berichte aus meinem Alltag als Sachverständige für das Familiengericht. Eine Arbeit, die ich liebe, die aber auch dramatisch, erschütternd und hin und wieder wahnsinnig frustrie-
rend ist. Ich erlebe tragische, aber auch rührende, schöne und
skurrile Momente.
Natürlich werde ich oft gefragt, wie um Himmels willen ich über
einen so ernsthaften Job ein humorvolles Buch schreiben kann.
Die Antwort ist ganz einfach: Ich könnte (und wollte) es gar
nicht anders schreiben. Und ich könnte den Beruf nicht anders
ausüben, ohne verrückt zu werden oder an der gesamten
Menschheit zu verzweifeln.
Wenn man nicht aus Stein oder ein Vulkanier ohne Gefühls-
regungen ist, dann bringt der Beruf einer Gerichtsgutachterin
emotionale Belastungen mit sich, die je nach Fall mal erträglich,
aber auch mal kaum auszuhalten sind. Ich habe insbesondere
für Fälle, die mich besonders viel Kraft kosten, ein wunderbares
Team, das mich berät, auffängt und … mit mir lacht. Wir erzählen uns von skurrilen Situationen aus unserem Arbeitsalltag, gewinnen einen gewissen Abstand und können alle gemeinsam
noch einmal kräftig den Kopf darüber schütteln. Und dafür bin

ich meinem wundervollen Team unendlich dankbar. Denn ohne diesen Blick für die Absurditäten unseres beruflichen Alltags könnten wir all das, womit wir tagtäglich umgeben sind, kaum aushalten.

Jeder Mensch verarbeitet Stress und emotionale Belastungen anders, und natürlich helfen auch Joggen, Tanzen, lautes Schreien, Meditieren, Bungee-Jumping, Aquarellmalerei, Trommeln, Mit-dem-Kopf-gegen-die-Wand-Rennen oder ein langer Spaziergang mit dem Hund. Ich habe für mich entdeckt, dass ich mit all der Trauer, Wut und stellenweise auch Verzweiflung am besten fertig werde, wenn ich es schaffe, diese ungewöhnlichen Situationen immer mal wieder als Außenstehende zu betrachten.

Beim Schreiben habe ich immer wieder die große Sorge, womöglich missverstanden und für herzlos gehalten zu werden. Weder ich noch meine Kollegen haben jemals über Menschen gelacht, die unsere Hilfe brauchten. Trotzdem ist es so, dass diese Menschen uns mitunter in Situationen bringen, die einer gewissen Komik nicht entbehren. Wenn man die Wohnung eines Mannes begutachten soll, der um das Sorgerecht für seinen Sohn vor Gericht gezogen ist, und dann feststellt, dass er in einem Auto am Straßenrand lebt, dann ist das erst einmal alles andere als komisch. Wenn dieser Mann dann aber die Vorzüge dieser Wohnsituation in den blühendsten Farben beschreibt (»auf dem Land direkt im Grünen, mobil, verkehrsgünstig …«), dann fühlt man sich mitunter wie in einem Sketch von Loriot. Dass dem Mann geholfen werden muss, steht ebenso wenig außer Frage wie die Unmöglichkeit, dass sein zehnjähriger Sohn auf die Rückbank des Autos einzieht. Ja, auch wenn die Bierflaschen und Mülltüten entsorgt wurden. Deshalb bleibt das Kind zunächst einmal in der Pflegefamilie, in der es sich glücklicherweise sehr wohl fühlt, und trifft seinen Vater regelmäßig im Jugendamt, wo es nette Räumlichkeiten gibt, die ein bisschen mehr Platz zum Spielen und Unterhalten bieten.

Und ich kann Ihnen versichern, ich bin nicht die einzige Sachverständige, der groteske Dinge passieren. Eine Kollegin schrieb mir kürzlich, dass sie so glücklich sei, meine Bücher an Freunde und Familie verschenken zu können. Endlich würden diese Menschen einen besseren Einblick in ihren Beruf bekommen. Sie fügte hinzu, soeben einen Fall abgeschlossen zu haben, in dem eine Mutter ihre anderthalbjährigen eineiigen Zwillinge nicht auseinanderhalten konnte und sie daher lediglich »die eine da« und »die andere da« nannte. Dieses Unvermögen hatte zur Folge, dass »die eine da« zum Orthopäden gebracht wurde, bei dem aber »die andere da« einen Termin hatte, welche wiederum zweimal gefüttert worden war, während »die eine da« gar nichts bekommen hatte.

In einer anderen E-Mail wurde mir von einer sogenannten flexiblen Erziehungshilfe berichtet, die in der Erfüllung ihres Auftrages so flexibel war, dass sie kurzerhand mit dem Ehemann des zu betreuenden Elternpaares durchgebrannt war.

Suse aus meinem Team berichtete neulich von einer Mutter, die als Prostituierte arbeitet – was ja an sich erst einmal kein Problem darstellt. Auch dass die Mutter beim ersten Termin eine Hausführung durch den Swingerclub machte, dessen Teilhaberin sie demnächst werden wollte, ließ sich noch halbwegs darstellen. Skurril wurde es, als die Mutter dann Suse – also die Frau, die sie begutachten und dabei feststellen sollte, ob sie erziehungsfähig ist – fragte, ob sie sich vielleicht auch des Abends etwas nebenbei verdienen wolle. Sie habe nämlich wirklich außergewöhnlich schöne Brüste und würde hinter der Bar eine tolle Figur machen. Die ausladenden Hüften würde man da nämlich nicht so sehen, denn der Tresen gehe bis über den Bauchnabel. Na vielen Dank.

Ein Kollege erzählte von einem Begutachtungstermin, bei dem ihm die Kindesmutter erklärte, sie sei ein Medium und müsse nur eben schnell noch eine Séance abhalten. Die Geister hätten irgendwas Wichtiges mitzuteilen und ob er sich so lange bitte um Leif kümmern könne. Leif war ein handzahmes Opossum, das sie ihm daraufhin auf den Schoß plazierte. Sie versprach, die Geister darum zu bitten, sich aufs Wesentliche zu konzentrieren, und danach sei sie aber dann ganz für ihn da.

Die Geschichten, die Sie in diesem Buch vorfinden, sind natürlich keine repräsentative Auswahl an Fällen und spiegeln nicht den Alltag einer Gutachterin wider. Ich treffe nicht bei jedem Fall auf Mütter, die absolut sicher sind, dass ihr Sohn keinerlei Bioprodukte verträgt. Oder auf eine Mutter, die etwas zu spät feststellt, dass sie statt eines Kindes doch lieber einen Hund will.

Und natürlich gibt es viel zu viele Fälle, in denen sich die Eltern auch nach einem Gutachten und Gerichtsurteil weiterstreiten und damit ihre Kinder schwer belasten. Fälle, in denen die Eltern gerade so »nicht schlimm genug« sind, um ihnen das Sorgerecht zu entziehen. Bei denen man sich aber fragen muss, ob die Chancengleichheit in unserem Land wirklich für alle gegeben ist: Denn diese Kinder brauchen eine irrsinnige Menge an Kraft, um mit ihren Eltern klarzukommen …

All das und noch mehr Erschütterndes gibt es, und es macht einen Großteil unserer Arbeit aus. Aber daneben erlebt man auch Fälle, die gut enden und in denen man viel mehr Liebe, Güte und versteckte Fähigkeiten findet, als es die Gerichtsakte zunächst vermuten ließ.

Außerdem ist es mir nach wie vor ein Anliegen, das Klischee der »Frau vom Amt« wenigstens ein bisschen zu entkräften.

Da ich vor meiner Zeit als Gerichtsgutachterin in einer Beratungsstelle für Familien- und Lebensfragen gearbeitet habe, kann ich auch aus dieser Zeit ein paar Dinge schildern, die mir bis heute im Gedächtnis geblieben sind.

Doch auch dabei war mir wichtig, Geschichten auszuwählen, die letztendlich hoffnungsvoll enden und das Gefühl vermitteln, dass sich immer eine Lösung finden lässt, wenn die Menschen an einer solchen interessiert sind.

Ich bin es nach wie vor, jedes Mal aufs Neue. Die Kinder, um die es letztlich immer in erster Linie gehen sollte, haben es mehr als verdient.

Lass ich mir eben ein neues machen …

Jennifer Scheller war eine Woche bevor ich sie kennenlernte neunzehn geworden, sah aus wie Ende zwanzig und benahm sich wie fünfzehn.

Es war unglaublich schwierig gewesen, mit ihr einen Termin zu vereinbaren, weil es ihr entweder »gerade nicht so passte«, sie »da aber einen wirklich sehr wichtigen anderen Termin« hatte oder »einfach so viel los war«, dass sie die Verabredung mit der Frau Sachverständigen »vor lauter Stress vergessen« hatte.

Der wichtige Termin entpuppte sich später als ein Einkaufsbummel mit ihrer besten Freundin »Jacky« und der »Stress« als Planung der eigenen Geburtstagsparty.

Nach mehreren erfolglosen Versuchen einer Terminvereinbarung telefonierte ich mit der zuständigen Richterin, Frau Hofer. Ich informierte sie, dass ich im Fall Scheller nicht weiterkam beziehungsweise mit der Begutachtung noch gar nicht hatte beginnen können.

Da es neben Jennifer auch um ihre sechs Monate alte Tochter Samanta ging, war Eile geboten. Das Baby war vom Jugendamt wegen akuter Kindeswohlgefährdung aus dem Haushalt der Mutter herausgenommen worden. Der Kindesvater war zwar bekannt, hatte aber schon vor der Geburt verkündet, sich weder um das Kind noch um die Mutter kümmern zu können und zu wollen. Zur Sicherheit war er vor einigen Monaten an das andere Ende von Deutschland gezogen und hatte es doch glatt versäumt, seine neue Anschrift mitzuteilen. So was.

Frau Schellers Eltern waren zwar finanziell gut betucht und unterstützten ihre Tochter in dieser Hinsicht sehr, hatten aber auf Nachfrage des Jugendamtes erklärt, sich keinesfalls um ihr Enkelkind kümmern zu können. Sie hätten schließlich schon ein Kind großgezogen, und nun müsse es »auch mal« um ihre Bedürfnisse gehen. Für ein Kind gebe es definitiv keinen Platz in ihrem Leben. Und so befand sich Baby Samanta nun in einer Bereitschaftspflegefamilie, wo es aber nicht dauerhaft würde bleiben können.

Wenn wir Sachverständigen einen Gutachtenauftrag erhalten, in dem es um etwa sechs Monate alte Kinder geht, die in Bereitschaftspflegefamilien leben, dann greifen wir, wie auf Autopilot, zum Terminkalender, blättern wild darin herum, tippen mit der anderen Hand die erste von vielen Telefonnummern ein, und während es am anderen Ende tutet, hacken wir schon diverse Mails in die Welt. In solchen Fällen müssen wir uns nämlich tatsächlich *noch* mehr beeilen als ohnehin schon. Kinder, die jünger sind als etwa acht Monate – hier kommt es auf den Entwicklungsstand der Kinder beziehungsweise auf deren Entwicklung von emotionalen Bindungen an –, haben nämlich eine gute Chance, aus dem ganzen Hin und Her einigermaßen unbeschadet hervorzugehen. Und diese Chance muss man nutzen. *Unbedingt!* Kinder sollten sich natürlich immer so kurz wie möglich in Bereitschaftspflegefamilien aufhalten. Ganz egal wie alt sie sind. Denn ein Kind, das sich in einer solchen Pflegefamilie befindet, hat ja schon einmal seine Bezugspersonen verloren und muss diesen Verlust beim Wechsel in die dauerhafte Pflegefamilie noch einmal durchmachen. Das bedeutet jedes Mal eine extreme emotionale Belastung für das Kind. Auch dann, wenn diese Bezugspersonen massive Defizite in der Erziehungsfähigkeit hatten und es dem Kind objektiv gesehen ohne sie deutlich bessergeht. Ein Verlust von Bindung ist immer schlimm.

Babys aber sind bis zu einem gewissen Entwicklungsstand in der einmaligen Lage, einen Wechsel der Bezugsperson vergleichsweise gut verkraften zu können.

Baby Samanta war nun glücklicherweise genau in diesem Alter. Wenn ich sehr schnell mit meiner Begutachtung war, das Gericht dann ebenfalls zügig terminierte und die Anwälte das Verfahren nicht unnötig verzögerten (ja, auch das musste ich schon erleben), konnte Samanta trotz ihres nicht ganz so erfreulichen Lebensstarts Glück haben.

Also malte ich einen dicken roten Punkt in meinen Kalender. An diesem Tag musste ich mit der Begutachtung und dem Schreiben des Gutachtens fertig sein. Und ich war fest entschlossen, das auch zu schaffen.

Generell sollten sich natürlich alle Beteiligten in gerichtlichen Verfahren bemühen, die unangenehme Zeitspanne zwischen Verfahrensbeginn und -ende für Kinder möglichst schnell in einer klaren Entscheidung enden zu lassen, damit sie sich ganz bald in sicheren Lebensverhältnissen wiederfinden. Ganz egal ob es »nur« um die Regelung des Umgangs oder eben um die Frage geht, wo das Kind zukünftig leben wird.

Manchmal geht es allerdings nicht so schnell wie erhofft, gewünscht oder notwendig. Da sind Anwälte in Urlaub, Richter verhindert, neue Schriftsätze geschrieben, die beachtet werden müssen. Das gilt natürlich auch für Sachverständige, die zum einen eine gewisse Weile brauchen, um die Fragestellung des Gerichts beantworten zu können, und die zum anderen teilweise schlicht und ergreifend arbeitsmäßig überlastet sind.

Es gibt allerdings auch Fälle, in denen es gar nicht so schlimm ist, wenn eine Begutachtung eine gewisse Zeit dauert. Manchmal lassen sich dann nämlich mit allen Beteiligten Lösungen finden, die bei einer schnelleren Bearbeitung noch nicht hinreichend gereift und damit unmöglich gewesen wären.

Meist ist es allerdings so, dass die Beteiligten – Kinder wie Eltern – unter der unklaren Situation massiv leiden und das Gerichtsverfahren so schnell wie möglich zum Abschluss gebracht werden sollte. Im Falle von Baby Samanta gab es nun die Chance, dass sie, von alldem recht unbeeindruckt, in einigen Wochen entweder bei ihrer Mutter oder in einer Dauerpflegefamilie ein gutes Leben ohne Bindungsstörung würde haben können.

War ich zu langsam, bestand die Gefahr, dass Samanta eine Bindung zu ihren Bereitschaftspflegeeltern aufbaute. Im schlimmsten Fall würde das Kind unter dem Verlust dieser Bezugspersonen dann ein Leben lang leiden, und ich wäre quasi schuld daran.

Was für eine furchtbare Vorstellung!

Entsprechend vehement erklärte ich der zuständigen Richterin, dass ich dringend einen Termin mit der Kindesmutter Jennifer Scheller benötigte, aber leider ein ums andere Mal scheiterte. Also bat ich um Hilfe und ihr Einverständnis, mich direkt mit Jennifers Anwalt in Verbindung setzen zu dürfen.

Ich durfte.

Und freute mich, dass es sich um meinen Lieblingsanwalt Herrn Kuben handelte.

Es war immer schön, ihn dabeizuhaben. Ob als Anwalt oder Verfahrenspfleger.

Wenn Herr Kuben als Verfahrenspfleger auftrat, also als Anwalt des Kindes, konnte ich sicher sein, einen wunderbaren Verbündeten in ihm zu haben. Aber auch als Anwalt eines Elternteils hatte er immer das Wohl der Kinder im Blick – und war im Gegensatz zu so manchem seiner Kollegen sehr gut in der Lage, zu erkennen, wenn er im Sinne der Kinder mal ein ernstes Wort mit seinen Mandaten reden sollte. Das tat er dann auch. Natürlich macht es bei den Eltern ziemlich Eindruck, wenn sogar der eigene Anwalt erklärt, man solle gefälligst auf die Sachverständige hören. Alles andere mache gar keinen Sinn, sei von vornherein zum Scheitern verurteilt und überhaupt Quatsch.

Ich mag Herrn Kuben.

So war ich also guter Dinge, als ich ihn anrief und berichtete, dass seine Mandantin einfach keine Zeit für einen Termin mit mir zu haben schien.

»Ja, das gibt's ja wohl nicht!«, polterte er auch gleich los. »Das haben wir gleich, Frau Seeberg. Einen Moment, bitte.«

Er legte auf und meldete sich tatsächlich nur wenige Minuten später zurück. »So, das hätten wir.« Ich konnte spüren, dass Herr Kuben zufrieden grinste. »Sie können Frau Scheller jetzt auf ihrem Handy erreichen. Sie wird einem baldigen Termin zustimmen und dann auch vor Ort sein.«

»Danke schön, Herr Kuben. Was würde ich nur ohne Sie machen?«

Er lachte sein fröhlich dröhnendes Lachen. »Danken Sie mir nach dem Termin. Die Frau Scheller, also … die ist schon … sehr speziell, irgendwie. Wir sprechen uns.«

Was auch immer Herr Kuben der jungen »irgendwie sehr speziellen« Mutter gesagt hatte, es zeigte Wirkung: Frau Scheller erklärte sich zu einem Termin am nächsten Vormittag bereit – und war auch tatsächlich zu Hause, als ich klingelte.

Ich schickte in Gedanken noch ein Dankeschön an Herrn Kuben und trat in einen (Alp-)Traum aus Diddl.

Frau Scheller bewohnte ihre kleine Einzimmerwohnung zusammen mit bestimmt hundert Diddl-Mäusen. Oder noch mehr? Es war wirklich schwer einzuschätzen. Die dickfüßigen Mäuse saßen in Regalen, auf dem Sofa, den Fensterbrettern und dem Fernseher. Sie baumelten an der Vorhangstange, grinsten von diversen rosafarbenen Plakaten und hatten überhaupt die gesamte Wohnung fest im Griff. Mir wurde erst jetzt wirklich bewusst, wie viele Gebrauchsgegenstände es im Diddl-Design offenbar zu kaufen gab. Stifte, Blöcke und Radiergummis waren mir ja aus dem Schreibwarenladen bekannt, und auch Kissen, Tassen oder Federmäppchen gehörten sozusagen zu den Klassikern. Aber dass es auch Wanduhren, Buchstützen, Blumenübertöpfe und Teppichvorleger mit dem klumpfüßigen Cartoon gab, war meiner Aufmerksamkeit bislang angenehm entgangen.

Ich habe den Hype um die Diddl-Maus nie verstanden. Ich fand schon immer, dass diese zumeist debil grinsende Maus aussah, als hätte sie eine furchtbare Krankheit, die ihre Füße und Ohren auf groteske Weise extrem anschwellen ließ. Sie tat mir zwar leid, aber eben auch nicht so sehr, dass ich sie in meine Wohnung gelassen hätte.

Frau Scheller bewies allerdings auch ansonsten eine ganz erstaunliche Konsequenz. Denn was nicht diddlmausig besetzt war, passte trotzdem perfekt in die Diddl-Welt. Der Rest der Wohnung war nämlich pink.

Gut, stellenweise blitzte auch mal etwas Weiß oder ein verwegenes Lila hindurch, aber sonst hatte sich Frau Scheller erfolgreich auf Pink beschränkt.

Natürlich darf sich jeder mit den Farben umgeben, die er mag. Ich persönlich empfinde die Farbe Pink als ... na ja, zu »laut«.

Für die meisten Sechs- bis Dreizehnjährigen wäre Frau Schellers Wohnung aber der absolute Traum gewesen.

Neben dem Diddl-Wahnsinn und den pinkfarbenen Möbeln gab es Sofakissen mit Flauscheherzchen drauf, massenweise Glasdosen mit Süßigkeiten wie in einem Kiosk, einen Kristallkronleuchter, der einem Disney-Schloss alle Ehre gemacht hätte, ein märchenhaftes Himmelbett, eine gigantische Kleiderstange mit unzähligen – ja, genau – rosa- und pinkfarbenen Kleidern und sogar einen überdimensionalen Schminktisch mit ebensolchem Spiegel und einer Unmenge an Töpfchen, Fläschchen, Pinselchen und diversen Dingen, die ich nur aus Zeichentrickfilmen oder von den Covern einschlägiger Mädchenzeitschriften kannte.

Ein Blick auf Frau Scheller selbst genügte, um zu wissen, dass sie die meiste Zeit des Tages auf dem pinken Plüschhocker vor dem Schminktisch saß und all die geheimnisvollen Dinge benutzte, die darauf herumlagen.

Sie sah mit ihren blonden langen Haaren, den blauen Kulleraugen und ihrem rosa Kleidchen aus wie eine Barbiepuppe.

Wie eine ziemlich geschminkte Barbiepuppe.

Mit überproportionaler Oberweite.

Es fiel mir schwer, woanders hinzusehen als auf beziehungsweise in Frau Schellers Dekolleté.

Irgendwie sah sie doch eher aus wie Jessica Rabbit, die Cartoonfigur. In blond.

»Hi«, sagte Barbie Jessica und produzierte mit gelangweilter Miene eine gigantische Kaugummiblase.

So war ich definitiv noch nie begrüßt worden.

Die Kaugummiblase platzte, wurde lautstark wieder in den Mund geknautscht, erschien erneut und wurde interessiert begutachtet, während Jessica sie zwischen die Finger nahm und gegen das Licht hielt. Zufrieden wandte sie sich mir zu.

»Die ist super geworden.« Sie hielt mir die Kaugummiblase vor die Nase. »Hubba Bubba sind die besten, sag ich immer. Mit denen kann man echt super Blasen machen.« Sie stopfte sich das inzwischen erschlaffte Gebilde wieder in den Mund und ging mir voraus zur Kochnische.

»Wollen Sie auch 'ne Cola?«

»Nein danke. Aber ein Wasser wäre nett.«

»Wasser? Echt jetzt?!« Ihre Kulleraugen wurden noch kullriger. »So was hab ich nicht.«

»Kein Problem. Leitungswasser tut es auch.«

»So aus dem Hahn oder wie? Im Ernst?« Fassungslosigkeit machte sich auf ihrem Gesicht breit.

Ich nickte und merkte Frau Scheller an, dass sie mich für sehr verschroben, wenn nicht sogar für verrückt hielt.

Ich bin mir sicher: Wenn irgendwann ein Wasserhahn erfunden wird, der mittels diverser Kapseln das Wasser beliebig einfärben kann, wird er reißenden Absatz finden. Vielleicht melde ich demnächst das Patent darauf an. Meine erste Käuferin wird Frau Scheller sein: einmal das »Pink Princess Pack« mit Hahnaufsatz und hundert pinken Färbekapseln zum Vorzugspreis.

Während ich die junge Frau und ihre beiden Brüste über den Ablauf der Begutachtung und deren Rahmenbedingungen informierte, stellte Frau Scheller ein Diddl-Glas mit dem Aufdruck »Hab dich lieb« vor mich auf den Tisch und goss sich selbst ihre Cola in eine Tasse, auf der eine irre grinsende Diddl-Maus verkündete, sie sei »die beste Mama der Welt«.

Womit wir ja schon wunderbar beim Thema waren.

»Frau Scheller …«, begann ich.

»Boah«, wurde ich mit genervt nach oben gerollten Augen unterbrochen. »Können Sie mal aufhören, Frau Scheller zu mir zu sagen? Da fühl ich mich ja voll alt. Ich bin die Jennifer, und ich hasse es, wenn ich gesiezt werde.«

»Okay, wenn das für Sie, äh … für dich angenehmer ist, dann sage ich Jennifer und du.«

»Japp. Ist besser so«, erklärte sie, stand noch einmal auf, um sich einen rosa Glitzerstrohhalm zu holen, und ließ sich dann mit einem zufriedenen »So!« wieder auf ihren Stuhl plumpsen.

Mit einiger Anstrengung versuchte ich, nicht auf ihr fast schon absurd gigantisches Dekolleté, sondern in ihre blauen Augen zu schauen. Dabei fragte ich mich umgehend, ob ihr Schlafzimmerblick schlicht und ergreifend eine Folge der Unmenge an Wimperntusche war, die sie sich zusätzlich zu den offenbar unechten Wimpern ins Gesicht geklatscht hatte. Sie schien Schwierigkeiten zu haben, die Augen offen zu halten.

»Jennifer, in meiner Akte steht, dass du Samanta noch nicht ein einziges Mal besucht hast, seit sie in der Bereitschaftspflege …«

Ich wurde von einem erneuten »Boah!« unterbrochen. Jennifer hatte die Arme verschränkt und die Unterlippe vorgeschoben.

»Ich find das voll gemein!«

Ich wartete.

Nichts.

»Was findest du gemein, Jennifer?«

»Pffff!« Sie drehte mit einem gekonnten Miss-Piggy-Schwung ihren Oberkörper zur Seite und sah mit verkniffenem Mund von mir weg.

Ich beschloss zu warten. Das würde sie nicht lange durchhalten.

Und tatsächlich wandte sich Jennifer nach kurzer Zeit wieder zu mir und funkelte mich böse an. »Das ist so was von gemein, das alles hier!«

Die Diskrepanz zwischen Jennifers aufgemotzter Erscheinung und ihrem kindlichen Verhalten war frappierend.

»Was genau meinst du? Dass Samanta in einer Bereitschaftspflegefamilie ist?«

»Ja, zum Beispiel das. Sie ist mein Kind, und deshalb kann ich mit ihr ja wohl machen, was ich will! Ich meine, ich hab die ja nicht gehauen oder so was. Also echt! Und dann kommt da so eine Tante und nimmt mir einfach mein Kind weg. Das ist doch wohl voll gemein, oder nicht? Oder wie würden Sie das finden, wenn da einfach jemand kommt und Ihnen Ihre Sachen wegnimmt? Das macht man doch nicht!«

Sie hatte tatsächlich »Sachen« gesagt. Jennifer regte sich noch eine Weile auf, wie ungerecht und gemein das alles war, hörte dann aber abrupt auf, weil sie begonnen hatte, sich ihre Fingernägel mit stinkendem Glitzerzeug zu lackieren. Offenbar benötigte sie ihre ganze Aufmerksamkeit nun dafür.

Ich machte einen neuen Versuch: »Ich kann gut verstehen, dass du es blöd findest, dass Samanta bei einer Pflegefamilie ist. Aber ich weiß jetzt noch immer nicht so recht, warum du sie bisher nicht besucht hast. Sie ist ja immerhin schon ein paar Wochen weg.«

»Kein Bock gehabt vielleicht?«, fragte Jennifer ebenso rhetorisch wie genervt und pustete ihre Fingernägel trocken.

Spätestens jetzt war mir klar, was Herr Kuben mit »speziell« gemeint hatte, und ich beschloss, ihn nachher direkt anzurufen, um mich für die nicht erfolgte Vorwarnung herzlich zu bedanken. Dann versuchte ich mir diesen großen Mann in Jennifers Barbiewohnung vorzustellen und musste bei der Vorstellung von Herrn Kuben im pinkfarbenen Plüschsofa in mich hineingrinsen. Ich nahm einen Schluck Wasser. Es schmeckte nach Glitzernagellack.

»Weißt du, Jennifer, ich kenne die ganze Geschichte ja nur aus der Akte, die ich vom Gericht bekommen habe. Magst du mir nicht einfach mal aus deiner Sicht erzählen, was passiert ist?«

»Ja, klar. Kann ich machen.«

Jennifer griff nach ihrem Handy (mit rosa Glitzerhülle. Überraschung), las eine Nachricht und fragte: »Macht es Ihnen was aus, wenn die Jacky vorbeikommt? Wir waren ja eigentlich zum Shoppen verabredet jetzt und so.«

Ich atmete tief durch.

Immerhin hatte Jennifer *gefragt,* ob ihre Freundin vorbeikommen könnte, und sie nicht einfach eingeladen. Das war ja schon mal ... was.

Natürlich konnte Jacky jetzt nicht vorbeikommen.

»Wann kann ich denn dann los?«, maulte Jennifer.

Ich kam mir vor, als würde ich mit meiner pubertierenden Tochter sprechen. Ganz ruhig erklärte ich ihr, dass sie sich jetzt schon noch eine Stunde Zeit nehmen müsse.

»Maaaaaann ...«, stöhnte sie und verdrehte die Augen.

Dann tippte sie, begleitet von noch so einigen »Woooooah«-Seufzern, eine Nachricht an Jacky und sah mich dann trotzig an.

»Hab ich ihr geschrieben. Zufrieden?«

Ich nickte und bat sie noch einmal, mir doch einfach zu erzählen, wie sich die Situation für sie darstellte.

»Sie wollen meine Seite hören?« Ich nickte.

»Sie wollen also echt meine Seite hören? Ja?«

Erstaunlich, wie schnell sich ihre Stimmung und ihr Tonfall ändern konnten. Jennifer klang nun regelrecht aggressiv. Eine total genervte Barbie mit Wutsonderfunktion. Sie würde bestimmt gleich Blitze aus ihren Augen schießen und aus den Ohren qualmen oder so. (Falls es so was noch nicht gibt, sollte ich auch darauf ein Patent anmelden.)

»Ich sag Ihnen mal meine Seite!«, schnauzte sie mich an. »Diese Tussi mit dem schlechten Klamottengeschmack und dem grauen Haaransatz ist hier reingekommen, hat mir blöde Fragen gestellt, an *meiner* Samanta rumgefummelt und sie dann einfach mitgenommen! Die spinnt doch total, die Alte! Ist ja wohl schließlich mein Baby! Und dann kommt die an und klaut einfach mein Kind! Das ist echt voll gemein! Ich hab da auch schon bei RTL angerufen und gesagt, dass die da mal wen schicken sollen. Dann wird das im Fernsehen gezeigt, und dann kriegt die aber Ärger, die Alte!«

Offensichtlich war Jennifer der Ansicht, RTL könne ihr besser helfen als das Familiengericht.

Das ist in gewissen Kreisen eine durchaus verbreitete Sicht der Dinge. Und je nach individueller Zielsetzung möglicherweise auch gar nicht so verkehrt. Beispielsweise wenn es darum geht, seinem Ärger mal ordentlich Luft zu machen, ein paar Leute anzupöbeln und/oder einfach mal ins Fernsehen zu kommen.

Falls die Zielsetzung jedoch eine juristisch einwandfreie Klärung der Situation sowie eine langfristig kindeswohldienliche Regelung ist, dann ist es wenig sinnvoll, sich mit einem Anliegen an RTL und Co. zu wenden. Es ist sogar irgendwie ... sagen wir mal, kontraproduktiv.

»Jennifer, was glaubst du denn, weshalb Samanta in eine Bereitschaftspflegefamilie gebracht wurde?«

Das erwartete »Booah!«, Augenverdrehen und beleidigte Herummotzen blieb überraschenderweise aus.

Es gab auch kein Kaugummigekaue oder Auf-dem-Handy-Herumgetippe. Jennifer sah mich sehr ernst und hochkonzentriert an. Diese plötzliche Veränderung war regelrecht gruselig. Mit einem Mal wirkte Jennifer sehr erwachsen und wie jemand, der genau wusste, was er wollte.

Sie schloss kurz die Augen, atmete tief ein und sah mich dann mit einem irgendwie unheimlichen Lächeln an.

Sie beugte sich zu mir und erklärte mit tiefer eindringlicher Stimme: »Ich glaube, das hatte überhaupt nichts mit mir zu tun, wissen Sie.« Jennifer machte eine Pause und atmete noch einmal tief durch. Ihr Lächeln verschwand, und sie sah regelrecht gefährlich aus, als sie mit starrem Blick und kinskihafter Stimme flüsterte: »Es hat nur etwas damit zu tun, dass diese Dame vom Jugendamt eine frigide Kuh ist, die noch nie so richtig durchgefickt wurde. Das glaube ich.«

Jennifer lächelte nun ein Mona-Lisa-Lächeln, das ihre Augen nicht erreichte, und ich überlegte, ob ich es mit einer multiplen Persönlichkeitsstörung zu tun hatte.

Möglich wäre es.

Und im Moment auch eine wirklich sinnvolle Erklärung. Vielleicht wohnten in Jennifer eine spätpubertierende Barbie, eine Jessica Rabbit, eine Miss Piggy und irgendein Vampirmädchen aus einem beliebigen Twilight-Roman. Und alle durften abwechselnd mal ans Mikro. Ich überlegte, wie ich auf die Schnelle ein psychiatrisches Zusatzgutachten herzaubern konnte.

Da brach Jennifer plötzlich in heilloses Gelächter aus. Sie kriegte sich gar nicht mehr ein, und ich verstand durch ihr Gepruste nur »Sie hätten mal Ihr Gesicht sehen sollen« und »Wollt ich immer schon mal sagen, so was«.

Um Himmels willen.

Das war keine multiple Persönlichkeitsstörung.

Aber ein normales Gespräch war mit Jennifer dennoch kaum möglich. Ich unterdrückte den üblichen Impuls, den Raum insgeheim nach Kameras oder einer doppelten Wand abzusuchen, hinter der jeden Moment ein penetrant fröhlicher *Verstehen Sie Spaß?*-Moderator hervorbrechen würde, und versuchte stattdessen, anders zu der jungen Frau durchzudringen.

»Hör mal, Jennifer, die Sache ist die: Deine Tochter ist gerade in einer Bereitschaftspflegefamilie, weil das Jugendamt und auch das Gericht der Ansicht waren, dass du sie nicht ausreichend versorgst.«

»Booooah! Das stimmt ja voll nicht! Die Alte hat ja nur …«, maulte sie erwartungsgemäß dazwischen.

»Stopp!« Ich schaute sie streng an.

Sie schaute erstaunt zurück.

»Mag sein, dass das für dich alles irgendwie lustig ist oder es dir auch ein bisschen egal ist, aber für Samanta ist es das *nicht*. Und für mich auch nicht.«

Jennifer kaute auf ihrer Unterlippe herum und stopfte sich dann zwei weitere Hubba Bubbas in den Mund. Sie war erst einmal mit Kauen beschäftigt, und so hatte ich die Gelegenheit, ihr noch einmal ohne »Boooah«-Unterbrechungen zu erklären, um was es hier ging. Ich wollte sichergehen, dass sie die Zusammenhänge verstand. Und im Moment war das noch nicht der Fall.

»Ich erklär dir das jetzt noch mal in Kürze: Das Jugendamt hat gesagt, dass Samanta bei dir nicht gut aufgehoben ist und sie deshalb sofort in eine Bereitschaftspflegefamilie muss. Das macht das Jugendamt nicht grundlos, sondern nur, wenn ein Kind wirklich in *Gefahr* ist. Du hast gesagt, dass es ihr bei dir sehr wohl gutging und du sie wiederhaben willst. Die Richterin hat deshalb mich beauftragt, zu schauen, ob Samanta zu dir zurückkann oder nicht. Verstehst du das?«

»Ja, klar, aber …«, maulte Jennifer.

»Kein Aber!« Ich war fest entschlossen, das Gespräch nicht wieder in ein Ist-ja-voll-gemein-Gefasel abdriften zu lassen. »Wenn Samanta wieder zu dir zurücksoll, muss ich sicher sein können, dass es ihr bei dir auch wirklich gutgeht.«

»Boah, ihr geht's gut bei mir! Die war immer total happy!«

»Als das Jugendamt sie zur Bereitschaftspflegefamilie gebracht hat, war Samanta verdreckt, wund und dehydriert. Sie war in Lebensgefahr, Jennifer! Sie wäre beinahe gestorben!«

Hatte Jennifer jetzt gerade so etwas wie eine Gefühlsregung gezeigt? Oder hatte ich nur einen weiteren Seufzer überinterpretiert? Ich sprach weiter in eindringlichem Tonfall: »Wenn das Jugendamt sie nicht mitgenommen hätte, dann wäre sie jetzt wahrscheinlich tot!«

Okay, das war drastisch, aber es entsprach der Wahrheit. Ich hatte das Gefühl, anders nicht zu Jennifer durchzudringen.

Die lehnte sich mit grimmigem Blick zurück und verschränkte die Arme unter der Brust. *Vor* der Brust war technisch nicht möglich, und so wirkte das Ganze, als wolle Jennifer mir ihre Oberweite zur Begutachtung näherbringen.

»Aber sie ist *meine* Tochter. Ich will sie sofort zurück!«

Ich erwiderte ihren trotzigen Blick und fragte umso ruhiger: »Aha. Und warum?«

»Hä?« Jennifer sah mich verdutzt an. Dabei stand ihr Mund leicht offen, und für einen Moment dachte ich wirklich, sie hätte sich auch die Zunge pink gefärbt. Es war aber doch nur der pinkfarbene Kaugummi.

Ich zuckte mit den Achseln: »Na ja, warum willst du sie zurück? Ich meine, es gibt keine Anzeichen dafür, dass du sie vermisst oder dich um sie sorgst. Du hast sie nie besucht und erkundigst dich auch nicht danach, wie es ihr geht. Also frage ich mich, warum du sie zurückhaben willst.«

»Sind Sie bekloppt? Weil sie *meins* ist. Sag ich doch!«

»Gibt es denn noch einen anderen Grund?«

Ich hatte noch immer die Hoffnung, dass irgendwo hinter ihrem pubertären Getue und ihrem Desinteresse etwas schlummerte, was wir wecken konnten, um Jennifer doch noch eine Chance auf ein Zusammenleben mit Samanta zu geben. Mit Hilfe selbstverständlich. Derzeit sah es aber nicht danach aus, als müsste ich überhaupt darüber nachdenken, ob und, wenn ja, inwiefern Jennifer Scheller eine Hilfe würde annehmen können.

»Sie gehört mir. Das reicht ja wohl als Grund!«

»Nein, Jennifer, das reicht nicht als Grund.«

»Doch!!«

»Nein, das …«

»Doch!!!«

Ich atmete tief durch.

»Jennifer, wenn es jetzt so wäre, dass Samanta nicht zu dir zurückkommen kann, dann …«

»Dann weiß ich auch schon, was ich mache!«

Sie schaute mich triumphierend an, und ich hätte mich nicht gewundert, wenn sie ein »Ätschibätsch« hinzugefügt hätte.

»Dann lass ich mir einfach ein Neues machen! Nämlich! Das ist der Dings, der Cousine oder wer das war, von der Jacky auch schon passiert. Die hat auch einfach ihr Kind weggenommen bekommen. Voll grundlos! Tja, und dann hat sie sich eben einfach ein Neues machen lassen. So! Und das mach ich dann auch. Nämlich!!«

Nun schaute ich verdutzt. Das war eine ganz neue Qualität von Gefühlsverrohung.

Irgendwoher holte ich dann doch noch einmal die Motivation für einen erneuten Anlauf: »Weißt du, Jennifer, ich will ja herausfinden, ob es vielleicht eine Möglichkeit gibt, dass Samanta zu dir zurückkommen kann. Du könntest eine Hilfe annehmen. Oder du …«

»Neeee, lassen Sie mal!« Jennifer winkte lässig ab und produzierte eine beeindruckend große Hubba-Bubba-Blase. »Ich hab da echt keinen Bock mehr drauf. Nachher muss ich dauernd so Termine haben wie mit Ihnen oder so. Das ist mir zu doof.«

Sie lächelte ein wenig. »Also, nix für ungut. Ich hab ja nix gegen Sie persönlich, aber ich will halt schon lieber meine Zeit mit der Jacky oder so verbringen. Verstehen Sie das jetzt nicht falsch, aber die ist eben mehr so meine Wellenlänge.«

Sie lächelte und begann recht zufrieden, auf ihrem Handy herumzutippen. Wahrscheinlich, um Jacky mitzuteilen, dass sie nun fertig sei mit der Gutachtentante und bereit für eine ausgiebige Shoppingtour.

»Bist du denn wirklich sicher, dass du genau weißt, was …«, setzte ich an, doch ich wurde abermals direkt unterbrochen.

»Ich weeeeiiiß das alles. Ich bin doch nicht blöhöd.«

Nicht? Ich war mir da irgendwie gar nicht soooo sicher. Das sagte ich natürlich nicht, aber offenbar sprach mein Blick Bände.

»Nee, echt jetzt«, ratterte Jennifer weiter, als hätte sie meine Gedanken gelesen. »Wissen Sie, ich hab das schon kapiert. Echt. Die Jugendamttusse glaubt, dass Samanta jetzt tot wäre, wenn sie sie nicht in dieses Bereitschaftsdings gebracht hätte, und überhaupt meinen alle, dass es der Samanta bei mir nicht gutgegangen wäre. Und ich soll jetzt irgendwas sagen oder machen, damit das keiner mehr meint, sonst kann die Samanta nicht wieder zurück zu mir.«

Das hatte sie wirklich erstaunlich gut zusammengefasst. Auf ihre Art.

Also nickte ich. »Ja, so ähnlich …«

»Sehen Sie!«, unterbrach sie mich. »Und genau da hab ich keinen Bock drauf. Das ist mir viel zu blöd, und von mir aus kann die Samanta dann eben in dem Bereitschaftsdings bleiben oder in so eine andere Familie gehen. Ich lass mir einfach ein neues Kind machen, und gut ist.« Sie sah mich herausfordernd an.

»Jennifer, bist du dir sicher, dass du das willst? Ich meine, du hast selbst gesagt, Samanta ist deine Tochter und …«

»Jaaahaaa, bin ich sicher. Kann ich jetzt mit der Jacky shoppen gehen?«

Ich sah ein, dass ich hier nichts mehr tun konnte.

»Okay, Jennifer, wir machen es so: Du gehst jetzt shoppen oder was auch immer und schläfst einmal drüber. Ich rufe dich morgen an, und dann können wir noch mal reden.«

Sie sah mich völlig entsetzt an. »Kommen Sie dann morgen schon wieder??«

Ich musste lächeln. »Nein, Jennifer, ich will morgen nur noch einmal kurz mit dir reden. Am Telefon. Oder vielleicht macht das auch dein Anwalt, das schauen wir mal. Es kann ja sein, dass du deine Meinung änderst und Samanta doch wiederhaben ...«

»Booooah, nee, will ich nicht! Ist mir alles viel zu stressig! Echt.« Sprach es und setzte sich vor ihren Schminktisch.

»Ich muss mich jetzt aber wirklich fertig machen. Die Jacky kommt schon in einer halben Stunde. Das schaff ich ja nie ...«

Und als hätte sie schon vergessen, dass da irgendwas mit einer Tochter und einem gerichtlichen Verfahren war, machte sie sich geschäftig daran, ihre Wimpern mit einer weiteren Schicht Tusche zu überziehen.

Als ich wieder auf der Straße stand, rief ich die zuständige Richterin an, fasste kurz das Ergebnis des Gesprächs zusammen und bat darum, möglichst schnell einen Gerichtstermin festzulegen. Wenn Frau Scheller dabei blieb, dass sie ihre Tochter gar nicht wiederhaben wollte, dann konnte für Baby Samanta jetzt ganz schnell eine Dauerpflegefamilie gesucht werden. Frau Hofer erklärte, sie werde gleich alle Beteiligten anrufen und schnellstmöglich terminieren.

Ich wählte Herrn Kubens Nummer.

»Frau Seeberg! Sagen Sie bloß, die Frau Scheller hat schon wieder den Termin verbaselt. Das darf doch wohl nicht ...«

»Nein, nein«, beruhigte ich ihn. »Es hat alles wunderbar geklappt. Zwei Brüste haben mir die Tür geöffnet, und Frau Scheller war auch zugegen. Dann haben wir uns, sagen wir mal, unterhalten, und jetzt bin ich auch schon wieder fertig. Ich soll Ihnen von allen Diddl-Mäusen einen lieben Gruß bestellen und fragen, ob Sie vielleicht ein Selfie von sich schießen wollen, wie Sie in der pinken Hölle sitzen. Ach, und wenn Sie mir das auch zuschicken wollten, wäre ich Ihnen sehr verbunden. Ich würde es auch nur im absoluten Notfall als Druckmittel benützen. Herr Kuben, *warum* haben Sie mich nicht vorgewarnt!«

»Weil ich mich genau auf diesen Monolog schon sehr gefreut habe«, gab der Anwalt bemüht trocken zurück, um direkt danach in dröhnendes Gelächter auszubrechen. »Um nichts in der Welt hätte ich mich selbst um dieses Vergnügen gebracht, verehrte Frau Seeberg. Aber was hat das Gespräch denn ergeben, wenn ich das fragen darf?«

»Dürfen Sie. Ich habe schon mit der Richterin telefoniert und sie gebeten, möglichst schnell zu terminieren.«

»Das ging ja verdammt schnell.«

»Ja, wissen Sie, Frau Scheller hat sich entschieden, dass ihr das alles, ich zitiere, ›zu blöd‹ ist und sie sich lieber ›ein neues‹ machen lässt.«

Bäm.

Da verschlug es sogar Herrn Kuben die Sprache. Zumindest kurz.

»Interessante Herangehensweise«, kommentierte er das Vorhaben seiner originellen Mandantin.

»Es wäre super«, fuhr ich fort, »wenn Sie vielleicht morgen mal bei ihr anrufen könnten, um zu schauen, ob sie sich noch daran erinnert, dass ich da war und sie gesagt hat, dass Samanta in eine Pflegefamilie kann.«

»Ja, klar. Das mache ich. Und vielleicht sage ich ihr dann auch gleich noch was zu der Idee, sich dann eben ein neues Kind machen zu lassen. Mannomann …«

»Vielen Dank, Herr Kuben. Ich lade Sie nach dem Termin auf einen Kaffee ein.«

»Das ist Bestechung, Frau Seeberg.«

»Okay, dann zahlen Sie.«

Da Jennifer auch Herrn Kuben gegenüber dabei blieb, dass ihr das alles »viel zu doof« sei und Samanta dann eben »in so einem Pflegedings« bleiben solle, trafen wir uns ein paar Tage später alle beim Familiengericht wieder – in der Hoffnung, das Verfahren zu einem einvernehmlichen Abschluss zu bringen und für Samanta schnellstmöglich eine Pflegefamilie zu finden, in der sie dauerhaft würde bleiben können.

Frau Wellershoff vom Jugendamt begrüßte mich freudig und zog mich aufgeregt ein Stück zur Seite.

»Ich habe ganz unverbindlich schon mal einen unserer Anwärter auf ein Pflegekind kontaktiert und hätte da tatsächlich eine Familie, die Samanta sofort aufnehmen könnte. Dauerhaft.« Sie strahlte.

»Aber die Familie weiß, dass das noch nicht sicher ist, oder?«, erkundigte ich mich vorsichtig.

Kaum etwas ist gemeiner, als Eltern, die sich ein Pflegekind wünschen, Hoffnungen zu machen, die man später doch enttäuschen muss.

Frau Wellershoff nickte. »Jaja, selbstverständlich. Das hab ich natürlich dazugesagt. Ich wollte nur, dass … also, falls heute klar ist, dass die Samanta in eine Dauerpflege geht, dass dann auch gleich …« Sie lächelte unsicher.

»Das finde ich super, Frau Wellershoff. Ich hatte nur Sorge, dass die potenziellen Pflegeeltern todunglücklich sind, falls es heute doch anders läuft. Alles gut.«

In diesem Moment kam Herr Kuben in Begleitung einer top gestylten Jennifer Scheller auf uns zu.

Er grinste sein Herr-Kuben-Grinsen und ging mit einem dröhnenden »Dannwollenwirmal« voraus in den Gerichtssaal.

Jennifers Rock war so kurz und eng, dass sie Mühe hatte, sich zu setzen. Als sie dann endlich neben Herrn Kuben Platz genommen hatte, hielt dieser ihr wortlos ein Taschentuch hin, sah sie

streng an und knurrte auf ihre genervte Frage »Was deeeenn?«
nur »Kaugummi raus. Jetzt!«.
Zu meinem Erstaunen spuckte Jennifer ohne weiteres Gemaule ihren Kaugummi in das Taschentuch.
Frau Hofer eröffnete die Verhandlung und wandte sich nach der Abwicklung der Formalitäten direkt an Jennifer.
»Frau Scheller, ich habe von Frau Seeberg gehört, dass Sie damit einverstanden sind, dass Samanta dauerhaft in einer Pflegefamilie leben soll.«
»Nee, ich bin mit gar nix einverstanden. Nee, nee!«, kam es daraufhin aus Jennifers rosarotem Mund.
Ich warf einen fragenden Blick zu Herrn Kuben, der mir mit einem »Kein Problem, ich hab alles im Griff«-Blick antwortete.
Hm … in Anbetracht der Tatsache, dass Jennifer gerade wieder erklärte, dass Samanta ja schließlich ihre Tochter und es außerdem voll gemein gewesen sei, sie ihr einfach wegzunehmen, schickte ich noch einen »Sicher?«- sowie einen »Wenn Sie sich da mal nicht täuschen«-Blick hinterher. Aber der Anwalt blieb dabei. Es musste irgendetwas geben, das die Meinung der jungen Mutter ganz sicher ändern würde. Anders konnte ich mir das nicht erklären.
Auch Frau Hofer wirkte nun leicht irritiert.
»Frau Seeberg, vielleicht könnten Sie …?«
Normalerweise fasste ich an dieser Stelle kurz mein Gutachten zusammen. Jetzt blieb mir nur, kurz zu erläutern, dass Frau Scheller im Gesprächstermin erklärt hatte, eine weitere Begutachtung abzulehnen, und stattdessen damit einverstanden sei, dass Samanta nicht in ihren Haushalt zurückkehre. Verwundert registrierte ich, dass Herr Kuben mir nahezu unmerklich zunickte.
Frau Hofer wandte sich abermals an Jennifer. »Was sagen Sie denn dazu, Frau Scheller?«

»Wie, was ich dazu sage?«, kam die verwirrte Gegenfrage.

Die Richterin seufzte: »Nun, ich wüsste gerne, ob es wirklich so ist, dass Sie keine weitere Begutachtung wünschen und daher zustimmen, dass Samanta in eine Pflegefamilie kommt?«

»Ja, ach so, genau!«, antwortete Jennifer und nickte so ausdrucksstark, dass ihr ganzer Rest danach noch eine Weile weiterwippte. »So ein Gutachtendings will ich auf keinen Fall. Da hab ich einfach keine Zeit dazu. Also, wenn ich die Samanta nur wiederkriege, wenn ich vorher stundenlang mit der Frau Seeberg rumlabern muss, dann eben nicht.« Jennifer knipste ihre Handtasche auf und fummelte eine Packung Kaugummis heraus. Ohne hinzusehen, legte Herr Kuben seine Hand leicht auf die ihre und schüttelte den Kopf. Jennifer hielt kurz inne und packte dann tatsächlich die Kaugummis wieder weg.

Frau Hofer fasste sich an die Schläfen und schloss kurz die Augen. Dann wandte sie sich erneut an Jennifer.

»Also, Frau Scheller, ohne Begutachtung werde ich auf gar keinen Fall entscheiden, dass Samanta wieder zu Ihnen zurückkann und …«

»Jahaaa, ist ja gut!«, unterbrach Jennifer die Richterin. »Ich hab's ja verstandeeeen! Ich find das voll gemein, aber wenn ich so ein Gutachtendings machen muss, damit Samanta wieder zu mir kann, dann eben nicht. Auch gut. Das passt mir auch ganz gut, weil ich mir nämlich gedacht habe, dass ich …«

Nun wurde sie ihrerseits von Frau Wellershoff unterbrochen. »Frau Scheller, wenn Sie Samanta nun abgeben und sich dann umgehend das nächste Kind machen lassen, ist das aber wirklich auch keine Lösung. Bevor Sie mit einem weiteren Kind …«

Schon fiel Jennifer Frau Wellershoff ins Wort: »Bevor Sö möt einm woitören Könd …«, äffte sie die Frau vom Jugendamt gar nicht mal so schlecht nach.

Mir war bislang gar nicht aufgefallen, dass Frau Wellershoff eine so tieftönende Stimme hatte. Mist, von nun an würde ich immer Jennifers Parodie im Kopf haben, wenn ich mit Frau Wellershoff sprach.

»Frau Scheller …!«, kam eine gemurmelte, aber dennoch scharfe Ermahnung von Herrn Kuben.

»Ja, ist ja guuuhuut.«

Das musste ich ihm lassen: Er hatte seine Mandantin tatsächlich prima im Griff. Sie erklärte jetzt nämlich ganz gesittet, was ihre Pläne für die Zukunft waren.

»Ich hab ja jetzt gar keine Zeit mehr für ein Kind. Also, ich hab das mit der Jacky, also mit meiner Freundin«, erklärte sie an Frau Hofer und Frau Wellershoff gewandt, »mit der hab ich das alles besprochen. Noch so ein Kind ist ja auch … also, das dauert ja ewig, bis das dann da ist. Und da hab ich mir vorgestern einen Hund gekauft.«

Sie strahlte in die Runde, als hätte sie verkündet, ein Mittel gegen Krebs entdeckt zu haben.

»Der ist voll süüüüß und ja auch viel unkomplizierter als so ein Kind.« Während sie sprach, wischte sie auf ihrem Handy herum und hielt es schließlich erst Herrn Kuben und dann uns allen hin. »Das ist Romeo. Der ist sooo süß!«

Soweit ich das auf die Entfernung erkennen konnte, war Romeo irgendetwas sehr Kleines ohne oder mit sehr wenig Fell, dafür aber mit Glitzerhalsband. Jennifer schaute verliebt auf das Foto.

»So ein Hund ist schon besser als so ein Kind. Ich mein, den hab ich jetzt einfach so kaufen können. Ohne neun Monate auf den zu warten und so. Und mit dem kann ich auch prima Männer kennenlernen. Also, eigentlich sogar noch besser als mit einem Baby. Ich glaub, Männer mögen Hunde lieber als Babys.«

Sie lächelte selig. Offenbar hatte ihr Hund ihr schon zu mindestens einer Männerbekanntschaft verholfen.

Und an Herrn Kuben gewandt fragte sie: »Kann ich denn jetzt geheeeen?« Der schüttelte seufzend den Kopf.

Zu Jennifers großer Freude dauerte es aber bis zum Ende der Verhandlung nicht mehr lange. Sie verabschiedete sich fröhlich von allen und stöckelte dann »schnell zur Jacky, weil da der Romeo wartet«. Der vermisse sie immer ganz schrecklich, wenn sie nicht bei ihm sei. Und deshalb müsse sie nun ganz schnell los.

Ich atmete erleichtert aus. Samanta würde innerhalb der nächsten Wochen in ihre zukünftige Dauerpflegefamilie wechseln können, wo sie hoffentlich ein ganz normales, glückliches Leben führen konnte.

Zwar hatte Frau Scheller erklärt, dass sie »erst mal keine Zeit für Besuche und so was« hätte, aber wer weiß, vielleicht würden sich die beiden irgendwann kennenlernen und mit Diddl-Mäusen spielen. Oder gemeinsam einen dieser schrecklichen Schminkköpfe bearbeiten. Oder so.

Jennifer Scheller würde wohl eher keine echte Bezugsperson für Samanta werden. Sollte sie ja auch gar nicht. Aber hin und wieder ein Treffen zwischen den beiden, mit oder ohne Diddl-Inferno – das wäre schon wünschenswert. Für Samanta und für Jennifer.

Ich wusste, dass Frau Wellershoff öhr Böstös … ich meine natürlich ihr Bestes geben würde, damit Samanta irgendwann ihre leibliche Mutter kennenlernen würde.

Für Samanta hatte es ein wunderbar schnelles und gutes Ende genommen. Wie schön!

Aber was war mit Romeo? Der brauchte zwar keine frischen Windeln, aber auch für ihn war es lebensgefährlich, zu dehydrieren. Ich hatte irgendwie das Gefühl, mit daran schuld zu sein, dass Romeo womöglich irgendwann verdurstete, weil

Jennifer neben Kaugummikauen und Nägellackieren einfach vergaß, ihm etwas zu trinken zu geben.

Ich muss wohl ziemlich miesepetrig geschaut haben, denn Herr Kuben stupste mich an. »Was ist los, Frau Seeberg? Ich dachte, wir feiern jetzt ein bisschen.«

Ich musste lächeln. »Ja, schon. Aber der arme Hund …«

Ein ziemlich selbstgefälliges Grinsen tauchte auf Herrn Kubens Gesicht auf. Er nahm Haltung an und wirkte gleich *noch* größer. »Schon erledigt.«

»Wie bitte?«

»Um den Hund habe ich mich schon gekümmert.«

»Wie meinen Sie das?«

Irgendwie hatte er gerade geklungen wie ein russischer Mafioso, der unter »sich kümmern« viel eher »für immer verschwinden lassen« verstand.

Herrn Kubens Grinsen reichte nun fast von einem Ohr zum andern. Ehrlich!

»Als mir Frau Scheller das mit ihrem neuen Hund erzählt hat, habe ich natürlich sofort beim Tierschutzverein angerufen und denen erklärt, dass sich eine recht nette, aber auch sehr verstrahlte Frau einen Hund angeschafft hat. Und da diese Dame sich nicht hinreichend um ihr Kind kümmern konnte, bestünde die Gefahr, dass sie das mit einem Hund auch nicht hinbekommt. Und deshalb machen die Leute vom Tierschutzverein in der nächsten Zeit ein paar stichprobenartige Besuche bei Frau Scheller. Nur zur Sicherheit.«

»Echt?«

»Echt.« Herr Kuben lächelte. »Das geht doch nicht, dass die jetzt statt dem Kind einen Hund verdursten lässt. Ich kann nicht einmal mit Bestimmtheit sagen, ob Jennifer unter ihrer Oberweite den Hund überhaupt bemerkt. Aber es mag sein, dass es für Romeo angenehm ist, wenn er beim Gassigehen im Regen nie nass wird.«

Ich hob die Hand: »Ob Jennifer die Notwendigkeit von Gassigehen und Co. wirklich klar ist, darf wohl eher bezweifelt werden.«
»Da haben Sie auch wieder recht«, nickte Herr Kuben. »Also, da meine ehemalige Nachbarin im Tierschutzverein arbeitet ...«
Ich musste lachen. »Aha, Sie haben Beziehungen.«
»Natürlich! Sie würden staunen, wenn Sie wüssten, wohin überall ... zum Beispiel zur Kantine. Dort gibt es Milchkaffee mit Milchschaum aus dem Vollautomaten ...«
Ich sah ihn fragend an. Das klang alles andere als verheißungsvoll.
»... oder Milchschaum mit dem Milchaufschäumer an der Espressomaschine. Letzteres nur für ausgewählte Gäste. Und deren Begleitungen.«
Er hielt mir seinen Arm hin. »Wollen wir?«
Ja, wollten wir.

Beratungsstelle

S ie müssen sich da schon mehr einbringen, Frau Binder! Ich erwarte ein Mindestmaß an Introspektion und Reflexion! *Und* Engagement! Sonst kann ich Ihnen nicht helfen! Beim besten Willen nicht! Sie sollten lediglich ein paar Fragen beantworten. Das ist doch nicht zu viel verlangt!« Frau Hellmanns Stimme klang seltsam blechern und mindestens zweieinhalb Töne zu hoch. Gerade so, dass sie Unbehagen erzeugte und man automatisch die Schultern nach oben zog.

Frau Binder, die Frau Hellmann gegenübersaß, tat ebendies und sah dabei betreten vor sich auf die Tischplatte.

»Aber …«

»Kein Aber! Sie haben nun schon zum wiederholten Male die Hausaufgaben nicht gemacht! Wenn Sie nicht partizipieren, dann muss ich unsere Kooperation beenden! Ein Mindestmaß an introspektiver Analyse muss doch möglich sein!«

»Introsp…«, murmelte Frau Binder, und vielleicht wollte sie damit zu einer Frage ansetzen. Ich werde es nie erfahren, denn Frau Hellmann redete einfach weiter:

»Frau Binder, mittels welcher pädagogischer Maßnahmen gedenken Sie, die kognitive, geistige und intellektuelle Entwicklung sowie die Intelligenzentwicklung Ihres Sohnes zu fördern? Welche Handlungsweisen Ihrerseits affizieren direkt sein Verhalten?«

Frau Binder hob den Kopf und sah ihr Gegenüber ausdruckslos an. Dann sprach sie exakt das aus, was ich erwartete: »Aff… was …?«

Ich sah, wie Frau Hellmann ihre Zähne fest aufeinanderpresste. Die Muskeln in ihrem Gesicht traten so deutlich hervor, dass ich überlegte, ob sie eigentlich bei jedem Menschen so stark ausgebildet waren. Oder ob sich Frau Hellmann im Laufe der Jahre ein paar Extramuskeln antrainiert hatte. Sie wirkte, als könnte sie bestimmt ganz toll Eiswürfel zerkauen.

»Haben Sie mir überhaupt zugehört, Frau Binder?«, schepperte Frau Hellmann und beugte sich nach vorn.

Frau Binder war wieder dazu übergegangen, nach unten zu blicken. »Doch … schon …«, flüsterte sie.

»Aber …??« Frau Hellmann schob ihr grimmiges Gesicht noch weiter in Richtung ihres Gegenübers. Unwillkürlich musste ich an die Hexe in Hänsel und Gretel denken. Genauso hatte ich sie mir als Kind immer vorgestellt. Nur mit einer Warze auf der Nase und einem Hexengewand statt Rock und Bluse. Aber auch Hexen gehen wohl mit der Zeit.

»Aber ich … also …«, stotterte Frau Binder und nestelte fahrig an ihrer Strickjacke. »Was ist noch mal ein Intro… ähm …?«

Mit einem der lautesten Seufzer, den ich je gehört hatte, schob Frau Hellmann ihren Stuhl zurück und stand auf. »Ich kann so nicht arbeiten! Sonja, du übernimmst das hier jetzt.«

Und schon rauschte sie aus dem Raum, begleitet vom unangenehmen Rums der Tür, in das ich »Sophie. Ich heiße Sophie« murmelte.

Da saß ich nun.

Ohne die geringste Ahnung von irgendwas.

Mit einem plötzlich sehr trockenen Mund.

Und sollte übernehmen.

Frau Binder sah mich erwartungsvoll an.

Hilfe.

Der Grund für meine Unsicherheit war folgender: Ich hatte gerade erst mein Vordiplom in Psychologie bestanden und vor exakt drei Tagen mein Praktikum in der »Beratungsstelle für Erziehungs-, Ehe-, Familien- und Lebensfragen« angetreten.

Fieberhaft überlegte ich, ob mein bisheriges Studium etwas hergab, was ich jetzt vielleicht anwenden konnte. Aber da gab es nichts. Weder im Studium noch in den ersten drei Praktikumstagen. Letztere hatte ich ganz klassisch mit Kopieren, Spülmaschineein- und -ausräumen sowie Kaffeekochen verbracht. Seit ein paar Stunden jedoch beschränkte sich mein Betätigungsfeld nur noch auf die Spül- und Kaffeemaschine, weil ich im Kopierer offensichtlich einen Papierstau verursacht hatte, der so beeindruckend war, dass zwei Männer von der Wartungsfirma schon den gesamten Tag schimpfend daran herumbastelten. Zwar hatte ich lediglich auf den grünen Knopf gedrückt, wie zuvor auch. Dennoch ... als der Kopierer den Geist aufgegeben hatte, war ich es gewesen, die direkt danebengestanden hatte. Tatverdächtig.

Frau Hellmann hatte mich mit bis zum Haaransatz hochgezogenen Augenbrauen angeschaut und ihren Mund zu einem dünnen Strich verkniffen. Sie hatte nicht *gesagt,* dass sie fand, dass es meine Schuld sei, dass der Kopierer, der ihr seit Jahrzehnten gute Dienste erwiesen hatte, nun kaputt war, aber sie hatte es *gedacht.* Ganz laut.
Dann hatte sie mich ins Wartezimmer gesetzt, wo ich mich fühlte wie beim Nachsitzen in der Schule.
Nach einer halben Stunde war Frau Binder erschienen.
Ich schätzte sie auf Mitte dreißig, wobei sie mit ihrer beigen Strickjacke, der verschlissenen, ehemals dunkelbraunen Cordhose und dem mitleiderregenden müden Blick durchaus auch als Ende vierzig durchgegangen wäre.
Sie hatte sich im Wartezimmer direkt neben mich gesetzt und dann erst einmal traurig geseufzt. Das hatte mich verunsichert. Musste ich jetzt irgendetwas tun? Durfte ich das überhaupt? Ich war ja nur die Praktikantin und saß zudem dumm im

Wartezimmer rum, was nicht gerade auf eine Führungspositi-
on schließen ließ. Andererseits war ich aber auch angehende
Diplom-Psychologin, und es wurde womöglich von mir erwartet, irgendwie tätig zu werden?

Also ging ich gedanklich verschiedene Szenarien durch (»Guten
Tag, ich bin die Praktikantin, kenne mich also nicht wirklich
aus. Wenn Sie aber dennoch mit mir über Ihr Problem …«, »Sophie Seeberg mein Name. Ich weiß nicht, ob ich Ihnen helfen
darf … kann … soll …«, »Soll ich Sie ein wenig aufheitern? Also,
kommt eine Frau zum Arzt …«) und hatte sie wieder verwor-
fen, als die Türe zu Frau Hellmanns Büro geöffnet wurde.

Frau Hellmann schaute zwischen Frau Binder und mir hindurch und bedeutete uns mit einem »Also, dann …« samt zac-
kiger Kopfbewegung in Richtung Flur, ihr zu folgen.

Zumindest dachte ich, sie meinte uns beide.

Frau Binder sah mich irritiert an, als ich ebenfalls aufstand und
hinter ihr in den Besprechungsraum trottete.

Frau Hellmann nahm Platz, erblickte mich und verdrehte genervt die Augen. Allerdings schickte sie mich nicht wieder
weg, sondern bedeutete mir, auf dem Hocker neben dem
Schreibtisch Platz zu nehmen.

»Sei still und pass gut auf!«, sagte sie, und ich nickte.

Ich war zwar weit davon entfernt, mich wohl zu fühlen, freute
mich nun aber doch, zum ersten Mal eine richtige, echte Psychologin bei der Arbeit erleben zu dürfen.

Offenbar aber bestand diese Arbeit darin, dem Ratsuchenden
möglichst unverständliche Fragen in möglichst unfreundli-
chem Tonfall zu stellen.

Ich hatte ein Vordiplom in Psychologie und musste mich trotzdem konzentrieren, um Frau Hellmann folgen zu können.
Vollkommen verständlich, dass Frau Binder, die wahrscheinlich weder über ein Vordiplom noch über sonstige Bildung in

Psychologie verfügte, schon bei der »Introspektion« ins Schleudern geriet.

Davon abgesehen war ich mir ziemlich sicher, dass »kognitive Entwicklung« im Grunde das Gleiche war wie »geistige Entwicklung«, was wiederum so ziemlich genau das beschrieb, was man als »intellektuelle Entwicklung« bezeichnete, die man auch »Intelligenzentwicklung« nennt.

Frau Hellmanns Frage hätte also auch lauten können: »Was tun Sie, um Ihr Kind zu fördern?« Gut möglich, dass Frau Binder *darauf* eine Antwort gewusst hätte.

Apropos … Frau Binder sah mich weiterhin an.

Ich lächelte unsicher in ihre Richtung.

Und kam mir blöd vor, wie ich da immer noch auf meinem Schemel hockte. Ich musste mich zuerst umsetzen. Aber wohin? Auf keinen Fall auf Frau Hellmanns Platz hinter dem Schreibtisch. Das erschien mir anmaßend. Also blieb nur der Schreibtisch selbst. Entschlossen erhob ich mich, bemerkte dann, dass auf dem Tisch gar kein Platz zum Hinsetzen war, stand ein paar Sekunden unschlüssig herum und nahm schließlich doch auf Frau Hellmanns Schreibtischstuhl Platz.

Uff.

Und nun? Ich sollte ja, laut Frau Hellmann, »übernehmen«. Also musste ich ja jetzt wohl … ähm … irgendwas Schlaues sagen. Oder was fragen? Oder mich vorstellen? Oder wie …?

Ich räusperte mich. »Also, Frau Binder, äh … ich weiß jetzt leider gar nicht …«

»Ich auch nicht!« Frau Binder wirkte erleichtert, dass wir etwas gemeinsam hatten, und begann zu erzählen:

»Ich wollte ja eigentlich nur wissen, was ich tun soll, wenn der Patrick wieder so seltsam ist. So unruhig und verstockt … und in der Schule passt er nicht auf und macht nicht das, was die

Lehrerin sagt. Die beschwert sich ständig bei uns, dass er einfach nicht mitmacht und gar nicht auf sie hört … und ich weiß nicht, was ich machen soll. Ich erkenn mein Kind gar nicht wieder. So war der früher nicht. Und weil ich keine Ahnung hab, was ich tun soll, da hab ich gedacht, die Leute hier, die werden schon wissen, was mit dem Patrick los ist und was ich machen soll. Aber … also …« Sie stockte und sah mich hilfesuchend an. »Also … irgendwie weiß ich jetzt immer noch nicht, was ich machen soll. Und ich war schon vier Mal hier. Ich muss mir da jedes Mal freinehmen von der Arbeit, und das kann ich ja auch nicht immer machen. Und … also … können Sie mir bitte sagen, was ich mit dem Patrick machen soll?«

Das war sehr konkret. Und ich fühlte mich ebenso konkret überfordert.

Kurzfristig zog ich in Erwägung, Frau Binder zu erklären, dass ich zwar Vorlesungen in Entwicklungspsychologie besucht hätte, der Professor aber kein Wort darüber verloren habe, wie man den Patrick dazu bringen könnte, weniger seltsam zu sein. Oder, falls doch, dass ich an dem entsprechenden Tag krank gewesen sein musste.

Da meldeten sich glücklicherweise Intuition und gesunder Menschenverstand in mir. Ich erteilte ihnen das Wort, und sofort ging es mir deutlich besser.

»Frau Binder«, begann ich. »Können Sie mir vielleicht ein wenig über sich und den Patrick erzählen?«

Und das konnte Frau Binder. Sie fing bei Patricks Geburt an, schilderte die erste Zeit mit Baby und wie wunderbar alles geklappt hatte, als der Patrick noch »klein und putzig« gewesen war.

Ich war fasziniert davon, wie sich Frau Binders Ausstrahlung veränderte. Sie wirkte viel wacher und sogar jünger, während sie sich an offenbar glücklichere Zeiten erinnerte.

Sie redete und redete. Ich stellte hin und wieder eine kleine Zwischenfrage wie »Wer ist noch mal Onkel Heinrich?« oder »Wie alt genau war Patrick da?« und verhielt mich auch ansonsten wie ein ganz normaler Gesprächspartner. Ich fand es bereichernd, mehr über Patrick und seine Mutter zu erfahren. Und es interessierte mich, wie es wohl dazu gekommen war, dass Frau Binder hier in der Beratungsstelle um ein Gespräch gebeten hatte. Alles, was Frau Binder bislang erzählte, klang nach einem ganz normalen Kind in einer ebensolchen Familie. Nein, eigentlich klang es sogar nach einer besonders netten und glücklichen Familie. Was also war geschehen?

Frau Binder war gerade bei Patricks rührender Einschulung angekommen, als Frau Hellmann die Türe aufriss und verkündete, dass die Zeit schon lange um sei. Sie schob Frau Binder zum Ausgang und versperrte danach selbigen, als hätte sie Angst, Frau Binder könnte wieder in die Beratungsräume gelangen und womöglich einen konkreten Tipp oder Ähnliches verlangen. Ich hatte nicht einmal die Möglichkeit, mich anders zu verabschieden, als über Frau Hellmanns Schulter hinweg ein »Auf Wiedersehen, Frau Binder!« zu rufen.

»Ja, das sehen wir dann«, schnarrte Frau Hellmann und schloss die Türe. Dann wandte sie sich an mich, und ihre Augen verengten sich: »Wenn Sie diesen Leuten die Gelegenheit geben, sich Ihnen gegenüber so auszukotzen, werden Sie Ihres Lebens nicht mehr froh. Merken Sie sich das, Frau Seeheimer.«

Anschließend verschwand sie in ihrem Büro, und ich verbrachte den restlichen Tag damit, mich über diesen widerlichen Umgang mit einer hilfesuchenden Mutter zu ärgern und dabei zu überprüfen, ob die Puzzles der Spielecke noch vollständig waren. Nachdem ich gefühlt fünfzig Tierbabys, Disney-Figuren und Benjamin Blümchens zusammengepuzzelt hatte (erstaunlich, wie viele Teile fehlten. Was war mit ihnen passiert? Hatten die

Kinder sie mitgenommen? Oder aufgegessen? Oder waren all die einzelnen Puzzleteile zu einem surrealen Restpuzzle verschmolzen?), wurde ich ins Büro des Beratungsstellenleiters gerufen.

Ihn hatte ich bisher nur einmal ganz kurz an meinem ersten Tag gesehen. Sofort begann mein Herz zu klopfen. Hatte sich Frau Hellmann vielleicht über mich beschwert?

Herr Wagner war ein dicker, gemütlicher Mann mit grauem Bart und Nickelbrille. Er bedeutete mir, mich in die Besprechungsecke zu setzen. Ich plumpste erstaunlich tief in den viel zu niedrigen Sessel und fragte mich, ob das irgend so ein Psychologending war. Man konnte nur bequem sitzen, wenn man seinen Po ganz nach hinten schob und sich an die Rückenlehne anlehnte. Dann konnte man aber sein Gegenüber nur ansehen, wenn man das Kinn zur Brust zog (und somit doppelkinnig aus dem Sessel schaute). Ich versuchte, mich mit geradem Rücken hinzusetzen, scheiterte aber kläglich. Auch überlegte ich, mit dem Po ganz nach vorn an die Sesselkante zu rutschen, um in eine aufrechte Position zu kommen, befürchtete aber, dann mitsamt dem Sessel nach vorne umzukippen. Am Ende blieb ich in meiner unglücklichen Doppelkinn-Liegeposition, während Herr Wagner mit seinem Schreibtischstuhl zu mir herüberrollte.

Aha. Also tatsächlich so ein Psychoding. Warum sonst saß *er* auf einem bequemen Stuhl mit Rollen unten dran?

»Fräulein Seeberger, wie Sie vielleicht bemerkt haben, gibt es hier im Grunde nichts zu tun für Sie.«

Wollte der mich rausschmeißen? Nach nicht mal drei Tagen? Und warum konnte sich hier eigentlich niemand meinen Namen merken?

»Eigentlich nehmen wir gar keine Praktikanten«, fuhr Herr Wagner fort. Dabei schaute er aus dem Fenster und rollte mit seinem Stuhl langsam wieder von mir weg. »Sie haben die Zusage von Frau Willhelm bekommen. Die ist aber noch eine Woche krankgeschrieben.« Er machte eine Pause und starrte dabei weiter an die gegenüberliegende Hauswand.

Ich hatte das Gefühl, etwas sagen zu müssen, wusste aber beim besten Willen nicht, was. Am liebsten hätte ich »Ja, und?« gefragt, ließ das aber natürlich bleiben und beschloss abzuwarten. Was grässlich war. Die Sekunden des Schweigens zogen sich wie die klebrig zähe Masse, mit der Zahnärzte Gebissabdrücke machen. Jetzt könnte Herr Wagner aber wirklich weiterreden. Schließlich hatte er mich zu sich zitiert. Und nun lag ich in diesem doofen Besprechungsstuhl, nur um mir anzuhören, dass sie eigentlich keine Praktikanten nahmen, und dann ein bis fünf Schweigeminuten einzulegen? Zu gerne hätte ich ihm mitsamt seinem blöden Bürostuhl einen kräftigen Schubs gegeben und ihm ein »Ja, und??« entgegengeschleudert.

Heute, mehr als zwanzig Jahre später, bin ich recht gut im Schweigen und halte Gesprächspausen in der Regel problemlos aus. Natürlich ertappe ich mich trotzdem immer mal wieder dabei, zu schnell zu antworten oder gar mein Gegenüber zu unterbrechen. Das passiert aber eher in privaten Gesprächen, weil ich im beruflichen Kontext inzwischen routiniert genug bin, um solchen Impulsen nicht nachzugeben.
Pausen sind wunderbar, denn sie helfen. Besonders in Konflikten. Wenn man sich nur ein paar wenige Sekunden Zeit nimmt, um das, was da gerade den Mund verlassen will, noch einmal anzuschauen und sich zu fragen, ob das auch *wirklich* genau das ist, was man dem anderen mitteilen will, kann das viele Missverständnisse verhindern, Konflikte entschärfen oder sogar beenden. Pausen sind toll.

Allerdings kann es natürlich auch passieren, dass man selbst der Einzige ist, der um die wundervollen Eigenschaften von Pausen weiß. Dann führen sie eventuell lediglich zu einem weiteren oder verlängerten Wortschwall des Gegenübers. In solchen Fällen reagiere ich je nach Tagesform und Zeitdruck entweder mit Gelassenheit und mildem Interesse auf die Frage, wie lange mein Gegenüber nun reden wird, ohne dass ich etwas antworte (Achtung: Das kann überraschend lange dauern), oder aber mit konsequentem Unterbrechen.

Ob Herr Wagner überhaupt eine Meinung zu Gesprächspausen im Allgemeinen und der unseren im Besonderen hatte, wage ich zu bezweifeln. Der Mann wirkte, als würde er am liebsten einfach mit seinem Bürostuhl aus dem Fenster rollen und dann wegfliegen ins Schlaraffenland, auf den Mond oder eben irgendwohin, wo er nicht Leiter einer Beratungsstelle sein musste, der sich nun auch noch mit der Anwesenheit einer Praktikantin herumzuärgern hatte.

Er verbrachte noch einige zähe Momente damit, sich wegzuwünschen, sah dann wohl ein, dass dies zu nichts führte, und rang sich schließlich dazu durch, mir zu sagen, dass die Frau Willhelm Mitte nächster Woche wieder da sei, wobei »da« eben nicht »hier«, sondern eine Nebenstelle in einem kleinen Vorort wäre. Dort sollte ich mein Praktikum weiterführen. Die Frau Willhelm würde sich dann schon um mich kümmern. Und bis dahin müsste ich auch nicht mehr kommen. »Lesen Sie bis dahin doch ein paar Fachbücher, Fräulein Berger. Auf Wiedersehen.«

Ich wühlte mich aus dem doofen Sessel hervor, wollte Herrn Wagner zum Abschied die Hand geben, sah aber davon ab, als ich bemerkte, dass er sich schon mit erleichtertem Seufzer einer Zeitschrift auf seinem Schreibtisch zugewandt hatte, und verließ sein Büro und die Beratungsstelle.

Einige Tage später stand ich vor dem Eingang der Nebenstelle und wollte gerade klingeln, als die Tür aufgerissen wurde.

»Sophie!«, strahlte mich eine mollige Frau mit dunklen Locken an. »Komm rein! Ich bin die Melanie!«

Ich wollte Melanie Willhelm die Hand geben, fand mich aber in einer Umarmung wieder und stellte fest, dass ich das zwar merkwürdig fand, aber auch irgendwie schön.

Ich wurde in eine kleine Küche geschoben, in der es wunderbar nach Kaffee duftete. Auf dem Tisch stand ein Teller mit Croissants. Und Schokoladenkeksen.

»Das ist aber ein toller Empfang.« Ich nahm Platz, und schon hatte ich eine Tasse dampfenden Milchkaffee vor mir stehen.

Melanie lächelte. »Na ja, ehrlich gesagt ist das hier nicht nur Nettigkeit. Mir tat so furchtbar leid, dass ich krank war und du ganz alleine mit diesen ganzen ... A... also, in der Hauptstelle warst. Weißt du, unsere Leitung ist der Ansicht, dass Praktikanten nur stören, und nimmt deshalb eigentlich keine. Ich brauche hier aber Unterstützung und musste ewig an Herrn Wagner hinnörgeln und versprechen, dass ich mich ganz alleine um dich kümmere. Und dann werde ich krank ... Das war echt blöd!«

Sie sah mich zerknirscht an. »Wie lief es denn bis jetzt so?«

»Also ... na ja ...« Ich stockte. Schließlich kannte ich diese Melanie ja gar nicht. Und wenn ich jetzt erzählte, wie saublöd es gewesen war und wie seltsam sich Herr Wagner und besonders Frau Hellmann verhalten hatten, dachte sie vielleicht, ich würde maßlos übertreiben. Heute erscheint es mir selbst unglaublich. Aber damals hatte ich wirklich in Erwägung gezogen, Frau Hellmann könnte vielleicht tatsächlich eine Koryphäe auf ihrem Gebiet sein und ich wäre nur zu inkompetent, um es zu bemerken.

Melanie schob den Teller mit den Schokokeksen zu mir. »Also nicht so wirklich toll? Na, du kannst mir das ja später ausführ-

lich berichten. Obwohl ich mir das meiste schon denken kann.«
Sie grinste. »Ich erzähl dir jetzt erst einmal ein bisschen von
mir und über den Job hier. Einverstanden?«
Und wie ich einverstanden war. Das verschaffte mir Zeit zum
Überlegen. Und zum Kekseessen.
Es tat gut, Melanie zuzuhören. Sie erzählte wunderbar offen
und lebendig von ihrem Studium und dass sie sich auf die prak-
tische Arbeit danach überhaupt nicht vorbereitet gefühlt hatte.
Zwei Jahre hatte sie dann ein Praktikum nach dem anderen und
eine Fortbildung in Gesprächstherapie gemacht. »Ganz ehrlich,
Sophie? Ich hab in der Zeit viel mehr gelernt als während des
gesamten Studiums. Es war wirklich toll. Aber stellenweise
auch sehr desillusionierend, das muss ich schon sagen.« Ich
dachte an Frau Hellmann und Herrn Wagner und nickte.
»Und dann hab ich die Stellenausschreibung der Beratungsstelle gesehen, mich beworben und tatsächlich den Job bekommen. Und jetzt mache ich das hier schon seit fast zehn Jahren.«
Melanie seufzte. »Eigentlich hätte ich zusammen mit einem
Kollegen direkt hier in der Nebenstelle anfangen sollen, aber es
gab einen Wasserschaden, und ich musste fast drei Monate in
der Hauptstelle arbeiten … Das war vielleicht ein Krampf.« Sie
verdrehte die Augen.
Melanie beschrieb Herrn Wagner und Frau Hellmann exakt
genauso, wie ich sie erlebt hatte. Immerhin schienen zumindest
die beiden anderen Psychologinnen, die sich dort eine Stelle
teilten, mir aber in meinen drei Tagen nicht über den Weg gelaufen waren, kompetente Mitarbeiter zu sein. Somit hatten
Hilfesuchende immerhin eine Fifty-fifty-Chance, dass man sie
nicht noch mehr verwirrte und beschimpfte, sondern ihnen
tatsächlich dabei half, ihre Probleme zu lösen.
»Ich verstehe das nicht. Das ist doch eine Beratungsstelle«,
wandte ich ein. »Da kommen Menschen hin, die Hilfe brau-

chen. Das ist doch nicht okay, wenn sie dann an Leute geraten, die eigentlich gar nicht helfen wollen!«

Tatsächlich hatte ich mir in den vergangenen Tagen den Kopf darüber zerbrochen und war zu keinem Ergebnis gekommen.

»Da hast du schon recht, Sophie.« Melanie lächelte. »Und ich verstehe, wie du diesen Eindruck gewinnen konntest. Aber Herr Wagner ist ja nur der Leiter der Beratungsstelle. Der macht gar keine Beratung, sondern nur Verwaltungskram. Und darin ist er gar nicht mal so schlecht. Und Frau Hellmann … na ja, also die ist tatsächlich arg speziell. Meistens macht sie aber auch gar keine Beratung in dem Sinne, sondern schickt die Leute nach einem Gespräch zu anderen Beratungsstellen oder zu niedergelassenen Psychologen. Natürlich ist das nicht okay, aber sie ist seit so vielen Jahren im öffentlichen Dienst. Da kann man sie wohl nicht einfach entlassen, und so richtet sie zumindest keinen direkten Schaden an.«

Ich nahm all meinen Mut zusammen und antwortete: »Doch, das tut sie. Oder hat sie zumindest getan, als ich dabei war.«

Ich dachte an Frau Binder, die nach wie vor nicht wusste, was sie mit dem Patrick machen sollte. Und ich begann zu erzählen.

Am Ende meiner Schilderung schaute Melanie grimmig in ihre mittlerweile leere Kaffeetasse. »Du hast recht, Sophie.«

Sie nahm sich ein Croissant, biss hinein und erklärte kauend: »Da müssen wir was tun! Ich überleg mir was.«

Drei Croissants, mehrere Tassen Kaffee und den kompletten Teller Schokokekse später hatten wir unsere Morgenbesprechung, wie Melanie sie nannte, beendet, und mir war ein wenig flau im Magen. Und das kam definitiv nicht (nur) von den ungewohnten Mengen Koffein und Zucker oder von dem unbestimmten Gefühl, mit meiner Erzählung über Frau Hellmann und Frau Binder vielleicht doch einen Fehler gemacht zu haben. Melanie hatte mich tatsächlich fest eingeplant in ihren Beratungsstellenalltag und mir diverse Aufgaben zugeteilt, von denen ich entweder gar nicht wusste, was sie bedeuteten (»Du kannst dann die Diagnostik übernehmen. Den HAWIK, den K-ABC, die Denver-Skalen und so«), oder von denen ich der Ansicht war, sie niemals ausführen zu können (»Nächste Woche fängt das Gruppentraining sozialer Kompetenzen an. Da bist du Kotherapeut«). Meine verzweifelten »Aber, ich«-Einwürfe hatte Melanie mit einem breiten Lächeln weggewischt und erklärt, ich würde das schon schaffen. Da sei sie sicher.

»So, dann wollen wir mal.« Melanie griff zum Telefon und zwinkerte mir zu. Sie rief in der Hauptstelle an und erklärte, sie benötige die Telefonnummer von Frau Binder, die sie ab sofort übernehmen solle.

Ich war fassungslos. Das war eine fette Lüge!

Melanie grinste von einem Ohr zum anderen und notierte die Nummer. »Danke schön!«, flötete sie in den Hörer, legte auf und tippte erneut eine Nummer ein.

»Hallo, Frau Binder, Willhelm hier von der Beratungsstelle. Mir wurde gesagt, dass Sie wegen Ihrer Berufstätigkeit gern Termine in den Abendstunden hätten. Nun hat heute jemand abgesagt, und wir hätten nun um 18:30 Uhr einen Termin frei. Allerdings in der Nebenstelle, wenn das für Sie nicht zu weit … ah ja, verstehe … wunderbar! Dann sehen wir uns heute um 18:30 Uhr. Bis dann, Frau Binder.«

Melanies Augen funkelten, während ich sie mit offenem Mund anstarrte. »Frau Binder wohnt sogar ganz in der Nähe. Ist doch super, oder?«

»Äh … also, ich weiß nicht …«, stammelte ich. Mir fehlten buchstäblich die Worte. Sie konnte doch nicht einfach … das war doch … sogar meine Gedanken gerieten ins Stocken, so fassungslos war ich. Melanie musste lachen. Sie kam auf mich zu und umarmte mich, noch immer lachend. »Ach, Sophie, du Arme! Schau doch nicht so entgeistert.«

»Aber bekommst du jetzt nicht Ärger?«, wollte ich wissen.

»Nö«, grinste Melanie. »Die Frau Hellmann merkt das doch gar nicht. Bei ihr sind die Klienten ja normalerweise nur zum Erstgespräch da und werden dann woandershin verwiesen. Oder sie nehmen nur zwei, höchstens drei Beratungstermine bei ihr selbst wahr und melden sich dann nie wieder. Sie denkt wahrscheinlich, dass sie ihren Klienten ganz toll hilft und sie nicht wiederkommen, weil das Problem gelöst ist.«

»Aber bei Frau Binder ...«, wandte ich ein.

»Ja, der hätte ich sagen können, dass ich jetzt übernehme und sie dann irgendwann abends einen Termin haben kann. Aber ich wollte eben, dass sie schon heute kommt.« Nun sah Melanie tatsächlich ein wenig schuldbewusst drein. »Na ja, stimmt schon. Ich hätte das mit dem Termin, der zufällig frei wurde, nicht sagen müssen. Aber ich hab sonst keine Termine heute, und ich finde, du solltest ganz dringend sehen, dass die Arbeit in einer Beratungsstelle nicht so ist, wie du sie bisher kennengelernt hast.« Sie lächelte. »Komm, ich führe dich jetzt mal rum und erklär dir ein bisschen genauer, was deine Aufgaben sind.«

Ich sah sie hoffnungsvoll an. Würde ich jetzt tatsächlich alles erklärt bekommen? Melanie schien meine Gedanken zu lesen: »Also nicht *so* genau, aber immerhin genau genug, dass du weißt, wo du was findest.« Sie lachte gutmütig, und ich entspannte mich noch ein bisschen mehr.

Die Nebenstelle war zwar klein, aber jeder Raum war definitiv ein Raum zum Wohlfühlen. Es gab einen Beratungsraum ohne blöde Psychosessel, dafür aber mit einem Sofa sowie Tisch und Stühlen, so dass das Ganze eher wie ein Wohnzimmer wirkte.

Es gab ein Spielzimmer, das nur deshalb nicht wie ein Kinderzimmer aussah, weil das Bett fehlte. Und daneben befand sich ein großer, heller Raum, den Melanie den »Toberaum« nannte. »Hier können wir mit den Kindern auch mal Ball spielen oder eine Kissenschlacht machen, ohne dass etwas kaputtgeht. Außerdem können wir den Raum mit ein paar Stühlen ganz schnell in einen Gruppenraum verwandeln. Zum Beispiel für das Gruppentraining, das wir zusammen machen werden. Ach, da freu ich mich schon drauf!« Melanie grinste von einem Ohr zum anderen und sah aus, als wäre sie acht Jahre alt und hätte gerade von Weihnachten erzählt.

Ich musste lächeln. Sie war tatsächlich einer der positivsten Menschen, die mir bisher begegnet waren. Würde Melanie mit Frau Hellmann einen abgeschlossenen Raum betreten, es müsste unweigerlich zu einer Implosion führen. Als würde Materie auf Antimaterie treffen. Ich verbannte die Vorstellung eines schwarzen Lochs in der Hauptstelle in die hintersten Windungen meines Gehirns und konzentrierte mich auf die letzten zwei Räume.

Einmal ein Arbeitszimmer mit zwei Schreibtischen und Computer. »Das ist Wolfgangs und mein Reich«, erklärte Melanie. »Den Wolfgang lernst du in zwei Wochen kennen. Der ist gerade in Elternzeit. Und hier ist unser Prachtstück. Tadaaa …«

Sie öffnete die Türe zu einem winzigen Raum mit einem kleinen Tisch und zwei Stühlen. Weiße Wände, keine Bilder, keine Pflanzen, kein Irgendwas.

Melanie kicherte. »Schau nicht so. Der muss so aussehen, der Raum. Du wirst noch froh sein, dass ich es mir sogar verkniffen habe, einen bunten Stifthalter hinzustellen.«

Ich verstand mal wieder nur Bahnhof.

»Hier machen wir, also machst du, die Tests mit den Kindern«, erklärte Melanie. »Und glaub mir, es hilft sehr, wenn der Raum,

in dem man testet, absolut reizarm ist. Ich habe da so meine Erfahrungen …« Sie rollte mit den Augen. »Einem Kind, das sich schlecht konzentrieren kann, in einem Raum mit Spielsachen und bunten Bildern an der Wand einen Test vorzulegen, auf den es so gar keine Lust hat, ist nicht besonders schlau. Und führt auch zu keinem verwertbaren Ergebnis.«
Das klang logisch.

Am Abend meines ersten Tages bei Melanie in der Nebenstelle hatte ich deutlich mehr gelernt als in den drei Tagen Hauptstelle. Und fühlte mich tausendmal wohler.
Ich wusste bald, dass der HAWIK und der K-ABC Intelligenztests und die Denver-Skalen ein Entwicklungstest waren. Da Melanie mir tatsächlich zutraute, die Diagnostik zu machen, hatte ich den Nachmittag damit zugebracht, die Anleitungen genau zu lesen und mich mit dem Material vertraut zu machen. Melanie war zwischendurch einmal mit einem Tee samt Marmeladenbrot für mich erschienen, hatte mir auf die Schulter geklopft und erklärt, dass ich aufhören solle, die Stirn so zu runzeln, weil man davon Falten bekäme, die nie wieder verschwinden würden. »Außerdem gibt es keinen Grund, so verzweifelt zu gucken, Sophie. Ist doch klar, dass das alles neu ist und du erst ein bisschen Übung brauchst. Macht dir keinen Kopf. Du schaffst das locker. Diese Woche sind ja noch gar keine Testtermine. Erst Ende nächster Woche. Bis dahin machst du die Tests im Schlaf. Keine Panik.«
Ich mochte ihre herzliche und positive Art. Aber wenn ich ehrlich war, konnte ich sie da nicht ganz ernst nehmen. Sie kannte mich doch gar nicht. Woher also wollte sie wissen, dass ich bis nächste Woche dazu in der Lage sein würde, diese Tests fehlerfrei durchzuführen? Durfte ich das denn überhaupt machen? Melanie war zwar nett, aber auch irgendwie … ziemlich un-

konventionell. Und ich ertappte mich bei einem unangenehmen Gedanken: Vielleicht war sie genauso unfähig wie der Rest der Beratungsstelle. Nur eben *anders* unfähig … beispielsweise darin, noch unfähigere Praktikantinnen wichtige diagnostische Tests durchführen zu lassen und damit das Leben unschuldiger Kinder in eine falsche Richtung zu lenken.

O Gott.

Doch ich wusste auch, dass meine Grübeleien letztlich zu nichts führten, und es war viel besser, positiv und mit neugieriger Freude und Selbstvertrauen an die Sache heranzugehen. So viel »angehende Psychologin« war ich dann doch.

Was für ein schönes Beispiel dafür, dass man sich Dinge zwar sagen kann, sie aber keineswegs glauben oder beherzigen muss …

Um kurz vor halb sieben klingelte es, und Frau Binder erschien. Melanie begrüßte sie – zu meiner Erleichterung nicht mit einer Umarmung, sondern ganz professionell, indem sie ihr die Hand schüttelte und sie in den Besprechungsraum führte.

»Schön, dass Sie so spontan kommen konnten, Frau Binder«, lächelte Melanie. »Meine Kollegin, Frau Seeberg, hat mir schon ein wenig über Sie erzählt. Die Vorgeschichte kenne ich also schon.«

Ich nickte und lächelte Frau Binder zu. Meine Kollegin … Sie hatte »meine Kollegin« gesagt. Das entsprach zwar nicht so ganz der Wahrheit, aber ich musste mir eingestehen, dass es sich verdammt gut anfühlte. Es klang so … erwachsen und kompetent. Und irgendwie fühlte ich mich zugehörig. Hui, was für ein tolles Gefühl!

Ich bemerkte, dass ich dem Gespräch zwischen Melanie und Frau Binder nicht mehr gefolgt und mein Lächeln dabei zu einer Art debilem Grinsen entgleist war. O Gott! Hoffentlich hatte das niemand …

Nein, Melanie hörte Frau Binder konzentriert zu, wie sie gerade beschrieb, dass die Probleme mit Patrick kurze Zeit nach der Einschulung begonnen hatten.

Und endlich konnte ich ein richtiges Beratungsgespräch verfolgen.

Melanie erwies sich als überaus professionell. Sie machte sich kleine Notizen, fragte Dinge, die mir damals nie eingefallen wären, und ließ immer wieder einfließen, dass sie verstand, wie schwierig das alles für Frau Binder gewesen sein musste und noch immer war.

Ich versuchte erfolglos, mir all die klugen Fragen und die mitfühlenden Sätze zu merken. Wie machte sie das? Woher wusste sie so genau, was sie fragen musste, um dem Problem auf den Grund zu gehen, und wie schaffte sie es, dass Frau Binder trotz des schwierigen Gespräches so häufig lächelte? Woher holte sie so schnell diese ganzen Ideen? Was war das für ein Zaubertrick, mit dem sie immer die richtigen Worte fand?

Ich saß eine Stunde lang staunend da und hatte danach nur einen Gedanken: »Das will ich auch können! Un-be-dingt!«

Melanie bat Frau Binder am Ende des Gesprächs, beim nächsten Mal doch bitte Patrick mitzubringen. Sie wollte ihn kennenlernen und mit der ausführlichen Diagnostik beginnen.

Der siebenjährige Patrick war dann auch das erste Kind, bei dem ich einen Intelligenztest durchführte. Nach der Auswertung seiner Tests stand ich mit rotem Kopf vor Melanie und musste ihr gestehen, dass ich irgendwas – im Zweifelsfall alles – falsch gemacht hatte. Ich war nämlich auf einen IQ von sage und schreibe 160 gekommen!

»Wo, meinst du denn, liegt der Fehler«, fragte mich Melanie.

»Na ja, keine Ahnung. Verrechnet hab ich mich nicht. Glaub ich …« (Ich hatte das Ergebnis natürlich dreimal nachgerechnet, bevor ich damit zu Melanie geschlurft war.) Ich sah sie verzweifelt an. »Ich hab keine Ahnung. Vielleicht hab ich was falsch notiert? Oder irgendwas … ich weiß nicht.«

Melanie ließ sich von mir die Unterlagen geben und fragte: »Sag mal, den anderen Test, den Raven, hast du den auch schon gemacht mit ihm?« Ich nickte. Dieser Test hatte lediglich darin bestanden, aus einer Reihe von Möglichkeiten das fehlende Teil eines Musters richtig auszuwählen. Patrick hatte den Test gesehen und erklärt, dass er solche Sachen gerne mache.

»Kannst du den Raven eben schnell auswerten und dann wieder zu mir kommen?«, bat Melanie. »Bis dahin hab ich mir den hier angeschaut, und wir können gemeinsam überlegen, was schiefgelaufen sein könnte. Einverstanden?« Mir gefiel zwar das »eben schnell auswerten« nicht, weil ich bestimmt wieder dreimal nachrechnen musste, aber ich war froh, dass ich etwas tun konnte. Und vielleicht hatte ich bei diesem Test ja alles richtig gemacht.

Hatte ich offenbar nicht. Denn auch hier kam ich zu einem absurden Ergebnis.

Zerknirscht hielt ich Melanie das Auswertungsblatt hin und ließ mich auf den Stuhl ihr gegenüber plumpsen.

Melanie sah sich die Tabelle an, blätterte in den Auswertungsbögen und schaute schließlich lächelnd auf.

»Krass«, dachte ich mir, »sie lächelt immer. Egal was für einen Mist man baut. Vielleicht ist das was Pathologisches … ein Lächelzwang. Oder ein schwerer Fall von Realitätsverkennung. Oder …«

»Sophie, wir müssen reden.«

Mist. Melanie hatte aufgehört zu lächeln.

»Es gibt da eine Sache, die mir ganz und gar nicht gefällt.«

Ganz und gar nicht? O nein …

Sie hielt die beiden Testauswertungen hoch.

»Wir haben hier einmal einen IQ von 160 und einmal einen von 165. Fällt dir was auf?«

»Äääh … sie sind beide zu hoch?«, riet ich und kam mir blöd dabei vor.

»Falsch.«

»Wie … falsch …?«

Konnte sie nicht einfach sagen, was los war? Etwas wie »Sophie, du bist hier keine Hilfe. Bitte mach wieder Kopien, ach nein, räum bitte nur die Spülmaschine aus und versuche, Kaffee herzustellen, den man auch trinken kann. Denn an Kopierer sollte man dich ja besser nicht heranlassen.«

»Mensch, Sophie, das kann doch echt nicht wahr sein!« Melanie sah richtig verzweifelt aus. »Die Ergebnisse sind beide richtig, weil du dich gar nicht verrechnet oder sonst was falsch gemacht hast! Patrick ist schlicht und ergreifend hoch begabt.«

Oh.

Ah so.

Ja, dann …

Melanie grinste. »Ich gebe zu, es ist ungewöhnlich, dass ausgerechnet das erste Kind, das man testet, gleich ein hochbegabtes ist, aber du hättest dir dennoch mehr vertrauen können, Sophie. Du hast alles richtig gemacht. Und damit hab ich jetzt was in der Hand, um zusammen mit Frau Binder ein Gespräch mit der Lehrerin führen zu können. »Also«, Melanie stand auf und reichte mir die Hand, »danke für die gute Arbeit, Sophie.«

Ich wurde rot und stotterte etwas Zusammenhangloses.

»Hör auf damit!«, lachte Melanie. »Das heißt: Bitte, gern geschehen. Okay?«

»Bitte, gern geschehen«, wiederholte ich brav und musste lächeln.

Dass ihr Patrick ein hochbegabtes Kind sein sollte, überraschte Frau Binder dann doch. »Also, wir sind ja nicht dumm, mein Mann und ich, aber von uns ist keiner hoch begabt. Seltsam … aber es erklärt natürlich so manches.«

Frau Binder war in erster Linie erleichtert, dass nun klar war, wo die Ursache der Probleme lag. So konnte sie sich viel leichter mit der Tatsache abfinden, dass Patrick eben etwas anders war als andere Kinder. Sie versprach, zum nächsten Gespräch auch ihren Mann mitzubringen, und war sehr dankbar und erleichtert, als Melanie ihr anbot, gemeinsam ein Gespräch mit Patricks Lehrerin zu führen.

»Oh, das ist toll. Dann sagen Sie ihr, dass der Patrick hoch begabt ist? Wenn ich das sage, dann denkt sie doch nur, dass ich eine von diesen verrückten Müttern bin, die ihre Kinder nicht erziehen können und dann behaupten, die wären hoch begabt und unterfordert.« Frau Binder schüttelte den Kopf. »Das ist so verrückt. Ich hab mich schon oft über diese Mütter aufgeregt, und jetzt bin ich selbst so eine …«

»Nein«, entgegnete Melanie bestimmt. »Das sind Sie nicht, Frau Binder. Patrick ist wirklich hoch begabt. Das kann ich Ihnen schriftlich geben.«

»Ja«, lächelte Frau Binder. »Machen Sie das. Aber noch lieber wäre mir, wenn Sie mir und meinem Mann helfen, mit Patrick richtig umzugehen.«

»Wissen Sie was? Ich mache einfach beides. Und ich sehe zu, dass die Lehrerin das auch alles richtig versteht.« Melanie strahlte. »Ich freu mich auf unsere Zusammenarbeit. Sehr.«

Es war tatsächlich nicht ganz einfach, der Lehrerin begreiflich zu machen, dass Patrick *wirklich und ganz in echt* hoch begabt war. Denn das Klischee von den Eltern, die die Verhaltensauffälligkeiten ihrer Sprösslinge mit einer Hochbegabung erklären, existiert wirklich. Aber irgendwann hatte die Lehrerin verstanden und zeigte sich recht kooperativ. Sie schlug sogar von sich aus regelmäßige Gespräche mit Patricks Eltern und Melanie vor, um gemeinsam daran zu arbeiten, dass sich Patrick in der Schule wohl fühlen konnte.

Herr und Frau Binder gewöhnten sich schnell daran, dass ihr Sohn »anders begabt« war, wie sie es nannten. Das Wort »Hochbegabung« kam ihnen nur schwer über die Lippen. »Das klingt ja immer so, als wollten wir mit ihm angeben«, erklärte Frau Binder. »Da sagen wir lieber, dass er anders ist. Das stimmt ja auch und klingt nicht so … na ja, angeberisch.«

Sie achtete gemeinsam mit ihrem Mann darauf, dass ihr Sohn hinreichend gefordert wurde und daneben so normal wie möglich aufwuchs. Das gelang ihnen erfreulich gut.

Melanie trifft Frau Binder ab und zu auf ihrem Weg zur Beratungsstelle, in der sie noch immer arbeitet. Daher weiß ich, dass sich Patrick nach dem Abitur für ein freiwilliges soziales Jahr in Afrika entschieden und danach Medizin und Psychologie studiert hat.

Noch heute bin ich Melanie Willhelm unendlich dankbar. Sie hat dafür gesorgt, dass ich mich in Momenten, in denen ich nah dran war, das Psychologiestudium zu schmeißen (und von denen gab es so einige), an diese Geschichte erinnern konnte. Und an meinen innigen Wunsch, Menschen zu helfen.

Ich bin immer noch extrem selbstkritisch und selten mit mir zufrieden. Aber auch in meinem beruflichen Leben gab es dann *den* Moment, in dem ich realisierte, dass ich es geschafft hatte.

Ich arbeitete damals in einer heilpädagogischen Praxis und war unter anderem für die Elternberatung zuständig. Eine Mutter bedankte sich beim Abschlussgespräch mit Tränen in den

Augen ehrlich ergriffen mit den Worten: »Sie haben uns unsere Familie zurückgegeben. Und unser Kind gerettet.«

Es fällt mir schwer, zu beschreiben, welche Gefühle das in mir auslöste. Es war so viel auf einmal. Rührung, Freude und Stolz, aber auch Erleichterung, dass ich es tatsächlich konnte. Ich konnte Menschen helfen! Ich konnte dazu beitragen, ihr Leben ein kleines bisschen oder sogar entscheidend zu verbessern! Was für ein erhebendes und wundervolles Gefühl! Als hätte mir das Leben selbst ein Diplom überreicht, um mir zu zeigen, dass ich es wirklich, wirklich konnte.

An dieser Stelle ist mir wichtig, eine Sache hervorzuheben: Man muss nicht Psychologie studiert haben, um Menschen zu helfen und deren Leben entscheidend zu verbessern. Man muss überhaupt nicht studiert haben. Man muss auch keinen sogenannten Helferberuf ausüben. Das Leben anderer Menschen verbessern, das kann nämlich jeder. Und wie!

Ich kann mich erinnern, dass ich als Jugendliche den Satz »Jeden Tag eine gute Tat« leider mit spießigem Pfadfindertum verband und deshalb uncool fand. Was wahnsinnig dumm von mir war.

Ich wünsche mir, dass niemand mehr so denken muss, sondern dass es als richtig cool und erstrebenswert angesehen wird, jeden Tag einem anderen Menschen etwas Gutes zu tun. Das kann etwas Großes oder etwas vermeintlich Kleines wie ein Lächeln, eine Umarmung oder ein ernst gemeintes Kompliment sein.

Würden wir alle konsequent danach handeln, würden wir nicht nur das Leben eines Menschen an einem Tag ein kleines bisschen verbessern, sondern die ganze Welt. Stellen Sie sich das nur mal vor: Jeder Mensch würde an jedem Tag einem anderen Menschen eine Freude machen. Und jeder Dritte würde dann feststellen, dass er selbst ja am meisten von seiner guten Tat profitiert. Und all diese Menschen würden daraufhin jeden Tag glatt zwei oder mehr gute Taten vollbringen. Wodurch wiederum noch mehr Menschen glücklich wären und noch mehr gute Taten geschehen könnten.

Aber es muss ja nicht gleich die ganze Welt sein, obwohl ich dieses Ziel schon irgendwie prima finde. Vielleicht beginnen wir einfach heute bei unserer direkten Umgebung.

Umzugswahnsinn

M eine Eltern haben ganz schön einen an der Waffel!«
Die dreizehnjährige Lotta saß mir gegenüber und
schaufelte fröhlich Schokoladeneis mit Sahne in sich hinein.
»Aber *so was* von einen an der Waffel!« Sie verdrehte die Augen, grinste mit ihrem schokoverschmierten Mund und widmete sich dann wieder gut gelaunt ihrem Eisbecher.

Lotta hatte eine erstaunlich (und erfreulich) positive Grundhaltung, verhielt sich offen und freundlich und war allzeit bereit, zu lachen oder mindestens breit zu grinsen.

Sie würde sicher später eine der Frauen werden, die trotz oder eben wegen ihrer Falten wunderbar aussehen. Weil es sich fast ausschließlich um Lachfalten handelt, die von einem Lebensweg voller Freude an den kleinen und großen Wundern erzählen.

Ich hatte mir Lotta ehrlich gesagt ganz anders vorgestellt.
Viel stiller, trauriger und … na ja, in Anbetracht ihres familiären Hintergrunds auch irgendwie … »gestörter«.

Lottas Eltern stritten sich seit mehr als zehn Jahren vor Gericht. Es ging um gegenseitige Unterhaltszahlungen, Verleumdungen, Sachbeschädigungen, Stalking (interessanterweise beidseitig) und immer wieder um die Regelung des Umgangs zwischen Lotta und ihrem Vater.

Da sowohl die Mutter als auch der Vater ständig umzogen, wurden die Fälle jedes Mal von unterschiedlichen Gerichten verhandelt.

Eine Woche nachdem ich den Gutachtenauftrag bestätigt hatte, kam per UPS die gigantischste Aktenlieferung, die ich je gesehen hatte. In manchen meiner Fälle ist die Akte ganz dünn, manchmal handelt es sich um zwei bis vier dicke Ordner. Ab und an kommt ein ganzer Karton mit Akten an.

Aber drei Kartons ... das hatte ich noch nie. Und ich hoffe, es passiert auch so schnell nicht wieder.

Die Analyse der Akten dauerte ewig. Und war ein bisschen verstörend.

Ich versuche dennoch, die drei Kartons in einige Zeilen zu packen:

Lottas Mutter hatte mit achtzehn Jahren den damals zwanzigjährigen Herrn Bianchi geheiratet und zwei Jahre später die gemeinsame Tochter Lotta zur Welt gebracht. Damals wohnte die Familie in der Schweiz.

Als Lotta zwei Jahre alt war, trennten sich ihre Eltern, und hier begann die lange Reihe an Gerichtsverfahren.

Im Rahmen ihrer Scheidung stritten sie um das Sorgerecht, die Möbel, das Auto und worum man sonst noch streiten kann. Sie warfen sich gegenseitig vor, sich nicht ausreichend um Lotta zu kümmern, sondern in kriminelle Machenschaften verstrickt zu sein (er) beziehungsweise als Prostituierte zu arbeiten (sie) – und zwar auch, während sie sich eigentlich um Lotta kümmern sollten.

In der Zwischenzeit verreiste Lottas Mutter samt Tochter nach Kenia und blieb dort mehrere Monate, ohne sich zu melden. Ein vom Vater beauftragter Privatdetektiv fand sie schließlich und überredete sie, wieder in die Schweiz zurückzukommen. Dort gab es eine tränenreiche Versöhnung der Eltern.

Der Scheidungsantrag wurde zurückgezogen, und die Familie wanderte aus nach Gran Canaria. Oder zumindest versuchte sie es.

Aus der Akte ging hervor, dass keiner der beiden Elternteile das Auswandern großartig geplant hatte. Sie waren einfach mit ihrer Tochter nach Gran Canaria geflogen. Der Rest würde sich dann schon ergeben.

Das tat der Rest dann auch.

Sechs Wochen später war die Familie wieder zurück in der Schweiz. Aus unerfindlichen Gründen war es nicht möglich gewesen, einfach so ein Restaurant zu eröffnen. Auch auf Gran Canaria benötigte man diverse Lizenzen und eben auch Räumlichkeiten mit einer Küche, die man weder mieten noch kaufen konnte, wenn man über keinerlei Geld, Erfahrung und/oder Sprachkenntnisse verfügte.

Und ich hatte bis dahin gedacht, dass die entsprechenden Dokusoaps aus den Federn phantasieloser Schreiberlinge mit Pubertätspickeln und schlecht sitzendem Karohemd stammen. Aber offenbar gibt es das wirklich: Familien, die der Ansicht sind, auswandern bedeutet, dorthin zu fliegen, wo man sonst Urlaub macht. Und eben einfach dort zu bleiben. Auf eine seltsame Art bewundere ich diese Menschen für … ja, für was eigentlich? Ich denke, für ihre Sorglosigkeit.

Aber letztendlich hatte zumindest der Familie Bianchi ihre Sorglosigkeit nichts genutzt. Der Traum vom Auswandern und Betreiben eines Restaurants auf einer Ferieninsel war mit einem unspektakulären »Puff« geplatzt.

Wieder zurück in der Schweiz, verliebte sich Lottas Mutter in Monsieur Dubois, der teure Anzüge trug und ein großes Auto besaß. In ebendieses setzte sie sich eines Abends mit ihrer Tochter und fuhr mit Monsieur Dubois nach Bavent in der Normandie, wo sie umgehend in dessen Villa einzog.

Die Scheidung wurde erneut beantragt. Anwälte schrieben seitenlange Pamphlete, die die Konfliktherde wie die sprichwörtlichen Karnickel vermehrten. Herr Bianchi wollte unbedingt seine Tochter sehen, hatte aber kein Geld für eine Reise in die Normandie. Er schickte seiner Frau abwechselnd Blumen,

Drohbriefe und Pralinen, rief täglich teilweise mehrfach in der Villa Dubois an, wo er je nach Stimmung weinte, drohte oder jammerte.

Nach einigen Wochen war es Monsieur Dubois wohl zu dumm. Er setzte die kleine Lotta mit einem Kindermädchen in den Zug und schickte sie auf die Reise zu ihrem Vater.

Das Kindermädchen verliebte sich in Herrn Bianchi und weigerte sich sodann, wieder in die Normandie zurückzukehren. Lotta blieb bis auf weiteres bei ihrem Vater.

Ich habe ein ganz klein wenig den Verdacht, dass Monsieur Dubois genau das im Sinn gehabt hatte, weil er lieber Zeit alleine mit Lottas Mutter verbringen wollte. Aber vielleicht tue ich ihm da unrecht. Nach Ablauf eines ganzen Jahres hatte das Schweizer Gericht entschieden, dass Lotta weiterhin bei ihrem Vater wohnen, ihre Mutter aber besuchen solle.

Dreimal dürfen Sie raten, was geschah.

Genau.

Die Mutter schickte Lotta nach dem ersten Besuchswochenende nicht mehr zu ihrem Vater zurück, und Lotta lebte sodann für mehrere Monate bei ihrer Mutter in der Duboisschen Villa.

Das Kindermädchen war bei Herrn Bianchi geblieben. Allerdings nur, bis sie einen Herrn aus Zürich kennenlernte, der ihr besser gefiel.

Die Ehe wurde geschieden, und im gleichen Monat verließ Lottas Mutter auch Monsieur Dubois und die Normandie. Sie zog zu einer Bekannten in die Eifel und widmete sich der Selbsterfahrung.

Herr Bianchi siedelte kurz entschlossen ebenfalls in die Eifel um, damit er seine Tochter endlich wieder regelmäßig sehen konnte.

Nach einem wahnsinnig harmonischen Beginn dieser gemeinsamen Eifel-Phase (ich vermute stark, es gab eine tränenreiche

Versöhnung, die nicht hielt, was sie versprach) begannen die Streitigkeiten der Eltern erneut. Und zwar mit beeindruckender Kreativität.

Herr Bianchi zeigte seine Ex-Frau unter anderem an, weil sie ständig mit nacktem Oberkörper im Garten tanzte und sang, sein Auto mit »Blöder Affe« besprüht, einmal pro Woche einen stinkenden Fisch auf sein Fensterbrett im ersten Stock gelegt, seine Handynummer mit eindeutigen sexuellen Angeboten in öffentlichen Toiletten an die Wand geschrieben hatte und täglich mindestens zwanzig Mal bei ihm anrief und wieder auflegte.

Lottas Mutter dagegen zeigte ihren Ex-Mann an, weil er nachts um ihr Haus schlich und sie ihn dabei erwischte, wie er Liebesbriefe im Vorgarten vergrub (welchen Sinn es macht, Liebesbriefe zu verbuddeln, erschloss sich mir auch bei längerem Nachdenken nicht). Außerdem hatte Herr Bianchi ein Flugblatt mit ihrem Foto und dem unfassbar albernen Spruch »Vorsicht, diese Frau ist doof!« angefertigt und verteilt, ihr pro Tag zig Nachrichten auf das Handy geschickt und mehrfach Tüten mit Hunde- oder sonstigem Kot vor die Türe gelegt.

(Ich wunderte mich beim Lesen, warum er diese Tüten nicht angezündet und anschließend geklingelt hatte. Danach überlegte ich angestrengt, wie diese Idee bitte schön in mein Hirn gekommen war. Ich glaube – und hoffe –, ich habe das mal in einem Film gesehen. Oder so.)

So amüsant und unglaublich sich die Akte samt den diversen Anzeigen las, für die beiden war die Sache bestimmt kein Witz gewesen. Ich war sicher, sie hatten unter diesem Wahnsinn gelitten. Und es war zu befürchten, dass auch die kleine Lotta nicht unbelastet geblieben war.

Erstaunlicherweise hatten in der Eifel-Phase aber zumindest die Umgangskontakte zwischen Lotta und ihrem Vater recht gut funktioniert. Die Eltern hatten sich zwar ständig gegenseitig angezeigt, aber immerhin ganz ohne gerichtliches Urteil ein funktionierendes Umgangsmodell für Lotta gefunden und praktiziert.

Lotta wurde in der Eifel eingeschult, aber nach ein paar Monaten zog ihre Mutter mit ihr nach Hamburg. Zu Herrn Albers, den sie kurz zuvor auf einem ihrer Selbsterfahrungswochenenden kennengelernt hatte. Vier Wochen später war die Hochzeit, und weitere fünf Monate später trennte sich das Paar einvernehmlich. Die Scheidung verlief problemlos.
Lotta und ihre Mutter zogen nach Stuttgart.
Dann nach Leipzig.
Anschließend nach Dresden, Halberstadt, Berlin, Regensburg, Mannheim, Bremen und wieder Regensburg.
Herr Bianchi war jeweils kurz nach dem Umzug seiner Ex-Frau und Tochter ebenfalls nach Stuttgart, Leipzig und Dresden gezogen, hatte dann aber aufgegeben und war nicht weiter mitgereist. Über all die Jahre hatten die Eltern mit Hilfe der diversen Gerichtsverfahren den Kontakt zueinander gehalten.
Es war offensichtlich: Die beiden konnten auf eine sehr abstruse Art und Weise einfach nicht ohneeinander.

Als Lotta zehn Jahre alt war, hatte ihre Mutter diverse Beziehungen und eine weitere kurze Ehe mit einem Mann aus Südafrika hinter sich. Dann lernte sie den zweiundzwanzig Jahre älteren Herrn Schilling kennen und heiratete ihn nur drei Wochen später.
Herr Schilling baute ein Haus am Chiemsee und zog dort mit Lotta und ihrer Mutter ein – die beiden nahmen sogar seinen Nachnamen an. Immerhin hielt diese Beziehung nun schon et-

was mehr als drei Jahre. Frau Schillings Rekord in puncto Langzeitbeziehung.

Herr Bianchi heiratete nicht mehr und hatte nach der »Kindermädchenaffäre« auch keine längeren Beziehungen. Er kaufte sich ein kleines Haus an der Küste Hollands und arbeitete dort als Fremdenführer, Taxifahrer und Paketbote.

Nun hatte Herr Bianchi beantragt, dass der Lebensmittelpunkt seiner Tochter Lotta zukünftig bei ihm sein solle, weil sie »ja jetzt lange genug bei ihrer Mutter gewohnt« habe, wohingegen Frau Schilling beantragt hatte, ihr »nun aber endlich mal« das alleinige Sorgerecht zu übertragen.

In meinen Gesprächen mit beiden erfuhr ich, dass im Grunde alles prima lief, sie sich aber nun jeweils »gedacht hätten«, es wäre nun an der Zeit, eben das ein oder andere zu beantragen.

Herr Bianchi hatte keinen wirklichen Plan, wie der Umzug seiner Tochter zu ihm aussehen sollte. Er hatte weder bedacht, dass Lotta nicht Niederländisch sprach, noch, dass sie keineswegs den Wunsch geäußert hatte, zu ihm zu ziehen. Er vermisse sie einfach und fände es »irgendwie unfair«, dass sie nun so weit weg von ihm lebe, argumentierte er.

Frau Schilling stand ihrem Ex-Mann in puncto Wahllosigkeit der Argumentation in nichts nach und erklärte, sie habe ja nun schon etliche Male das alleinige Sorgerecht beantragt. Da sei es an der Zeit, dem Antrag endlich einmal stattzugeben. Sonst habe ja der Herr Bianchi häufiger recht bekommen als sie, und das sei ebenfalls unfair.

Lotta hatte eigentlich gar nicht mit mir sprechen wollen (ich hatte genau gehört, wie sie »Ochnööö, nich schon wieder so 'ne Psychonummer!« gestöhnt hatte), sich dann aber doch zu einem Eisbecher einladen lassen. Sie hatte mir mit schokoverschmiertem Mund und guter Laune neben der Tatsache, dass ihre Eltern »ganz schön einen an der Waffel hätten«, auch erzählt, dass sie sich am Chiemsee sehr wohl fühle.

»Meine Schule ist okay. Ich hab sogar ein paar nette Lehrer!« Sie riss die Augen auf. »Ist doch un-fucking-fassbar, oder? Wo gibt's denn so was noch? Nette Lehrer! Krass, oder?« Sie grinste mal wieder.

»Und nette Freundinnen hab ich auch. Und Gerd, also Herr Schilling, hat mich sogar im Reitverein angemeldet, als wir hierhergezogen sind. Und inzwischen hab ich sogar ein Pflegepferd. Moment …« Sie kramte ihr Handy heraus, wischte ein wenig darauf herum und hielt mir dann ein Foto entgegen, auf dem sie ihre Arme um einen Haflinger geschlungen hatte und in die Kamera strahlte.

»Also, mir geht's echt gut hier.« Sie nickte bekräftigend und schob sich noch einen großen Löffel Eis in den Mund.

Noch mit vollem Mund sprach sie weiter, und ich freute mich, wie wunderbar viel und offen sie berichtete – dafür, dass sie ja erst keine Lust auf die »Psychonummer« gehabt hatte.

»Also, meine Eltern, die nerven eben. Also, die spinnen schon ganz schön. Die kann man ja eigentlich gar nicht ernst nehmen, oder?« Sie wartete meine Antwort nicht ab, sondern fuhr fort. »Aber ich hab mir überlegt, dass ich meinen Vater versuche zu überreden, hierherzuziehen. Der kann ja auch hier Taxi fahren oder Pakete ausfahren. Vielleicht kann der ja auch Touris mit dem Boot über den Chiemsee schippern.« Sie kicherte und schaufelte weiter Eis mit Sahne in sich hinein.

Auf meine Frage, ob ihre Eltern nicht vielleicht *noch* mehr streiten würden, wenn sie an einem Ort leben würden, lachte Lotta. »Die streiten ja sowieso immer irgendwie. Egal wer wo wohnt. Aber wenn die an einem Ort sind, dann geht es nicht so um mich, dann streiten die sich …« Sie schaute grübelnd an die

Eisdielendecke. »Dann streiten die sich mehr so direkt. So miteinander, ohne dass es so sehr um mich geht. Verstehen Sie? Das find ich besser.«

Noch nie habe ich in einer ähnlichen Situation ein derart in sich ruhendes, zufriedenes Kind erlebt.

Lotta aß genüsslich ihr Eis auf, und als sie den letzten Rest aus ihrem Becher gekratzt hatte, erklärte sie, sie würde nun gerne gehen und sich mit einer Freundin treffen.

Sie gab mir freundlich die Hand und sagte: »Sie müssen sich keine Sorgen um mich machen. Ich weiß, dass die Psychos immer denken, mir würde es nicht gutgehen, weil meine Eltern sich getrennt haben und dauernd rumstreiten und eben … na ja, so sind, wie sie sind. Aber das macht mir nix. Die sind eben so. Bekloppt halt. Aber ich hab ja meine Freundinnen und so. Und der Gerd ist auch nett, also der Herr Schilling.«

Ich war beeindruckt von Lotta und auch ein bisschen beruhigt, dass sie so fröhlich und gefestigt wirkte. Dennoch … bekloppte Eltern sind nicht schön, und ich wünschte, ich könnte etwas tun, um Lottas Leben noch ein wenig besser zu machen.

Es ging ihr erstaunlich gut, keine Frage. Aber es würde ihr sicher bessergehen, wenn ihre Eltern sich ein bisschen weniger bekloppt verhielten. Es wäre doch toll, wenn sie statt ihrer seltsamen Obsession zu gegenseitigen Anzeigen, kleineren und deutlich größeren Sticheleien sowie zum Stellen nicht ganz sinnvoller Anträge beim Familiengericht zur Abwechslung mehr darauf achteten, Lotta in einem weniger gestörten Umfeld aufwachsen zu lassen.

In Anbetracht der drei Kartons Streitigkeiten, die sich in meinem Arbeitszimmer stapelten, hatte ich allerdings wenig Hoffnung …

Da aber im Fall Bianchi/Schilling keine Eile geboten war, ich aber noch zwei weitere Gutachtenaufträge mit einer vermuteten Kindeswohlgefährdung zu bearbeiten hatte, beschloss ich, eine Begutachtungspause von einigen Wochen einzulegen.

Aus den Wochen wurden durch die Sommerferien und entsprechenden Urlaube der Familie fast drei Monate.
Und nach diesen drei Monaten hatte sich meine Begutachtung erledigt.
Lotta hatte ihren Vater doch tatsächlich zum Umzug überredet. Herr Bianchi arbeitete inzwischen ganz in der Nähe von Lottas Schule in einem Imbiss.
Dorthin hatte er dann sogar einmal seine Ex-Frau und ihren aktuellen Ehemann zum Essen eingeladen. Daneben hatte es diverse Biere und im späteren Verlauf auch Hochprozentigeres gegeben. Irgendwann zwischen der dritten und siebten Runde Schnaps war Herr Schilling schon einmal nach Hause gegangen.
Nicht so seine Frau.
Die war mit Herrn Bianchi in sein Appartement gewankt und hatte am nächsten Tag erklärt, dass man nun einmal nichts gegen die einzig wahre Liebe tun könne und sie nun beabsichtige, den Rest ihres Lebens mit Herrn Bianchi zu verbringen.
In den Tagen danach zogen die beiden frisch Verliebten sämtliche Anträge bei Gericht zurück. Sie erklärten dem Richter sogar, dass sie nun nie wieder irgendwelche Anträge stellen würden. Ganz ehrlich! Denn nun würden sie ja für immer zusammenbleiben. Bis ans Ende aller Tage.
Lotta reagierte darauf wahrscheinlich gleichermaßen mit Augenrollen und einem breiten Grinsen. Sie erklärte ihrer Mutter aber auch, dass sie sich dazu entschlossen habe, weiterhin bei Gerd zu bleiben, der sich damit auch sofort einverstanden erklärte.

Ich traf mich noch einmal sowohl mit Lotta als auch mit Herrn Schilling, einem sehr netten, gelassenen Herrn, der keinerlei Groll gegen seine Frau hegte. »Sie ist eben, wie sie ist. Es war ja klar, dass das oder etwas Ähnliches irgendwann passieren würde. Damit muss man rechnen, wenn man jemanden heiratet, der so … impulsiv ist.«

Er freue sich sehr darüber, dass Lotta weiterhin bei ihm leben wolle, erklärte er. Er habe das Mädchen sehr liebgewonnen und wolle gerne dafür sorgen, dass sie so viel Harmonie und Stabilität in ihrem Leben bekomme wie möglich.

Ich freute mich meinerseits darüber, dass Herr Schilling offenbar das Gegenteil von Lottas Eltern war und so gerne bereit war, sich um Lotta zu kümmern.

Aber am meisten freute ich mich wieder einmal über Lotta, die mir bei unserem Abschlusstermin gut gelaunt davon berichtete, dass ihre Eltern zurzeit offenbar eine »Bekloppheitspause« eingelegt hatten. Sie hätten beide zugestimmt, dass sie bei Herrn Schilling bleiben dürfe, und sich schon seit fast drei Wochen gar nicht gestritten.

»Ich find das alles super so. Ich bin bei Gerd und hab da meine Ruhe. Außerdem kann ich meine Eltern besuchen, wann ich will. Jetzt hab ich die sogar recht oft gesehen. Ist ja auch krass, wenn die so zusammen sind und sich nicht streiten!«

Allerdings vertrugen sich Lottas Eltern so gut, dass sie kaum die Finger voneinander lassen konnten. Und auf knutschende Eltern, so Lotta, könnte sie echt verzichten.

»Das muss ich mir aber echt nicht angucken! Echt nicht!« Lotta verzog ihr Gesicht zu einer lustig angeekelten Grimasse. »Würg!« Dann lachte sie schon wieder und erklärte, dass ansonsten aber alles prima sei und sie eben einfach wegschaue oder nach Hause zu Gerd gehe, wenn ihre Eltern es mal wieder übertrieben mit der Knutscherei.

Als ich mich von Lotta verabschiedete, grinste sie bis über beide Ohren. »Alles Gute, Frau Seeberg. Ich glaub nicht, dass wir uns wiedersehen. Das hält zwar bestimmt nicht lange an, dass die 'ne Bekloppheitspause machen, aber ich bleib auf jeden Fall beim Gerd. Da können die sich auf den Kopf stellen.«

Sie winkte mir fröhlich zu, und ich war erneut beeindruckt, wie unbeschadet sie aus diesem Wahnsinn hervorgegangen war.

Weder ich noch das Jugendamt und das zuständige Familiengericht haben je wieder etwas von der Familie gehört. Vor kurzem habe ich aber ein wenig im Internet herumgesucht und festgestellt, dass alle Beteiligten noch immer im gleichen Ort am Chiemsee wohnen.

Vielleicht hält die »Bekloppheitspause« ja tatsächlich noch immer an.

Und wenn sie nicht gestorben sind, pausieren sie noch heute …

Zumindest hoffe ich das.

Manchmal kann man nix machen

E ine Erfahrung, die mein Berufsleben immens erleichterte, habe ich im Rahmen eines Rollenspiels gemacht. Ich hatte das Glück, ein Seminar bei einem wirklich großartigen und erfahrenen Mediator, Herrn Krebs, besuchen zu können.

Eine Mediation ist eine außergerichtliche Form der Konfliktbearbeitung, die das Ziel hat, eine einvernehmliche und für alle Beteiligten vorteilhafte und zukunftsorientierte Regelung zu finden.

Ich lernte in der Fortbildung bei dieser Koryphäe auf dem Gebiet der Mediation etwas ganz Profanes: Manchmal kann man einfach nix machen.

Vielleicht können Sie sich nur schwer vorstellen, dass diese einfache Erkenntnis, die Sie möglicherweise mit einem achselzuckenden »Ja, ist doch klar. Na und?« kommentiert hätten, für mich eine wahre Offenbarung darstellte.

Ich war bis dahin nämlich der felsenfesten Überzeugung gewesen, dass man als Psychologe immer an einen Menschen herankommen kann, wenn man erstens fachlich kompetent ist und sich zweitens nicht allzu blöde anstellt. Und wenn ich es im Rahmen meiner Arbeit nicht geschafft hatte, eine notwendige Veränderung der inneren Einstellung oder Herangehensweise eines Elternteils zu bewirken, dann hatte ich versagt.

Klare Sache.

Und das stimmte ja auch fast immer.

Aber eben nur fast.

Denn es gibt sie tatsächlich: die beratungsresistenten Personen. Die hatte ich aber stets für ein Ammenmärchen gehalten, das sich Psychologen erzählen, die ihren Job nicht ordentlich machen oder um am Lagerfeuer ein paar berufsspezifische Gruselgeschichten parat zu haben.

Im besagten Seminar ging es um fachliches Wissen, daneben wurden aber anhand von Rollenspielen auch konkrete Situationen geübt.
Als Studentin habe ich diese Rollenspiele gehasst. Ich kam mir dabei immer total doof vor. Logischerweise war der Lerneffekt dann auch entsprechend gering. Während meines Praktikums in der Beratungsstelle bei Frau Willhelm aber änderte sich das glücklicherweise, weil ich unter ihrer Anleitung in einem Gruppentraining einmal pro Woche den Teilnehmern als Rollenspielpartner zur Verfügung stehen musste. Dabei lernte ich, dass man sich gar nicht unbedingt blöd vorkommen muss. Und so konnte ich in den Fortbildungen für Rechtspsychologen mit einem besseren Gefühl an diese Rollenspiele herangehen. Ich hatte richtiggehend Spaß daran und wunderte mich selbst darüber, weil ich mich noch allzu gut an meine frühere Einstellung erinnern konnte. (Diese bestand im Wesentlichen aus: Neinneinnein-ich-will-das-nicht-Hilfe-wohin-kann-ich-flüchten.)
Es macht Sinn, ja, ich würde sogar sagen, es ist dringend notwendig, als Sachverständige zumindest im Rollenspiel einmal die Positionen der Menschen einzunehmen, die man begutachtet. Natürlich kann man sich mit einem Mindestmaß an Einfühlungsvermögen vorstellen, wie sich jemand fühlt, dessen Erziehungsfähigkeit überprüft werden soll oder der seine Kinder endlich wiedersehen will und nun auf die Empfehlung eines Sachverständigen angewiesen ist. Aber eine Rollenspielerfahrung kann da noch einmal einen anderen Blickwinkel eröffnen.

Wenn es allerdings Sonntagnachmittag ist und ein anstrengendes Seminarwochenende hinter einem liegt, kann so ein Rollenspiel schon mal abstruse Formen annehmen. Ich empfehle daher, Rollenspiele mit einigermaßen ausgeruhten Personen durchzuführen.

Erschöpfte Psychologen, die sich seit drei Tagen mit Wissen und Erfahrungen (und auch Kaffee und Kuchen) vollgestopft haben, sind keine sinnvollen Rollenspielpartner. Aber amüsante.

»Ja, da kann ich als Mutter ja nun auch nix mehr machen. Außer rumschreien ... okay, also ich täte dann jetzt hier rumschreien.«

»Elke, so geht das nicht! Du musst da schon auch in der Situation bleiben und nicht nur beschreiben, was du machen würdest.«

»Stell dir halt einfach vor, ich würde rumschreien. Du hast doch diese Fortbildung in Imaginationstherapie gemacht.«

»Elke!«

»Spiel du doch die Mutter, Michael. Laut genug bist du ja.«

»Ich werde jetzt nicht hier vor euch meine weibliche Seite entdecken, vielen Dank.«

»Also, ich habe dich jetzt von allen Seiten gesehen, aber eine weibliche konnte ich beim besten Willen ...«

»Vielen Dank, Elke.«

»Sehr gerne, Michael. Wo waren wir stehengeblieben, ach ja: Ich täte dann jetzt hier so rumschreien: schreischrei.«

Ich muss gestehen, ich habe selten so viel und herzhaft gelacht wie in Fortbildungen und Supervisionsgruppen mit anderen Rechtspsychologen. Ich weiß nicht recht, woran das liegt. Werden nur Psychologen mit einem mir sympathischen skurrilen und staubtrockenen Sinn für Humor auch Rechtspsychologen? Oder entwickelt man diesen Humor aus einer bestimmten Art von Verzweiflung, die sich kurz nach Eintritt in unseren Beruf einstellt? Ich weiß es nicht.

Aber wie war das noch mit dem Rollenspiel, das mich besonders nachhaltig beeinflusst hat?

Wir sollten das Gespräch eines Sachverständigen mit einem
zerstrittenen Elternpaar simulieren. Es ging um die Klärung
der Umgangskontakte des 5-jährigen Kevin zu seinem Vater,
Herrn Meier. Frau Meier war gegen Kontakte. Nach außen,
weil sie Herrn Meier nicht als geeignet ansah, alleine mit seinem Sohn zu sein. Der tatsächliche Grund aber war, dass sie
fand, ihr Ex-Mann habe mit der Trennung von ihr auch sein
Recht verwirkt, den gemeinsamen Sohn zu sehen. Und das
umso mehr, wo er jetzt auch noch mit dieser blonden Schlampe
zusammen war. Frau Meier war eine typische »umgangsver-
weigernde Mutter«.

Ich spielte Frau Meier, meine Kollegin Annette Herrn Meier,
und der Seminarleiter selbst hatte den Part des Sachverständigen übernommen.

Man kann ein Rollenspiel auf verschiedene Weisen angehen.
Wenn man einem Kollegen »nur« helfen möchte, eine bestimmte Erfahrung zu machen, dann spielt man eine Rolle und
konzentriert sich auf die Aufgabenstellung. Wenn man selbst
etwas »erfahren« will, sollte man sich, soweit es irgend möglich
ist, mit der eigenen Rolle zu identifizieren versuchen. Bei un-
sympathischen Personen ist das schwierig für mich, aber mir
hilft, ein Beispiel aus dem echten Leben vor Augen zu haben.
So wählte ich in Gedanken Frau Schmitz, die mir während einer Begutachtung den letzten Nerv gekostet hatte.

Ich brachte genau ihre Argumente vor. Angefangen von »Der
hat sich ja auch während unserer Ehe nie um den Kevin gekümmert« über »Wenn der Kevin von ihm zurückgekommen
ist, war der immer krank und ganz durch den Wind, weil er bei
seinem Vater nur Fast Food bekommt, immer ohne Mütze
draußen ist, altersunangemessene Computerspiele spielt und

der Vater einfach doof zu ihm ist« bis hin zu »Fragen Sie doch den Kevin! Der will auf gar keinen Fall mehr zu seinem Vater. Also, von mir aus kann er den besuchen, aber er will eben nicht. Wollen Sie ihn etwa mit Polizeigewalt aus dem Haus und zu seinem Vater zerren?«.

Während dieses Rollenspiels machte ich folgende, für mich damals tatsächlich langfristig bedeutsame Erfahrung:

Frau Meier konnte ganz entspannt sein. Sicher regte sie sich manchmal über irgendwelche Vorhaltungen ihres Ex-Mannes auf, aber im Grunde war sie recht unaufgeregt. Ihr war nämlich ganz klar, dass sie gewinnen würde. Wenn sie sich nicht bewegte, würde Kevins Vater in den nächsten Jahren keinen Kontakt mehr zu seinem Sohn haben. Sie hatte Kevin in den letzten Monaten, in denen sie ihn einfach nicht zum Vater hatte gehen lassen, erfolgreich manipuliert und ihm eingeredet, der Vater sei ein schlechter Mensch, und bei Besuchen bei ihm würden schlimme Dinge passieren. Kevin fing nun also an zu weinen, wenn man nur den Namen des Vaters erwähnte. Und wenn man gar über Kontakte sprechen wollte, geriet er regelrecht in Panik, so dass niemand mehr Gespräche mit ihm darüber führen konnte. Zumal Frau Meier dies mit ebendem Hinweis verbot, dass die Fachleute Kevin ja nur noch mehr verstörten und er nun überhaupt *gar nicht* mehr zum Vater wolle. Wenn Frau Meier bei ihrer harten Haltung blieb, dann würde niemand etwas tun können.

Das Jugendamt nicht, der Vater nicht und auch nicht der olle Sachverständige oder der Richter. Niemand.

Diese Erkenntnis schlich sich während des Rollenspiels nach und nach in mein Bewusstsein. Ich bemerkte, dass ich als Frau Meier mit meinen festgefahrenen Standpunkten, meinen immer gleichen Aussagen und meiner absoluten Verweigerung, dem Vater oder sonst wem auch nur einen Millimeter entgegenzukommen, eine unglaublich machtvolle Position hatte.

Zu Beginn des Rollenspiels hatte ich fest damit gerechnet, ich würde nun, da der erfahrene Mediator und Gerichtsgutachter die Rolle des Sachverständigen spielte, endlich sehen, was ich im Fall von Frau Schmitz anders machen konnte, um einen Kontakt zwischen Vater und Kind herzustellen. Nach einiger Zeit aber stellte ich fest, dass auch diese Koryphäe nichts tun konnte, um Frau Meier zu einer Einigung oder zumindest einem Entgegenkommen zu bewegen.

Endlich konnte ich mich entspannen. Ich musste nichts können, was auch *die* Mediations- und Begutachtungskoryphäe nicht vermag.

Zumal Herr Krebs das nach unserem Rollenspiel auch ganz klar aussprach: »Das müssen Sie akzeptieren: Manchmal kann man nichts machen. Es gibt diese Fälle. Das ist tragisch, aber das bringt unser Beruf mit sich. Je eher Sie lernen, damit umzugehen, umso besser für Sie und auch für die Menschen, denen Sie beruflich begegnen.«

Sich bewusst zu machen, dass wir Psychologen nicht allen Menschen helfen können, dass wir manchmal ebenso machtlos sind wie Ärzte, die unheilbar Kranke vor sich haben, war für mich schmerzhaft und erleichternd zugleich.

Aber genau dieses zunächst hoffnungslos erscheinende Bild des Arztes, der einen unheilbar Kranken vor sich hat, half mir, die Möglichkeiten zu erkennen, die ich dennoch hatte. Denn ein Arzt, der den Kranken nicht heilen kann, hat ja dennoch Möglichkeiten, zu handeln. Er kann das Leiden des Kranken verringern, den Angehörigen in dieser schweren Zeit zur Seite stehen und die Gesamtsituation für alle etwas erträglicher machen.

So hatte ich nach dieser Fortbildung den Mut, bei Müttern wie Frau Meier anzusprechen, in welch machtvoller Position sie sich befanden. Ich sprach aus, dass es nicht möglich war, einen

Umgang zwischen Vater und Kind gegen ihren Willen durchzusetzen. Und genau das führte manchmal tatsächlich dazu, dass mir diese Frauen erstmals wirklich zuhörten. Sie fühlten sich vielleicht auf eine seltsame Art verstanden, oder ihnen wurde klar, dass wir keine Spielchen spielten.

Zu erkennen, dass es tatsächlich beratungsresistente Menschen gibt, war eine unglaubliche Erleichterung für mich und führte absurderweise unter anderem dazu, dass ich in meinen Begutachtungen deutlich mehr Einigungen erzielte.

Ich gehe entspannter an entsprechende Gespräche heran und achte mehr auf die Zeichen meines Gegenübers. Wo ich vorher krampfhaft versucht habe, Menschen davon zu überzeugen, dass sie sich doch bitte gefälligst mit ihrem Ex-Partner einigen sollen, gehe ich nun in erster Linie auf mein Gegenüber ein, um herauszufinden, ob es überhaupt Möglichkeiten auf Einigung gibt. Alleine dadurch erhöhen sich die Chancen.

Ich habe in meinen Anfangsjahren als Sachverständige derart engagiert versucht, Einigungen zu erzielen, dass ich sie dadurch vielleicht manchmal sogar torpediert habe. Umso dankbarer bin ich Herrn Krebs. Denn er hat dafür gesorgt, dass ich mein Scheitern einkalkuliere und es dadurch deutlich seltener vorkommt.

Flower-Power

Ich male ausgesprochen gerne mit Kindern, weil man sich dabei so wunderbar mit ihnen unterhalten kann, ohne dass es gleich einen »Ich muss mich jetzt ausfragen lassen«-Charakter bekommt. Ich lasse die Kinder dann auch die berühmte »Familie in Tieren« malen. Allerdings stehe ich diesem diagnostischen Instrument eher kritisch gegenüber. Zumindest, wenn es zu starr ausgewertet wird.

Das Problem daran ist die oft klischeebeladene Tiersymbolik, die meist zur Interpretation der Zeichnungen herangezogen wird. Wenn ein Kind beispielsweise die Mutter als Schlange malt, dann muss das eben nicht bedeuten, dass es seine Mutter für hinterlistig und böse hält. Denn eine Schlange kann für ein Kind je nach Erfahrungen und Vorlieben völlig andere, natürlich auch positive Attribute verkörpern. Das mag für Sie nun völlig nachvollziehbar klingen, aber das sieht beileibe nicht jeder so: Ich habe in Gutachten, wie sie sich manchmal in den Akten befinden, schon die abenteuerlichsten Auswertungen dieses Tests gelesen und mich stellvertretend für meine Zunft im Allgemeinen und den jeweiligen Kollegen im Besonderen ein bis zwei Runden fremdgeschämt. Und ich wurde wütend. Denn genau solche Gutachten führen zur großen Sorge, dass da ein seltsamer Psychologe kommt, willkürliche Interpretationen vornimmt und nachher fatale Schlüsse zieht. Diese Sorge kann man den Leuten leider nicht nehmen, denn sie besteht in einigen Fällen völlig zu Recht. Normalerweise erwähne ich an dieser Stelle, dass die große Mehrzahl der Psychologen natürlich nicht diesem Klischee entspricht. Es sei auch hier erwähnt, wenngleich mein Fingerzeig in diesem Fall die nötige Körperspannung vermissen lässt und dadurch etwas müder wirkt als sonst.

Ich muss in diesem Zusammenhang oft an den von mir so sehr geliebten und verehrten Loriot denken, der als Herr Blöhmann in seinem Eheberatungssketch als Lieblingsfarbe Grau angibt und dies so lange relativiert, bis er bei einem Braun-Grün-Grau angelangt ist. Es schade aber auch nicht, fügt er hinzu, wenn es ein bisschen ins Bläuliche hinüberspiele, und auch etwas Rot könne mit anklingen, ein »grünlich-blaues Braun-Rot-Grau« also. Auf die Anmerkung der Psychologin, dass es nicht so genau darauf ankomme, erwidert er: »Doch, doch! Sie sehen nachher in so einer Tabelle nach, und da steht dann bei Grau ›Herr Blöhmann schlägt seine Gattin‹ oder etwas Ähnliches.«

Erschreckend genial – und realitätsnah.

Ich wünsche mir so sehr, dass jeder mit der Gewissheit in eine Begutachtung gehen kann, dass sich der Sachverständige alle Mühe geben wird, herauszufinden, was wirklich los ist, und nicht vorschnell mit einer Art Bleigieß-Bedeutungsliste aus einer gezeichneten Schlange auf eine gestörte Mutter-Kind-Beziehung schließt.

Ja, genau das habe ich in einem der Gutachten gelesen. Außer einer gemalten Schlange war kein Hinweis auf die angeblich so gestörte Beziehung zu finden. Und überflüssigerweise sei noch gesagt: Dieser Hinweis war gar keiner! So etwas ist fahrlässig, fatal und einfach grauenhaft!

Ein paar weitere Beispiele:

Wenn der Bruder als Krokodil gemalt wird, bedeutet das nicht zwangsläufig, dass er für gefährlich gehalten wird. Vielleicht ist er so putzig wie Schnappi, das kleine Krokodil. Oder er singt dieses Lied gerne. Oder trägt am liebsten grüne Kleidung. Oder, oder, oder.

Der Vater, der als Hund gezeichnet wird, ist möglicherweise im Erleben des Kindes gar nicht »treu und ein guter Wächter, der vor Gefahr schützt«, sondern eben selbst die Gefahr. Vielleicht wurde das Kind schon von einem Hund gebissen und bringt ihn deshalb mit ganz anderen Dingen in Zusammenhang, als die Auswertungstabelle vorgibt.

Ich erzähle in diesem Zusammenhang auch gerne die Geschichte von dem Kind, das seine Mutter ebenfalls als Schlange gemalt hatte. Als ich nach den Gründen fragte, erklärte es, dass es zwar viel lieber eine Katze gemalt hätte, das aber nicht so gut könne und die Schlange eben ganz einfach zu zeichnen sei. Ich befürchte, aus ebendiesem Grund tauchen viele Schlangen in »Familie in Tieren«-Bildern auf, die dann womöglich ohne weitere Nachfrage fehlinterpretiert werden. Man könnte versucht sein, laut und anhaltend darüber zu lachen, wenn es nicht so furchtbar wäre.

Meine Familie zum Beispiel hätte mangels zeichnerischen Talents aus einer Gruppe ungleich dimensionierter Würmer bestanden. Wer daraus auf meine Haltung zu den einzelnen Familienmitgliedern hätte schließen wollen, wäre immer danebengelegen.

Der Grund, warum ich Ihnen all das erklärt habe, liegt darin, dass eine solche Malarbeit in der folgenden Geschichte eine Rolle spielt.

Denn, wie gesagt, die Grundideen von »Familie in Tieren« oder auch dem »Schlosszeichentest«, bei dem das Kind ein Wunschhaus malen und diejenigen Menschen bei sich einziehen lassen darf, die es am liebsten um sich hat, sind, umsichtig angewandt, wunderbare Hilfen bei der Exploration.

Das war auch bei Jimi und Janis so. Benannt nach Jimi Hendrix und Janis Joplin. Da hatte wohl jemand ein Faible für die Hippiezeit …

Aber auch ich mag die 60er und 70er Jahre. Also, in erster Linie natürlich deren Musik. Aber auch ansonsten gefällt mir diese Zeit, die ich nur in Teilen und als Kind miterlebt habe. Vielleicht mag ich sie deshalb. Weil ich sie mir schönreden kann. Weil sie für mich Kindheit und damit irgendwie auch Sorglosigkeit und Optimismus bedeuten.

Ich glaube, ich mag auch diese Aufbruchsstimmung und die Hoffnung, die in meinem Kopf mit den 60ern und 70ern verbunden ist. Und während ich dies schreibe, fällt mir auf, dass ich überhaupt kein Experte für diese Zeit, sondern vielmehr ein wenig ahnungslos verliebt bin. Ich mag die Mode, die Musik, die Prilblumen ... und obwohl (oder weil) ich nie in einer gewohnt habe, mag ich Wohngemeinschaften.

In meinen Studentenjahren wurde meine Wohnung hin und wieder zu einer WG, aber immer nur temporär und eben solange ich das gut fand.

Ich liebe es nach wie vor, gemütlich mit Freunden zu frühstücken. Ich bin gerne mit mehreren Menschen in einer Küche (unter anderem, weil das die Wahrscheinlichkeit erhöht, dass etwas Leckeres zu essen entsteht) und mag es sehr, wenn ein friedliches Miteinander herrscht.

Aber dann habe ich eben auch wahnsinnig gerne mal meine Ruhe und bin alleine.

Die Kinder Janis und Jimi Huber lebten gemeinsam mit ihrer Mutter in einer großen WG in einem alten Bauernhof etwas außerhalb der Stadt. Offenbar versorgten sich die Bewohner der WG soweit es ging selbst, indem sie Gemüse anbauten, Hühner sowie zwei Kühe hielten und alles taten, um nicht allzu oft einkaufen gehen zu müssen. Das klang irgendwie schön, fand ich.

Janis war gerade sechs geworden, und ihr kleiner Bruder Jimi war drei Jahre alt. Sie besuchten gemeinsam mit fünfzehn anderen Kindern einen Elterninitiativ-Kindergarten.

Und hier begann der Ärger.

Einige Mütter der anderen Kinder hatten sich zusammengetan und waren gemeinsam zum Jugendamt marschiert, um dort auf die Huber-Kinder aufmerksam zu machen.

Denn die »Zustände, in denen die Huber-Kinder leben müssen, kann man so nicht lassen«, und das Jugendamt müsse »umgehend einschreiten und die Kinder in ein Heim oder eben sonst wohin bringen«. Denn andernfalls sehe man sich »gezwungen, die außerordentlich guten Kontakte zur Presse spielen zu lassen« und die ganze Sache samt Versagen des Jugendamtes publik zu machen. Ein Fernsehsender stehe auch schon bereit und habe Interesse an der Geschichte angemeldet.

Die »Zustände« bestanden laut den aufgebrachten Müttern darin, dass die Huber-Kinder ständig extrem verdreckt seien und von so vielen verschiedenen Personen zum Kindergarten gebracht und auch wieder abgeholt würden, dass man vollständig den Überblick verloren habe. Dauernd müsse man die Mutter anrufen, um zu erfahren, ob die entsprechende Person die Kinder überhaupt abholen dürfe. Und da Frau Huber oft nicht gleich erreichbar war, arte dies ständig in eine Aktion aus, die sehr viel Zeit und Energie in Anspruch nehme. Und man habe ja schließlich noch anderes zu tun!

Auf den vorsichtigen Hinweis der zuständigen Mitarbeiterin des Jugendamtes, dass das jetzt nicht unbedingt die Umstände seien, unter denen von Seiten des Jugendamtes eine Inobhutnahme der Kinder veranlasst würde, hatte die Mütterhorde gleich noch mehr Vorwürfe aus dem Hut gezaubert.

Die Kinder würden nämlich *sehr* seltsame Dinge von zu Hause berichten, und man habe den Eindruck, dass sie dort vollständig sich selbst überlassen seien und sogar nachts alleine gelassen würden. Man gehe davon aus (in meinem Kopf rückten die Damen an dieser Stelle eng zusammen, sahen sich vorsichtig um und flüsterten dann in dramatisch gesenkter Stimme), dass die Familie Huber einer *Sekte* angehöre. Für Frau Huber komme wohl jede Hilfe zu spät. Und auf eine ganz andere Art wohl wahrscheinlich auch für Herrn Huber, den habe nämlich noch nie jemand von ihnen gesehen. Man könne nur mutmaßen, was mit ihm geschehen sei. Aber die Kinder, die müsse man dringend retten. Und zwar *sofort*. Man höre ja schließlich immer wieder von Sekten, die Kinder verschwinden lassen, sobald jemand Verdacht schöpft. Oder von Sekten, die kollektiv Selbstmord begehen. Oder Schlimmeres. Viel Schlimmeres …

Ich bin sicher, dass sich in dem Moment der Himmel verdunkelte und ein Blitz mit gleichzeitigem Donnergrollen die Szenerie sowohl akustisch als auch optisch aufs unheimlichste untermalte.

Frau Sommer vom Jugendamt war ob dieser Vorwürfe – eventuell auch ob des Gruselfaktors, ganz sicher aber ob der Drohung der Mütter, sich an die Presse zu wenden – sehr aufgeregt und informierte baldmöglichst das Gericht. Sie hatte vor, Janis und Jimi umgehend in Obhut zu nehmen, da sie nun ebenfalls eine akute Kindeswohlgefährdung vermutete.

Die zuständige Richterin, Frau Braun, rief mich daraufhin an, um sich zu erkundigen, ob ich nicht vielleicht ganz ausnahmsweise einen Auftrag übernehmen, sofort mit der Begutachtung beginnen und am besten in den nächsten Tagen schon einen Hausbesuch bei den Hubers machen könnte.

»Also, dass Sie schauen können, ob die Kinder nun wirklich sofort aus der Familie genommen werden müssen, wie Frau Sommer vermutet, oder ob man vielleicht doch noch die Begutachtung abwarten und in Ruhe nach einer guten Lösung suchen kann, ohne die Kinder in einer Bereitschaftspflegefamilie unterbringen zu müssen. Ich versteh ja die Frau Sommer. Und ich finde auch gut, dass sie da so motiviert ist und die Kinder schützen will, aber vielleicht gibt es ja eine andere Lösung, und man kann den Kindern so eine Hauruckaktion ersparen.«

Das ist nicht die normale Vorgehensweise, aber ich verstand sehr gut, was Frau Braun meinte. Wenn es nicht zwingend notwendig war, sollte man Herausnahmen von Kindern aus der Herkunftsfamilie vermeiden. Denn selbst mit den größten Mühen, die Situation so gut wie möglich vorzubereiten und kindgerecht zu gestalten, ist eine Herausnahme immer mehr oder weniger traumatisch für die Kinder – und oft genug auch für die Eltern.

Eigentlich hatte ich keine Zeit, spontan einen Hausbesuch einzuschieben, von dem man noch nicht ahnen konnte, welchen Berg an Arbeit er mit sich bringen würde. Aber nein sagen war noch nie meine Kernkompetenz gewesen …

… und so fand ich mich schon am nächsten Tag im Matsch wieder. Knöcheltief.

Ich war mir nicht mal sicher, wo ich parken sollte, ohne a) beim Aussteigen in einer großen Matschpfütze zu landen und b) nach dem Termin mein Auto nicht oder nur noch partiell wiederzufinden, weil es sich mit diversen großen und kleinen Blubbs in den ewigen Schlamm verabschiedet hatte.

Das hier war eine einzige Matschlandschaft.

Ich beschloss schließlich, dass schon alles gutgehen würde, parkte, stieg aus, spürte den Schlamm in meine Schuhe laufen und machte mich auf den Weg zur Haustür.

Im Grunde war das Gelände richtig schön. Rings um das alte Haus und die noch älteren Ställe mit ihren großen, windschiefen Toren aus wuchtigen Holzplanken waren Felder, Wiesen, und dahinter wucherte ein kleines Wäldchen, immerhin groß genug, um darin für eine knappe Stunde verlorenzugehen. Und es gab einen großen verwilderten Garten mit einer Schaukel an einem der Bäume, deren Sitz ein Lkw-Reifen war.

Man musste ein paar Stufen zum Haus nach oben steigen und fand sich dann auf einer Art Veranda wieder. Das Ganze hatte etwas von der Villa Kunterbunt, auch wenn die Fassade keinerlei Farbe aufwies, sondern – soweit ich es erkennen konnte – aus unbehandeltem Holz bestand.

Ich suchte vergeblich nach einer Klingel und klopfte schließlich beherzt an die Tür.

Ein kleines verdrecktes Wesen öffnete mir und umarmte quiekend vor Freude mein rechtes Bein.

Offenbar handelte es sich dabei um eines der Kinder, das ich begutachten sollte. Vielleicht sah ich einer nahen Verwandten, die sich auf Weltreise oder einem anderen längeren Auslandsaufenthalt befand, zum Verwechseln ähnlich.

Ich versuchte dem dreijährigen Jimi zu erklären, dass ich nicht die war, für die er mich hielt, aber als ich mich zu ihm herunterbeugte (was gar nicht so einfach ist, wenn man eine Gutachtertasche an der Schulter und einen Dreijährigen am Bein hat), jauchzte er erfreut und schlang seine Ärmchen um meinen Nacken. Ich unternahm einen vorsichtigen Versuch, mich aus der Umklammerung zu lösen, wollte aber auf keinen Fall grob wirken und war tatsächlich einen Moment lang unschlüssig. Schließlich griff ich dem Kleinen unter den Po, richtete mich auf und hatte ihn nun im wahrsten Sinne des Wortes am Hals. Der Junge legte seinen Kopf auf meine Schulter und wirkte dabei vollkommen mit sich und der Welt im Reinen.

Auf meine Frage, wo denn seine Mama sei, zuckte er nur die Achseln und kuschelte sich noch etwas inniger an meinen Hals. Mir blieb nichts anderes übrig, als mit dem an mir hängenden

Jungen ein paar Schritte ins Haus zu machen. Dabei hoffte ich, mit meinen verschlammten Schuhen nicht allzu viel Dreck zu verteilen. »Hallo?«, rief ich. »Frau Huber?«

»Halloooooo!«

Ein Mädchen im Kindergartenalter kam die Treppe herunter gehüpft und … umarmte mich ebenfalls. Ich musste dieser nahen Verwandten wirklich frappierend ähnlich sehen.

Aber da das Mädchen deutlich älter war als das Klammeräffchen an meinem Hals, hatte ich die Hoffnung, ihr erklären zu können, wer ich wirklich war.

»Hallo, ich bin die Frau Seeberg. Und du?«

»Ich bin die Janis.« Die Kleine hielt mich noch immer umarmt und strahlte mich an. »Und der da«, sie deutete auf den kleinen Jungen. »Der ist der Jimi. Von Jimi Hendrix. Und ich heiße Janis wegen der Janis Joplin. Die haben tolle Musik gemacht früher.«

»Ja, das stimmt.« Ich lächelte nach unten und hoffte, dass Janis Hausschuhe trug. Denn sie hatte sich gerade mit beiden Füßen auf meinen Schlammschuh gestellt. Falls sie nur Socken trug, waren die jetzt so vermatscht und nass wie meine.

»Wo ist denn eure Mama?«, fragte ich.

»Keine Ahnung! Spielst du was mit uns?« Janis hopste auffordernd auf meinem Fuß auf und ab.

»Nachher schon, aber ich muss zuerst mit eurer Mutter sprechen.«

Janis stand abrupt still und sah mich mit großen Augen an.

»Und danach spielst du mit uns? Versprocheeeen?«

»Versprochen.«

Janis sauste unter infernalischen »Joooooooooaaaaaaaaaan!!«-Rufen die Treppe hinauf. Sogar Jimi hob seinen Kopf, um seiner Schwester hinterherzuschauen beziehungsweise zu lauschen.

»Jooooooooooaaaaaaan!!«, rief nun auch er.

In mein Ohr.

Aua. Jimi lachte und holte noch einmal tief Luft, um besonders inbrünstig nach seiner Mutter zu brüllen. Ich sah keine andere Wahl, als mir die Ohren zuzuhalten. Dass ich dabei Jimi loslassen musste, störte ihn überhaupt nicht. Ich hatte das Gefühl, seine Arme waren mit meinem Hals längst eine symbiotische Verbindung eingegangen und würden sich nur vermittels einer Operation wieder lösen lassen.

Als der Kleine sein »Joooaaaan!« fertigkrakeelt hatte, griff ich ihm wieder unter den Po, um ihn festzuhalten, und Jimi jauchzte so vergnügt wie schrill direkt in mein anderes Ohr. Das Klingeln würde mich noch Stunden später ins Bett begleiten.

Und so stand ich mit Jimi am Hals, Schlamm im Schuh sowie Pfeifen im Ohr da und wartete auf Joooooooaaaaaan, die wohl Jimis und Janis' Mutter war. Ich nahm an, sie hatte früher Sabine geheißen und sich nun, passend zu ihren Kindern, nach Joan Baez benannt …

Beim Vater der Kinder tippte ich demzufolge auf Joe, Mick, Keith, John, Paul, George oder Ringo.

Janis sauste die Treppe wieder hinunter und mit lautem »Joooooaaan«-Geschrei nach draußen. Das fand Jimi so toll, dass er tatsächlich meinen Hals losließ und strampelnd nach unten gesetzt werden wollte. Schon wuselte er Janis lachend hinterher, und da stand ich nun ganz alleine im Hausflur.

Ich wischte mir ein bisschen Jimi-Sabber vom Hals und schaute auf den Boden, um zu sehen, wie schlimm die Sauerei war, die ich dort angerichtet hatte.

O Gott! Es war alles voller Schlamm! Wie peinlich!

Ich konnte gar nicht fassen, dass ich in so kurzer Zeit so viel …

Hatte ich auch gar nicht. Schnell war mir klar, dass ich vermutlich mehr Matsch mit nach draußen nehmen würde, als ich hereingebracht hatte. Der gesamte Eingangsbereich war voll mit Erde, die sich hier über Jahrzehnte angesammelt haben musste und an der Türe festgetreten war. Außer mir war wohl keiner auf die Idee gekommen, beim Eintreten ins Haus nach unten zu blicken. Erstaunt blickte ich auf ein paar grüne Triebe direkt an der Türschwelle. Wenn das so weiterging, würden die Bewohner bald nicht mehr sauber machen, sondern erst einmal abernten müssen.

Ja, da hatten die Elterniniziativ-Muttis doch tatsächlich recht gehabt. Hier war es sehr dreckig. Zumindest der Boden. Und die Kinder. Ich sah mich um.

Der Rest des Hauses war sehr villa-kunterbuntig, wirkte aber nicht verdreckt oder schmuddelig.

Eigentlich sah alles bis auf den über und über verschlammten Boden wirklich nett und sauber aus. An den Wänden hingen Bilder, die meisten davon offensichtlich von Kindern gemalt. Es gab Trockenblumensträuße und diverse Kräuter, die zum Trocknen in Bündeln von der Decke baumelten.

Nichts passte so richtig zusammen, aber alles in allem ergab sich doch ein stimmiges buntes Bild aus alten, angemalten Holzmöbeln, Blumentöpfen in verschiedenen Formen und Farben und antiken Stehrumchen. Vielleicht war der Eingangsbereich ja so eine Art sanfter Übergang von Natur zu Behausung, und die Setzlinge waren dort absichtsvoll gepflanzt worden?

Ich überlegte gerade, ob ich mal im Matschland nach den beiden Kindern sehen sollte, da hörte ich sie jubelnd nahen. Hinter ihnen her kamen drei Frauen und ein Mann. Aha, die berühmt-berüchtigte WG. Zumindest ein Teil davon.

»Halloooooo!«

Zack! Hatte ich an jedem Bein ein Kind hängen. Sie hatten wohl noch immer nicht verstanden, wer ich war oder eben nicht war.

Eine der Frauen löste sich aus der Gruppe und ging lächelnd auf mich zu. »Hallo, ich bin Joan.«

Sie trug ihre Dreadlocks zu einem riesigen Dutt verschlungen am Hinterkopf, dazu ein grünes Wallegewand. An den Füßen trug sie nichts als Matsch. Wie alle anderen auch.

Aha. Daher der Schlammboden im Haus.

Joan tapste leichtfüßig vor mir her in eine Küche, die tatsächlich so aussah, wie ich sie aus den Pippi-Langstrumpf-Filmen in Erinnerung hatte. Seltsam, bunt, unordentlich, aber irgendwie auch sehr gemütlich. Nur einen Affen namens Herr Nilsson konnte ich nicht entdecken. Dafür hing noch immer der kleine Jimi an meinem Bein. Das war ja schließlich so ähnlich …

Da die anderen beiden Frauen und der Mann ebenfalls mit in die Küche gekommen waren, gab ich ihnen der Reihe nach die Hand und stellte mich vor. Sie hatten alle drei seltsam indianisch anmutende Namen. Oder war das Indisch? Keine Ahnung.

Da der Mann nicht Joe hieß, nahm ich an, dass er wahrscheinlich nicht der Vater der Kinder war. Zu meiner Überraschung setzten sich nun alle Anwesenden an den wackeligen Tisch und schauten mich lächelnd an. Ich lächelte erst einmal zurück und überlegte dabei, was das denn zu bedeuten hatte. Dann verstand ich und wandte mich an Frau Huber: »Wo können wir denn ungestört reden?«

Alle sahen mich stirnrunzelnd an, man war wohl tatsächlich von einem gemeinsamen, gruppendynamischen Gespräch ausgegangen.

»Ich muss erst einmal mit Ihnen alleine beziehungsweise mit Ihnen und dem Vater der Kinder sprechen, falls Sie …« Ich sah den Mann fragend an, aber der schüttelte vehement den Kopf. »Okay, also, dann würde ich gerne mit Ihnen alleine sprechen, Frau Huber.«

Ich sah in die Runde und setzte noch ein ziemlich bestimmtes
»Bitte« hinterher. Das sorgte immerhin dafür, dass der Mann
und die beiden Frauen nach einem fragenden Blick zu Frau
Huber schließlich aufstanden. Noch hatten sie aber die Küche
nicht verlassen.

»Und danach würde ich dann mit Ihren Kindern ein wenig
spielen, wenn die beiden …« Der Rest ging im Jubel von Janis
und Jimi unter.

Janis sah ihre Mutter triumphierend an. »Siehste! Hab ich doch
gesagt, dass die mit uns spielt!«

Joan lächelte leicht entrückt und sah ansonsten aus, als wäre sie
überfordert, nun Bedingungen zu schaffen, unter denen wir
alleine würden sprechen können.

Der Mann brummte: »Na, kommt, dann gehen wir wieder in
die Scheune«, und schob die Kinder vor sich her. Die entwisch-
ten ihm aber beide und hingen sofort wieder an meinen Beinen.

Ich sah Frau Huber an. Die hatte weiterhin ihr Lächeln im Gesicht und sagte: »Na ja, die beiden wollen aber wohl jetzt mit
Ihnen spielen …« Und fügte an die Kinder gewandt ein
»Stimmt's?« hinzu, was wieder ein ohrenbetäubendes Gejubel
zur Folge hatte.

Wenn ich nicht ewig mit der Frage verbringen wollte, wer denn
nun wann mit wem spielte und/oder sprach, musste ich die Situation selbst regeln. Also schlug ich vor, dass wir das Prozedere auch umdrehen konnten, ich also jetzt mit den Kindern
spielen (Juuuuubeljubel) und danach *alleine* mit Frau Huber
sprechen würde.

»Können wir das so vereinbaren?«, fragte ich Frau Huber mit
festem Blick. Zumindest hoffte ich, dass mein Blick fest war
und es auch so bei ihr ankam.

Sie lächelte und nickte. Dann stand sie auf, und mit ihr zogen
auch die anderen Erwachsenen wieder nach draußen.

Gut.

»Wo ist denn euer Zimmer? Zeigt ihr mir das mal?«, fragte ich die beiden Klammeraffen an meinen Beinen.

»Das aaaaaalles unser Zimmer!«, krähte Jimi.

»Ja, und wo schlaft ihr?«

»Üüüüüüberall!« Jimi strahlte mich an.

Ich wandte mich an Janis. »Wo sind denn eure Betten? Zeigt ihr mir die mal?«

»Ja, klar!« Sie hatte eine entzückende Zahnlücke und viele Sommersprossen. Noch eine rote Zopfperücke, und sie würde aussehen wie eine Miniversion von Pippi Langstrumpf.

Janis und Jimi sausten voran und zeigten mir insgesamt vier Zimmer mit diversen Betten beziehungsweise Matratzenlagern.

»Daaaaa schlafen wiiiiir!« Jimis Lautstärkeregler standen entweder auf null oder auf zehn.

»Wo schlaft ihr, Jimi?«

»Hier üüüüüüüberall!« Er breitete die Arme aus und sauste noch einmal durch alle Zimmer, die mir die beiden gezeigt hatten.

»Üüüüüüüüberaaaaaall!!« Sein Lautstärkeregler ging definitiv bis elf. Beeindruckend.

In der Hoffnung, dass sie etwas Licht in das Dunkel des Schlafzimmerrätsels bringen konnte, wandte ich mich wieder an Janis. »Wo habt ihr denn heute Nacht geschlafen?«

Sie zog die Stirn kraus und dachte nach. »Bei Samir«, sagte sie schließlich.

»Und wo ist das?«

»Bei der Brücke mit dem großen Haus«, kam die kryptische Antwort.

»Wohnt der Samir denn hier oder woanders?«

»Wooooooaaaandeeeers!« Jimi hüpfte auf und ab. »Wooohoooo-aaahaaandeeeeeheeers!«

»Fiiiiiep«, machte mein Ohr.

Ich sah Janis fragend an. »Ja, der wohnt woanders. Da, wo die Brücke ist. Da müssen wir ziemlich lange hinlaufen. Spielen wir jetzt was?«

Ja, jetzt spielten wir was.

Ich hatte das Gefühl, dass ich doch etwas länger brauchen würde, um hier klarzusehen.

Janis kramte mit leuchtenden Augen ein nagelneues *Tempo, kleine Schnecke!*-Spiel aus einem der Schränke.

»Spielst du das mit uns?« Sie sah so aus, als könne sie ihr Glück kaum fassen.

Und auch Jimi stand ganz still mit großen Augen da und wartete gespannt auf meine Antwort.

Sie können es sich bestimmt schon denken.

Genau. Eine Millisekunde nachdem ich genickt hatte, brach ohrenbetäubender Jubel aus.

Wir spielten mehrere Runden mit den bunten Schnecken, und ich konnte feststellen, dass sowohl Janis als auch Jimi faire Spieler und auch Verlierer waren. Sie kicherten ständig und waren offensichtlich ganz erfüllt von der Tatsache, dass wir miteinander spielten. Aber sie buhlten auch immer wieder extrem um meine Aufmerksamkeit, so dass es anstrengend war, ihnen gleichermaßen gerecht zu werden. Janis und Jimi wirkten wie zwei kleine ausgehungerte Energievampire, die nun eine Riesenladung Aufmerksamkeit und Zuwendung benötigten, um ihren Tank aufzufüllen – und zwar samt Ersatzkanister.

Nachdem die bunten Schnecken mehrfach die Strecke bis zum Ziel zurückgelegt hatten, erkundigte ich mich, ob wir gemeinsam etwas malen wollten.

Nach ausgiebigem Gejubel suchte Janis eine Weile in diversen Schränken und fand schließlich einen Block und Stifte. Ich ermunterte Jimi, wie im vorangestellten Kapitel bereits beschrieben, seine Familie als Tiere zu malen. Schon kritzelte der Kleine munter drauflos. Seine Familie bestand aus einer unübersichtlichen Anzahl bunter »Krickelkrackelhaufen«, wie er sie selbst bezeichnete. Er stellte mir zwar jeden Einzelnen mit Namen vor, aber es waren so viele, dass ich sie mir unmöglich merken konnte. Ich zog Janis zu Rate. »Kennst du die Leute auch alle, Janis?«

»Klar«, antwortete sie, ohne aufzusehen.

Sie malte ein gigantisches Haus mit einem riesigen Garten und soweit ich erkennen konnte auch einem Swimmingpool samt Rutsche und Wasserfall. Da Janis etwas anderes hatte malen wollen als ihr Bruder, hatte ich ihr vorgeschlagen, ein Wunschhaus zu zeichnen und dort alle Personen einziehen zu lassen, die sie gerne um sich haben wollte.

»Und die gehören alle zu eurer Familie?«

»Ja, klar«, sagte sie, während sie diverse Tiere in den Garten des Hauses malte. Sie sahen aus wie Mammuts. Oder Riesenkaninchen.

An Jimi gewandt erkundigte ich mich, welcher der Krickelkrackelhaufen denn sein Vater sei.

Als Antwort bekam ich eine hilflose Geste. »Der da?« Fragend sah Jimi mich an.

»Wie heißt denn dein Vater?«

»Öhm.«

»Öhm? Welcher von denen ist denn der Öhm?« Ich konnte mich nicht erinnern, dass Jimi diesen Namen …

Janis lachte. »Er sagt das, wenn er nicht weiß, was er sagen soll. So wie ›Ääh‹ oder so.«

Ich musste ebenfalls lachen.

»Ach so! Wie heißt euer Vater denn, Janis, kannst du mir das sagen?«

»Ich glaub, das ist der Lenno«, kam es zögerlich. »Oder der Paco. Nee, der Awan. Der ist das, glaub ich. Also, mein Vater ist das. Wer Jimis Vater ist, weiß ich nicht so genau. Vielleicht jemand anderes.« Sie machte eine kurze Pause. »Der Öhm vielleicht.« Jetzt prustete sie vor Lachen und konnte sich gar nicht mehr beruhigen.

Jimi verstand zwar überhaupt nicht, was gerade los war und wieso seine Schwester so sehr lachte, beschloss aber schnell, dass ihm das völlig egal war, und lachte herzhaft und vor allem laut mit.

Als die beiden fertiggelacht hatten, wurde ich wieder einmal von beiden herzlich umarmt und am Ärmel gezupft. Janis und Jimi waren tatsächlich wahre Aufmerksamkeitsjunkies.

Nach genug Körperkontakt und aufmunternden Worten meinerseits malte Jimi noch mehr bunte Krickelkrackelhaufen, von denen einer sogar ich sein sollte. Dann schenkte er mir das Bild und kletterte auf meinen Schoß, wo er nach kurzer Zeit einschlief.

Janis malte mit Feuereifer an ihrem Traumhaus und erzählte dabei von ihrem Alltag.

Auch wenn ihre Schilderungen ziemlich sicher nicht exakt der Wahrheit entsprachen, schien diese WG ein recht seltsamer Ort mit erstaunlichen Gepflogenheiten und ungewöhnlichen Bewohnern zu sein: Es lebten zwischen acht und etwa zwanzig Personen in dem Bauernhaus. So genau wusste Janis das nicht. Es schien sich täglich zu ändern. Oft waren sie und ihr kleiner Bruder mit mehreren Erwachsenen alleine zu Hause, die beide zuvor noch nie gesehen hatten oder sich zumindest nicht daran erinnerten. Ab und an waren auch andere Kinder da. Janis konnte nicht einordnen, wer zu wem gehörte, störte sich daran aber offenbar genauso wenig wie an der Tatsache, dass die Menschen kamen und gingen, wie es ihnen gefiel. Sie wusste somit auch nie so recht, ob sie jemanden nun jeden Tag oder vielleicht nie wieder sehen würde.

Tatsächlich gab es – wie Jimi ja schon erklärt hatte – keine festen Schlafzimmer oder Betten. Deshalb hatten die beiden mir zuvor auch nicht ihr Zimmer zeigen können. Jeder schlief eben da, wo es ihm gerade gefiel. Und ich befürchtete, auch *mit* wem es ihm gerade gefiel. Denn Janis berichtete, dass sie im Sommer am liebsten in der Scheune schlafe, denn dort wären keine Erwachsenen, die »so laut sind beim Schlafen«.

Es gab zwar wohl so was wie gemeinsame Mahlzeiten, aber die fanden zu unvorhersehbaren Zeiten statt, zuweilen auch mitten in der Nacht. Man durfte mit den Fingern essen und auf dem Tisch oder dem Boden sitzen. Wonach einem eben gerade war. Das dürfe man im Kindergarten aber nicht, berichtete Janis. Sie verstehe nicht, warum, und habe auf diese Frage bislang auch keine richtige Antwort erhalten.

Wenn gerade keine gemeinsamen Mahlzeiten stattfanden und sie oder ihr Bruder Hunger hatten, nahmen sie sich etwas aus dem Kühlschrank oder der Speisekammer. Irgendetwas fanden sie dort immer.

An den Wochenenden kamen oft sehr viele Menschen zum Bauernhof, und es wurden »Wokschocks« gegeben. Janis' Beschreibung nach handelte es sich hierbei wohl um Selbsterfahrungsworkshops. Zumindest schien mir das am naheliegendsten, wenn ich hörte, dass Menschen kamen, die »mit der Chenoa zusammen ein- und ausatmen«, »von der Mika gezeigt kriegen, wie sie mit so Tonklumpen was basteln, damit sie hinterher wieder glücklich sind« oder »mit dem Noki und der Muna gaaaaanz lange tanzen und trommeln. Bis die umfallen. Und dann ist alles gut, sagt der Noki«.

Ihre Mutter schien nicht immer da zu sein, aber soweit ich Janis verstanden hatte, war immer irgendein Erwachsener im

Haus. Die waren dann manchmal »sehr müde« und konnten »nicht mehr so gut geradeaus laufen«, aber das störte Janis nicht. (Ich nahm an, es handelte sich hier um ihre Beschreibung vom Zustand nach zu viel Alkohol oder Ähnlichem.)

Sie erzählte von verschiedenen Personen, mit denen sie sich wohl fühlte und die sich nett um sie und ihren Bruder kümmerten.

Alles in allem wirkte Janis vorerst auf eine seltsame Art zufrieden.

Als sie ihr Bild fertiggemalt hatte, erzählte sie, dass sie dort (in ihrem Traumhaus) mit »lauter Freunden« leben würde. Manche von denen würde sie schon kennen, andere noch nicht, aber alle seien irgendwie nett. Sie berichtete, dass sie dann gemeinsam mit der Rutsche in den Pool rutschen oder auf den Pferden (es waren also weder Kaninchen noch Mammuts) reiten würden.

Auf meine Frage, ob ihre Mutter auch dort wohnen würde, zuckte Janis die Achseln und antwortete mit einem »Ja, kann sie machen«. Dann lächelte sie und erkundigte sich, ob wir denn jetzt noch etwas spielen konnten.

Ich versprach ihr ein kurzes Abschlussspiel, und noch während ich darüber nachdachte, wo ich den noch immer schlafenden Jimi solange parken konnte, hatte Janis ihm auch schon kräftig durch die Haare gewuschelt und »Jimi, spiiiiiielen!« ins Ohr gebrüllt. O Gott.

Ich machte mich auf eine Schreiattacke gefasst, aber Jimi blinzelte nur, grinste und schlang seine Arme um mich.

Janis lachte und zupfte an Jimi herum: »Loooohooos, spiiiiielen!«

Der quiekte und setzte sich so ruckartig auf, dass er mir mit seinem Kopf einen Kinnhaken verpasste. Aua!

Aber es hatte nicht nur mir weh getan, sondern auch ihm. Er verzog erschrocken sein Gesicht und fing an zu weinen.

Janis war schon losgesaust, um ein Kühlkissen zu holen.

In diesem Augenblick kam Frau Huber herein.

Du liebe Güte. Was musste sie nun denken?

Ich erklärte, dass alles in bester Ordnung gewesen sei und Jimi sich nur gerade eben ziemlich doll an meinem Kinn gestoßen habe.

»Ich bräuchte vielleicht ebenfalls ein Kühlkissen«, schoss es mir durch den Kopf, während ich Jimi an Frau Huber reichen wollte, damit sie ihn trösten konnte. Aber er klammerte sich schluchzend an meinem Hals fest. Auch auf mein »Schau mal, die Mama ist da« reagierte er nicht oder nur mit ausgiebigerem Anklammern.

Janis kam mit einem Kühlkissen angewuselt, klatschte es ihrem Bruder auf den Kopf und kuschelte sich ebenfalls an mich, soweit Jimi ihr den Platz dafür ließ.

Frau Huber lächelte und erklärte, sie käme dann einfach so in einer halben Stunde wieder.

»Oder spääääteeer«, rief Janis ihr nach. »Wir spiiiiiielen jeeeetzt!«

Jimi beruhigte sich recht schnell wieder, und wir ließen noch ein paar vergnügliche Runden die bunten Schnecken um die Wette laufen.

Ich gebe zu, ich war nun weniger gut auf das Spiel konzentriert als beim ersten Durchgang.

Ja, oberflächlich gesehen wirkten Janis und Jimi nicht wie Kinder, um die man sich sorgen musste. Sie waren kontaktfreudig, aufgeschlossen und allzeit zum Lachen bereit. Ich glaubte auch nicht an die »Sektentheorie« der anderen Mütter der Elterninitiative und sehe auch in Dreck nicht generell eine Kindeswohlgefährdung. Zumal dann nicht, wenn er sich ausschließlich auf dem Boden im Eingangsbereich befindet.

Was ich aber durchaus alarmierend fand, war das Verhalten der Kinder mir gegenüber. Denn natürlich verwechselten sie mich nicht mit einer lang vermissten Verwandten. Ich befürchtete vielmehr, dass ihr distanzloses Verhalten seinen Ursprung in einer Bindungsstörung hatte.

Ganz sicher konnte ich das zum jetzigen Zeitpunkt noch nicht sagen, aber alle Anzeichen sprachen leider dafür.

Als ich später endlich mit Frau Huber alleine in der Pippi-Langstrumpf-Küche saß und wir die Formalitäten erledigt hatten, bat ich sie, ein wenig über sich zu erzählen. Ich hatte ja so gut wie keine Vorinformationen über sie.

Aber statt mir von ihrer Kindheit, ihren Beziehungen und den ersten Jahren mit Janis und Jimi zu erzählen, hielt mir Frau Huber zunächst einmal einen Vortrag über Toleranz, alternative Lebensformen, das Recht des Einzelnen auf freie Entfaltung und noch so einiges anderes, was ich mir zugegebenermaßen nicht gemerkt habe. Vieles von dem, was sie sagte, war gar nicht mal so verkehrt, aber sie verlor sich zunehmend in Allgemeinplätzen, und so wurde aus ihrem Vortrag ein einziges Geschwafel – samt recht feuchter Aussprache. Das mag jetzt despektierlich klingen, aber wenn immer wieder kleine Tröpfchen an der eigenen Wange zu spüren sind, sobald das Gegenüber ein Wort mit P, T oder F ausspricht, dann ist das zumindest der Konzentration nicht unbedingt förderlich. Ich rückte ein wenig zur Seite, sagte aber nichts. Ich war erst einmal froh, dass Frau Huber überhaupt mit mir redete und ich so vielleicht endlich etwas Relevantes über sie und die Situation der Kinder erfahren würde. Also war es ratsam, Frau Huber nicht zu unterbrechen und ihr das Gefühl zu geben, von mir ernst genommen zu werden. Aber sie redete und redete, und ich wurde immer schläfriger.

Als ich schließlich so müde war, dass ich das Gefühl hatte, jeden Moment wie ein Sack Mehl seitlich vom Stuhl zu kippen, warf ich schließlich meine Vorsätze über Bord (oder eben vom Stuhl) und hob die Hand.

»Frau Huber, bitte entschuldigen Sie, wenn ich Sie unterbreche. Ich muss kurz etwas einwerfen«, begann ich.

»Aha?! Was denn?« Oje, Frau Huber war jetzt schon sauer. Dabei hatte ich noch gar nichts gesagt … sie lehnte sich auf ihrem Stuhl zurück, presste die Lippen zusammen und verschränkte die Arme vor der Brust. Man muss keine Thorsten-Havener-Show gesehen haben, um zu wissen, dass diese Körpersprache, verbunden mit einem höchst verkniffenen Gesichtsausdruck samt verächtlichem Schauben, nicht unbedingt auf eine aufgeschlossene Grundhaltung gegenüber dem Gesprächspartner schließen lässt.

Nicht dass ich so was nicht gewohnt wäre. Dennoch … das hier war kein guter Start.

Mist.

Ich erklärte Frau Huber, dass ich wirklich, wirklich überhaupt nichts gegen ihre Lebensweise hätte und im Hinblick auf WGs, Schlamm auf dem Boden oder Selbsterfahrung in verschiedensten Arten und Formen über ein Maß an Toleranz verfüge, das seinesgleichen sucht. Des Weiteren sei ich keineswegs der Auffassung, dass es sich hier um eine Sekte oder Ähnliches …

»Eine Sekte??« Frau Hubers Stimme überschlug sich.

»Das waren diese Obermuttis vom Kindergarten! Diese widerlichen Schlangen! Vornerum freundlich tun und hintenrum behaupten, wir würden einer Sekte angehören!« Sie war ehrlich empört.

Sehr gut, denn das konnte ich nützen.

So konnten wir jetzt nämlich gemeinsam ein bisschen auf die Obermuttis und deren unsolidarischen Hang zum Fabulieren schimpfen. Das war zwar nicht das typische Verhalten einer Sachverständigen und auch irgendwie nicht so ganz in Ordnung, aber es half mir, wieder ein wenig Nähe und Vertrauen herzustellen.

Glücklicherweise entspannte sich Frau Huber tatsächlich recht schnell, und sie erkannte, dass es sich bei mir nicht um die zum Leben erwachte »Prusseliese« aus *Pippi Langstrumpf* handelte. Sie erzählte mir von ihrer eigenen Kindheit, die geprägt war von einer stets herumputzenden Mutter und einem entweder körperlich oder geistig abwesenden Vater sowie der immer über allem stehenden Frage, was denn wohl die Nachbarn zu irgendwas sagen würden.

»Ich weiß, das klingt total nach Klischee.« Joan Huber stand auf, um einen Kessel Wasser auf den Gasherd zu stellen. »Aber es war so. Wir waren die typische Spießerfamilie. Vater, Mutter, Kind, Reihenhaus, samstags wurde das Auto gewaschen, sonntags gab es Braten, und alles war immer sauber. Und stinklangweilig. Außerdem hat mich meine Mutter einfach nicht in Ruhe gelassen. Dauernd hat sie alles kontrolliert, mir die Handschuhe in die Schule nachgetragen, wenn ich sie vergessen hatte, mich noch in der vierten Klasse von der Schule abgeholt, für mich Verabredungen mit Klassenkameradinnen arrangiert, mit denen ich gar nicht spielen wollte, die *sie* aber passend fand, und, und, und. Sie war die totale Glucke und so was von … von überbesorgt und einengend und … doof! Ich fand das immer soooooo saublöd!«

Während Frau Huber erzählte, hatte sich in ihre Miene eine Härte geschlichen, die in einem erstaunlichen Kontrast zu der sie umgebenden Villa Kunterbunt stand. Es war offensichtlich, dass sie nach all den Jahren immer noch richtiggehend wütend war. »Ich meine, ich weiß schon, dass meine Eltern das alles gut gemeint haben irgendwie, aber … also, ich konnte das als Kind und vor allem als Jugendliche kaum aushalten. Das war schlimm! Ganz schlimm war das!«

Sie raufte sich ihre Dreadlocks, die lösten sich aus dem Dutt und baumelten ihr nun wie kleine Schlangen um den Kopf. Sie sah aus wie Medusa, und ich musste mich unwillkürlich umsehen, ob sie auch sicher nirgendwo ihr eigenes Spiegelbild erhaschen konnte. Denn von einer Frau Huber aus Stein würde es sicher deutlich schwieriger werden, mehr zu erfahren.

»Na ja, und ganz ehrlich …«, sagte sie gerade und deutete sehr expressiv auf sich selbst. »Manchmal denke ich, ich bin ja auf eine komische Art noch immer ein Klischee. Nämlich das von der jungen Frau, die sich in der Pubertät von ihren Spießereltern löst, indem sie sich voll provokant Dreadlocks machen lässt, bunte Klamotten trägt und mit tätowierten Umweltschützern schläft.« Dann grinste sie. Verlegen und ein wenig stolz zugleich.

In der Tat war ich jetzt überrascht. Zu Beginn des Gespräches hätte ich nicht vermutet, dass Joan Huber mir so offen und selbstreflektiert von ihrer eigenen Entwicklung erzählen würde.

»Verstehen Sie mich nicht falsch«, fuhr sie nun fort, während sie nach zwei Tassen angelte.

»Ich finde Umweltschutz total wichtig. Und Nachhaltigkeit und all das. Ich lebe nicht hier, weil ich gegen meine Spießereltern rebellieren will. Also, nicht nur.« Sie stellte die Tassen samt der dampfenden Teekanne auf den Tisch, setzte sich und grinste erneut. »Klar, am Anfang ging es schon auch um Rebellion und Abgrenzung und all dieses Zeug. Aber heute stehe ich wirklich voll hinter alldem. Ich mag auch das unkonventionelle Leben hier. Ich finde es super, dass meine Kinder ganz anders aufwachsen als ich.«

So, nun waren wir doch tatsächlich beim Thema angelangt. Gut.

»Die beiden waren nicht geplant«, berichtete Frau Huber. »Ich war ja noch so jung. Aber so was passiert dann eben, wenn man mit natürlichen Methoden verhütet, aber alles recht spontan ist und so.« Für einen Moment wirkte sie ein wenig verlegen. »Also, ich mein … freie Liebe und so. Ähm … na, egal. Jedenfalls war es für mich dann aber auch okay, die beiden zu bekommen. Hier ist so eine tolle Gemeinschaft, und ich hatte immer jemanden zum Reden oder jemanden, der mir die beiden abgenommen hat. Und auch jetzt noch. Die laufen eben so mit. Ich wollte nie so eine von diesen überbesorgten Obermuttis sein, die nix anderes mehr im Kopf haben als ihre Kinder und die sie dann rund um die Uhr betütteln, ihnen alles hinterhertragen und … na ja, weil dann werden die Kinder doch so totale Mamakinder, klammern ohne Ende und sind voll unselbständig. Das wollt ich alles nicht haben. Und, tadaaa, das hab ich auch nicht.«

Ich konnte sehen, dass Frau Huber sehr stolz auf ihren Lebensentwurf war, und überlegte fieberhaft, wie ich ihr nun klarmachen konnte, dass sie das eine Extrem durch ein anderes ersetzt hatte – und das nicht zum Wohl ihrer Kinder. Mir war klar, dass das schwierig werden würde. Sehr schwierig sogar. Denn Joan Huber stand nun auf, stellte sich hinter ihren grünlila bemalten Stuhl und hielt mir mitten in der bunten Hippieküche eine flammende Rede für Freiheit und Selbstbestimmung, für die große Gemeinschaft, für freie Liebe und für Kinder, die sich selbst erziehen und es vor allem einmal besser haben sollen als sie selbst.

Oje.

Auf meine konkreten Nachfragen erfuhr ich dann auch, was ich bereits geahnt und befürchtet hatte. Frau Huber war bei einer Sache tatsächlich wahnsinnig erfolgreich gewesen: alles ganz, ganz anders zu machen als ihre Eltern.

Sie überließ ihre Kinder sich selbst – oder auch anderen Erwachsenen, die eben gerade da waren, aber nicht den Anspruch erhoben, in irgendeiner Weise erzieherisch einzugreifen. Sie setzte keinerlei Grenzen, bestimmte weder die Kleidung noch die Nahrung ihrer Kinder und ließ ihnen auch bei den Schlafenszeiten völlig freie Hand.

Das Gespräch mit Frau Huber bestätigte meinen Verdacht und deutete mit einem dicken roten Pfeil auf eine Bindungsstörung hin.

Das war gar nicht gut.

Ich weiß, dass viele Menschen unter »Bindungsstörung« in erster Linie das Verhalten Erwachsener verstehen, die sich nicht auf einen bestimmten Partner festlegen können oder wollen. Es kann durchaus sein, dass Menschen, die im Erwachsenenalter Probleme haben, dauerhafte Beziehungen zu führen, an einer Bindungsstörung leiden. Meist wird aber leichtfertig mit diesem Wort umgegangen und als bindungsgestört bezeichnet, wer schlicht und ergreifend noch nicht den richtigen Partner gefunden hat.

Bei Kindern zeigt sich eine Bindungsstörung auf verschiedene Art und Weise, und sie ist oft gar nicht so leicht zu erkennen.

Bei Janis und Jimi aber wäre auch unerfahrenen Psychologiestudenten dieser Verdacht in den Sinn gekommen, denn die beiden Kinder zeigten die Symptome mehr als offensichtlich: Sie klammerten sich permanent an mich, obwohl ich für sie eine völlig fremde Person war, und zeigten beim gemeinsamen Spiel aufmerksamkeitsheischendes Verhalten. Auch als Jimi sich den Kopf gestoßen hatte, wollte er nicht zu seiner Mutter auf den Arm, sondern ließ sich lieber von mir, einer vollkommen Fremden, trösten.

Aber das Problem bei Janis und Jimi war, dass sie eben das nicht waren: ein Problem. Denn bis auf den Drang nach Aufmerksamkeit war ihr Verhalten ja für ihre Umgebung eher angenehm, weil unkompliziert. Wären sie nicht so dreckig gewesen und die Mütter der Elterninitiative nicht so genervt davon, dass ständig andere Personen zum Abholen der Kinder kamen, wäre möglicherweise nie jemandem aufgefallen, dass etwas mit den beiden nicht stimmte.

Bitte verstehen Sie mich nicht falsch. Es *gibt* natürlich aufgeschlossene Kinder, die offen auf Fremde zugehen und deshalb noch lange nicht bindungsgestört sein müssen. Aber wenn das Verhalten der Kinder wahllos oder extrem distanzlos wird, dann ist die Wahrscheinlichkeit hoch, dass es diesen Kindern nicht so gutgeht, wie man auf den ersten Blick vermuten könnte.

Viele Erwachsene finden diese wahllose Herzlichkeit gegenüber Fremden gar nicht seltsam, insbesondere wenn sie selbst die Fremden sind. Ich denke, da spielt das eigene Ego eine Rolle und auch der Wunsch nach unkomplizierten Kindern, deren Zuneigung man sich nicht erst mühsam erarbeiten muss. Denn eine gewisse Distanz zu Menschen, die man noch nie zuvor gesehen hat, ist für Kinder ganz normal – zumindest normaler als das völlige Gegenteil.

Der wesentliche Bestandteil einer sicheren Bindung ist eine Bezugsperson, die liebevoll, einfühlsam, verfügbar und daneben auch stabil und emotional belastbar ist. Sie sollte dem Kind sowohl Fürsorge als auch Struktur und Grenzsetzung bieten. Joan Huber war … eben anders.

Sie wirkte auf mich in ihrer eigenen Art auch durchaus liebevoll. Und soweit ich das beurteilen konnte, war sie auch emotional halbwegs belastbar. Aber sie war eben für ihre Kinder weder verfügbar, noch standen Fürsorge oder Strukturierung des Alltags von Janis und Jimi auf der Liste ihres bevorzugten Verhaltens. Ganz im Gegenteil.

Frau Huber war in erster Linie zufrieden, dass ihre Kinder keinen Ärger machten und sich unkompliziert in jeder Situation zurechtfanden. Sie fand es toll, dass die beiden keine Mama-kinder waren und nicht so klammerten wie andere Kinder. »Janis und Jimi sind einfach Kinder dieser Welt. Die brauchen Mamas Rockzipfel nicht. Ich habe sie zwar geboren, aber nun sind sie hier und Teil einer großen Gemeinschaft. Und das haben die beiden auch total im Gefühl. Die waren von Anfang an total zufrieden, ganz egal wo sie waren oder wer gerade bei ihnen war. Ein Jahr nachdem Jimi auf die Welt kam, hab ich die beiden ein paar Monate kaum gesehen, aber das war für die überhaupt kein Problem. Da war ich dann schon stolz auf die zwei. Also, weil ich gerade eine intensive Phase durchgemacht hatte …« Sie verwendete diese klischeebehaftete Phrase völlig ohne jeglichen Anflug von Ironie. »Dann war ich eben mal in Indien oder auf Seminaren oder so. Janis und Jimi waren ja nie ganz alleine. Das wurde mir schon so oft vorgeworfen, dass ich meine Kinder alleine lasse. Das stimmt aber gar nicht. Ich bin zwar nicht da, aber sie haben immer Erwachsene in der Nähe. Und genau deswegen sind sie doch jetzt schon so selbständig!« Sie stand wieder auf und postierte sich abermals hinter der Stuhllehne, als würde sie von einer Kanzel predigen. »Wenn ich das mit den anderen Kindern im Kindergarten vergleiche. Die wären ja total aufgeschmissen, wenn die hier leben wür-den. Manche von denen haben ja schon Probleme damit, über-haupt alleine im Kindergarten zu bleiben! Das ist doch nicht normal! Die Hanna zum Beispiel, die hängt so an ihrer Mutter. Manchmal muss die ihre Tochter sogar wieder mit nach Hause nehmen, weil sie einfach nicht im Kindergarten bleiben will oder kann oder was weiß ich. Und dann dieses Überbehüten ständig!« Frau Huber fuhr sich wieder durch ihre Dreadlocks, blieb diesmal aber mit den Ringen ihrer rechten Hand in dem Wust hängen, und für einen kurzen Moment hatte ich tatsäch-lich Sorge, ihre Haare würden sich wie Schlangen um ihre

Hand winden und sie nie wieder freigeben. Aber nach einigem Hin-und-her-Ziehen hatte Frau Huber ihre Hand unversehrt und ohne Schlangenbisse aus dem Haarwust geborgen.

»Es ist doch so«, fuhr sie fort. »Ich weiß nun mal, wie das ist, wenn man eine Mutter hat, die alles für einen organisieren und übernehmen will. Das ist nicht gut für Kinder! Das macht unselbständig, und Unselbständigkeit führt zu Frust und Wut! Ich weiß das von mir selbst, und darum hab ich mir geschworen, nicht so eine Mutter zu werden, die ihr Kind auf Schritt und Tritt verfolgt, ihm die Freunde aussucht, das Hobby vorschreibt und … und es einfach kein eigenes Leben haben lässt!«

Joan Huber hatte Tränen in den Augen, die sie hastig wegwischte. Sie sah mich trotzig an. »Meine Mutter war widerlich. Widerlich war sie! So werde ich niemals sein! Niemals!«

Ja, aber leider führt ein derart extremes Vermeiden einer bestimmten Verhaltensweise oft zu einem nicht minder extremen Hang zur entgegengesetzten Handlung. Und Extreme sind eben in den allerseltensten Fällen gut.

Natürlich ist es nicht entwicklungsfördernd, wenn eine Mutter ihrem Kind keinerlei Raum lässt und es quasi permanent fest an sich gedrückt mitschleppt. Und ihm womöglich dabei auch noch Augen und Ohren zuhält. Im übertragenen Sinne, versteht sich.

Diese Mütter meinen es gut, tun ihren Kindern aber keinen Gefallen. Ebenso wie Frau Huber. Sie meinte es auch gut, hatte aber ein so extremes Verhalten gewählt, dass es Janis und Jimi damit auch nicht gutging.

In der Folge müssten die beiden dann ihrerseits wieder zu völlig überbesorgten Eltern werden, um es gaaaaanz anders zu machen als ihre Mutter …

Was das kindliche Verhalten betrifft, so wünsche ich mir für alle Kinder weder ein panisches Klammern an die Mutter noch

Distanzlosigkeit gegenüber Fremden. Der Idealfall ist ein gesundes Gleichgewicht zwischen dem Erkunden der Welt und dem Ausruhen im sicheren Hafen einer gut bekannten, fürsorglichen Bezugsperson.

Je nach Kind schlägt das Verhalten mehr in die eine oder andere Richtung aus, ein Gleichgewicht aber muss es geben, sonst geraten die Kinder ins Straucheln und können sich nicht mehr ungestört entwickeln.

Wenn man vom Dreck mal absah, waren Janis und Jimi auf den ersten Blick keine Kinder, um die man sich sorgen musste. Aber nachdem ich nun genauer hingesehen hatte, war mir klar, dass sie für ihre Selbständigkeit und Unabhängigkeit einen hohen Preis zahlen würden.

Es war gut möglich, dass sie schon jetzt seelische Schäden erlitten hatten, die man nicht ungeschehen machen konnte. Aber es war natürlich nicht zu spät, um etwas zu ändern. Die Frage war nun: Wie um Himmels willen konnte ich das Frau Huber begreiflich machen? Sie war so felsenfest davon überzeugt, das Richtige zu tun, und lehnte alles, was auch nur entfernt an das Erziehungsverhalten ihrer Mutter erinnerte, so vehement ab, dass ich befürchtete, nicht zu ihr durchdringen zu können.

Also machte ich ihr zunächst klar, dass ich sie gut verstehen konnte. Was auch tatsächlich stimmte.

Wenn man selbst als Kind extrem unter einer Situation gelitten hat, dann ist es zunächst ganz logisch, genau diese Situation für die eigenen Kinder auf Teufel komm raus vermeiden zu wollen. Das ist völlig verständlich. Und manchmal ja auch genau richtig so. Aber eben nur manchmal …

Als ich das jedoch auch nur andeutete, wurde Frau Huber erstaunlich schnell erstaunlich wütend. Sie bekam viele rote Flecken im Gesicht und am Hals, wurschtelte wild in ihren Haaren herum, und als sie sich abermals darin mit ihren Ringen verhakte, riss sie sich so plötzlich los, dass ich unwillkürlich zusammenzuckte.

»Wollen Sie damit jetzt sagen, dass das nicht richtig war, wie ich es gemacht habe, oder was? Pah!« Ein Schauer von Spucketröpfchen begleitete das P auf seinem Weg aus dem Mund hinein in meine Tasse.

»Frau Huber, es geht im Grunde gar nicht um richtig oder falsch, sondern darum, dass Ihre Kinder …«

»Exakt!« Auch das war ein tolles Wort, um beim Sprechen zu spucken …

Frau Hubers rote Flecken waren inzwischen nicht mehr sichtbar – und zwar allein deswegen, weil ihr gesamtes Gesicht knallrot angelaufen war.

»Sie sagen es!«, ereiferte sie sich. »Meine Kinder! Es sind *meine* Kinder! Und ich lasse mir ganz sicher nicht von irgendwelchen Kindergartenmuttis vorschreiben, wie ich mit meinen Kindern umzugehen habe!«

Ich nutzte die Spuckpause für einen Einwand. »Es geht hier wirklich überhaupt nicht darum, was diese überbesorgten Muttis für eine verschrobene Meinung von Erziehung haben.« Das war politisch nicht korrekt, aber zum einen inhaltlich nicht falsch, und zum anderen konnte ich so wieder ein wenig punkten.

»Wissen Sie …«, begann ich. »Es geht hier einzig und alleine um das Wohl Ihrer beiden Kinder. Janis und Jimi brauchen …«

»Was die beiden brauchen, das weiß ich sehr genau!«, wutspuckte Frau Huber sofort dazwischen. »Und sie haben hier all das! Und ich sehe überhaupt nicht ein, dass ich daran irgendetwas ändere! Ich hab ja schließlich auch noch ein Leben!«

Ich atmete tief durch, versuchte mich zu entspannen und zählte innerlich bis zehn.

»Ich hab ja schließlich auch noch ein Leben« ist ein Satz, den ich mittlerweile entscheidend zu oft von Menschen gehört habe, die keine Lust haben, sich auch dann um ihre Kinder zu kümmern, wenn es eine attraktive Alternativveranstaltung gibt. Das kann die neue Folge der Lieblingssoap sein, Prosecco (wahlweise ein Bier oder ein Korn) mit der Nachbarin oder ein Selbsterfahrungsworkshop bei irgendeinem gutaussehenden Guru. Man ruft »Ich hab ja schließlich auch noch ein Leben!« und widmet sich dann dem, was man sich »endlich mal gönnen muss«, um »auch mal was für mich zu tun«.

Selbstverständlich gibt es mehr als genug Menschen, bei denen diese Erkenntnis sogar wünschenswert wäre. Aber ich habe diesen Satz nun mal allzu häufig als Rechtfertigung für egoistisches Verhalten gehört – und zwar von Menschen, die der Ansicht waren, das Leben schulde ihnen etwas. Und dieses Etwas definierten sie nicht etwa als ein Dach über dem Kopf, genug zu essen, zu trinken oder die eigene Gesundheit und die der Kinder. Sondern in der Regel als Zeit, die sie ohne Verantwortung und vor allem ohne ihre Kinder verbringen können.

Natürlich sind Mütter häufig überlastet. Keine Frage. Aber die Mütter, die sich wirklich aufopfern für ihre Kinder und auf die Befriedigung eigener Bedürfnisse vielleicht sogar allzu oft verzichten, die habe ich, ehrlich gesagt, noch nie diesen Satz sagen hören. Weil sie die Bedürfnisse ihrer Familien (und häufig auch noch die ihrer Freunde und Bekannten) über die eigenen stellen.

Meiner eigenen, höchst persönlichen und daher keineswegs repräsentativen Erfahrung nach wird der Satz »Ich hab ja schließlich auch noch ein Leben« viel zu oft von Menschen benützt, die deutlich mehr an ihren eigenen Belangen interessiert sind als daran, ob es ihren Kindern gutgeht.

»… und dann geht es natürlich immer nuuuur um die Kinder!
Wie es uns Müttern geht, das interessiert niemanden. Niemanden! Aber das sehe ich gar nicht ein! Meinen Kindern geht's
ganz prima auch ohne mich und ohne dass ich mein Leben für
sie aufgebe! So!«

Joan Huber hatte sich wieder in Rage geredet und dabei den
Kopf zur Seite gedreht. Dadurch spuckte sie ihr »So!« parallel
zum Küchenfenster, durch das die Sonne hereinfiel. Der Spuckenebel ließ einen glitzernden Bogen im Gegenlicht erscheinen, was in Zeitlupe eine auf vielerlei Arten berührende Aufnahme ergeben hätte. Leider, oder Gott sei Dank, filme ich
meine Gespräche nicht, sondern verlasse mich nach wie vor auf
Stift und Block. So bleibt mir nun nur die Erinnerung an diesen
erstaunlich lyrisch-bildgewaltigen Moment, und ich gäbe sonst
was dafür, könnte ich ihn endlich aus meiner Erinnerung löschen.

Ein wenig hilft es gerade, ihn niederzuschreiben, und ich hoffe,
Sie können mir das verzeihen. Geteiltes Leid … Sie wissen
schon.

»Frau Huber«, versuchte ich mein Glück. »Natürlich geht es
nicht *nur* um die Kinder, aber …«

»Aber dann eben doch, oder was?! Janis und Jimi geht es *wunderbar,* und ich lasse mir da von niemandem etwas anderes einreden! Das ist mir scheißegal, ob Sie das studiert haben oder
nicht. Es sind *meine* Kinder! Meine! Schauen Sie doch mal lieber bei der Hanna nach, ob es der mit ihrer verrückten Helikoptermutter gutgeht!«

Auch das ist ein mir sehr bekanntes Phänomen. Dass ich doch
mal bei den Müllers, den Nachbarn, dem Schwager von der
Bäckereifachverkäuferin um die Ecke oder eben überhaupt bei
irgendwem anderes nach dem Rechten sehen soll – nur eben
nicht da, wo ich gerade im Auftrag des Gerichts bin.

»Frau Huber, ich bin aber nun einmal hier bei Ihnen und würde Ihnen gerne …«

»… gerne mal ordentlich in meine Erziehung quatschen *oder was*?!?«

Puh, ich konnte erahnen, woher Jimi seine immense Lautstärke hatte …

Und mir kam in den Sinn, dass Athene damals vielleicht gar nicht so sauer auf Medusa war, weil sie die junge Schönheit beim Liebesspiel mit Poseidon in ihrem Tempel überrascht hatte. Möglicherweise zauberte sie Medusa die Schlangenhaare nur deswegen an den Kopf, weil sie ihr als Sachverständige den Tag versaut hatte. So wie ich gerade Frau Huber.

Die kaute nun wütend auf ihrer Unterlippe herum, und es hätte mich nicht gewundert, wenn ihre Augen zu glühen begonnen hätten.

»Frau Huber?«, fragte ich.

»Was?!«, schnauzte sie zurück.

»Könnten Sie sich vielleicht für ein paar Minuten anhören, was ich zu sagen habe? Ich muss sonst das Gespräch beenden und einen Bericht an das Gericht und das Jugendamt schreiben, und das will ich eigentlich gar nicht.«

Ja, stimmt. Man könnte sagen, das war eine Drohung. Zumindest musste es für Frau Huber so klingen. Aber ich fand, dass meine Zeit zu schade und auch zu teuer war, um hier zu sitzen, lediglich inhaltsleere Halbsätze von mir geben zu können und mir ansonsten Frau Hubers wütende Monologe anzuhören.

Ich lasse die Menschen, die ich zu begutachten habe, wirklich gerne ausreden. Und ich finde es wichtig, dass sie auch mal Dampf ablassen können. Aber wenn das Gespräch zu sinnloser Zeitverschwendung verkommt, sage ich lieber, was Sache ist. Nämlich, dass ich entweder ein richtiges Gespräch führen möchte, in dem beide Seiten zu Wort kommen und sich gegenseitig zuhören, oder eben den Termin beende.

Joan Huber war kurzfristig irritiert, nickte dann aber mit verkniffenem Mund und erklärte: »Ja, dann sagen Sie eben, was Sie so unbedingt loswerden wollen.«

»In Ordnung«, nickte ich. »Bitte versuchen Sie mich erst ausreden zu lassen. Ich verspreche, dass Sie danach etwas dazu sagen können und ich dann Ihnen zuhören werde. Einverstanden?«

Es folgte noch ein Nicken. Zwar abermals mit verkniffenem Mund, aber immerhin war es ein Nicken.

Ich versuchte, Frau Huber also zu erklären, dass ihre so herrlich unkomplizierten Kinder langfristig problematische Verhaltensweisen oder gar massive Verhaltensstörungen entwickeln würden, wenn sich im Hinblick auf ihre Beziehungsgestaltung zu anderen Menschen und vor allem zu ihr als Hauptbezugsperson nicht möglichst schnell möglichst grundlegende Dinge ändern würden.

Man hat festgestellt, dass die Folgen von Bindungsstörungen sogar zu Defiziten in den kognitiven Möglichkeiten und Störungen in der Entwicklung des Gehirns führen können.

Eine Bindungsstörung ist tatsächlich eine schlimme Sache, die man nicht auf die leichte Schulter nehmen darf. Und deshalb war es mir so wichtig, dass Frau Huber die Tragweite auch tatsächlich begriff.

Es wurde ein sehr schwieriges Gespräch.

Doch als ich Frau Huber sehr eindringlich erklärte, dass ich nicht der Ansicht war, ihre Mutter hätte im Gegensatz zu ihr alles richtig gemacht, platzte endlich der Knoten. Ab diesem Moment konnte sie mir *wirklich* zuhören. Ich hatte tatsächlich das Gefühl, zu ihr durchzudringen. Und das war nach all dem Hin und Her wirklich eine große Erleichterung.

Wir vereinbarten schließlich ein weiteres Gespräch am übernächsten Tag, denn irgendwann kann man einfach nichts mehr aufnehmen. Schon gar nicht, wenn das Gespräch emotional so aufwühlend war.

Danach informierte ich die Richterin, dass leider tatsächlich eine Gefährdung des Kindeswohls bestand, nur eben nicht so, wie die besorgten Muttis vermutet hatten:

Man musste Janis und Jimi meiner Ansicht nach nicht umgehend in Obhut nehmen, sondern konnte noch ein paar Tage warten, um zu sehen, ob und, falls ja, inwiefern ein gemeinsamer Weg mit der Mutter der Kinder möglich war.

Ich musste ehrlich sein: Große Hoffnung hatte ich da eher nicht.

Frau Huber hatte mir zwar zugehört. Aber das hieß noch lange nicht, dass sie verstanden hatte.

Und vor allem hatte ich große Zweifel daran, dass sie bereit war, ihren Lebensstil zu ändern oder wenigstens zu modifizieren. Das würde sie aber müssen, wenn sie weiterhin mit Janis und Jimi zusammen sein wollte.

Meist ist es so, dass Kinder mit Bindungsstörungen aus den entsprechenden Familien genommen werden, damit sie mit Pflegeeltern oder Bezugserzieherinnen im Heim neue und vor allem sichere Bindungserfahrungen machen können. Dieser Ansatz ist sicher oft richtig. Für Janis, Jimi und Joan aber hoffte ich, gemeinsam mit dem Jugendamt einen geeigneten Therapieplatz für alle drei finden zu können.

Auch wenn sich Frau Huber bislang eher wenig verständnisvoll gezeigt hatte, wollte ich doch die Hoffnung nicht aufgeben. Ich war mir sicher, dass den Kindern mit einer gemeinsamen Therapie mehr geholfen wäre als mit einer Unterbringung in einer Pflegefamilie. Vorausgesetzt, dass Frau Huber das auch wirklich wollte und den Sinn des Ganzen verstand.

Andernfalls wäre eine gemeinsame Unterbringung und Therapie reine Zeitverschwendung und somit definitiv nicht zum Wohl der Kinder.

Als ich am übernächsten Tag wieder an die Tür des Bauernhofes klopfte, wurde mir von einer der Frauen geöffnet, die ich schon vom letzten Besuch kannte. Und die sich mir mit »Hallooo, ich bin die Cholena« vorstellte. Sie hatte eine erstaunlich tiefe Stimme, einen leicht norddeutschen Dialekt und sprach dabei so langsam, dass ich schon bei dieser kurzen Begrüßung einen Anflug von Langeweile verspürte.

Fast zeitgleich flog mir der kleine Jimi ans Bein, als wären Bein und Jimi zwei verdammt starke Magnete, die so schnell niemand mehr würde trennen können.

»Jaaaaaaaniiiiiiis!«, kreischte der eine Magnet. »Die Fraaaaaauuuu is wiiiiiiieder daaaaaaaa!«

Er schaffte es, noch lauter zu sein als in meiner Erinnerung.

Janis kam wie beim letzten Besuch die Treppe heruntergehüpft und umarmte mich mit einem erfreuten »Haaalloooooo!«.

Cholena sah mich etwas verlegen an und erklärte in Slomo, dass die Joan, also die Joan, die sei nicht daaaaa. Ich erkundigte mich, wann sie denn wiederkäme, und überlegte, dass ich in der Zwischenzeit einfach mit Jimi und Janis spielen könnte.

»Ja, das ist jetzt … nee, also …« Cholena gab zwei tiefe gluckernd-glucksende Geräusche von sich, die ich als eine Art Lachen deutete. »Also die Joan, die ist …«

Cholena wurde von Jimi unterbrochen, der etwas brüllte. Ich verstand das Wort »weeeeeeeheeeeeeeg«.

»Eure Mutter ist … weg?«, wiederholte ich, um sicherzugehen, dass ich richtig verstanden hatte. »Jahaaa! In Iiiiiiiiindiiiiiieeeeen!«, tönte es von meinem Bein herauf, und ich muss gestehen, mir stand der Mund offen.

Völlig baff starrte ich Cholena an, und die zuckte nur mit den Achseln. »Na ja, ihr war das alles zu viel. Also, für ihr inneres Gleichgewicht war das wohl eher nix, sag ich mal, ne? Und da haben wir eben mal geredet, so ganz lang, und es war echt gut für sie und auch für mich voll intensiv. Am Ende hat die Joan eben erkannt, dass sie jetzt erst einmal was für sich machen muss.«

Ich widerstand dem Impuls, Cholena ebenso voll intensiv zu schütteln, bis sie ihre Redegeschwindigkeit vom Mondphasenkalender ab- und an ein halbwegs sinnstiftendes Konversationstempo angekoppelt hatte. Stattdessen hörte ich ohnmächtig weiter zu, wie sie sich durch die nächsten Wörter schlafwandelte.

»Die Joan, die war ja schon mal in Indien und kennt da diesen Ashram, in Rishikesh, und da hat ihre innere Stimme gestern gesagt, sie soll da wieder hinreisen. Oder vielleicht auch woandershin. Sie ist jetzt erst einmal nach Indien geflogen und schaut dann, wo das Schicksal sie hinführt. Und da bleibt sie erst einmal. Klar auch wegen der Energie und auch weil das einfach guttut …«

Ich hörte bei der nun folgenden, langen Erläuterung, warum Joan nun so dringend rituelle Bäder, Lachyoga und Rund-um-die-Uhr-Meditation benötigte, nur mit halbem Ohr zu. Na ja, eher mit einem Viertelohr. Also, fast gar nicht. Irgendwann öffnete sich mir eine Sprechpause, die nicht mit einem langgezogenen Vokal überbrückt wurde, und ich wiederholte meine Frage, obwohl ich die Antwort schon kannte:

»Wann kommt sie wieder?«

»Na ja … in einem halben Jahr oder so … sag ich jetzt mal. Vielleicht auch später. Oder früher. Kann ja auch sein …«

»Hat sie irgendwas dagelassen? Eine Adresse, wo man sie erreichen kann? Eine Telefonnummer? Eine Nachricht, wer sich in der Zeit ihrer Abwesenheit um die Kinder kümmert? Irgend so was in der Art?«

»Nö. Nix. Sie kommt dann schon irgendwann wieder. Und wenn Sie Sorge haben wegen der Kleinen ... also, die können natürlich hierbleiben. Schon okay. Kein Problem.« Cholena startete so was wie ein Lächeln, das aber auf halbem Wege zu ihren Augen erstarb und ihr so ein recht maskenhaftes Aussehen verlieh.

Ich versuchte, ebenso zurückzulächeln, und hoffte, dass sie die Ironie dabei bemerkte.

Ich gebe zu, ich war wirklich enttäuscht von Frau Huber. Ich hatte ihr nach unserem Gespräch vorgestern deutlich mehr zugetraut.

Als ich nun daran dachte, wie hoch motiviert ich gewesen war, eine Therapieeinrichtung für Frau Huber und ihre Kinder zu finden, fand ich mich selbst sogar richtiggehend lächerlich.

Ich hatte ganz naiv an das Gute im Menschen und in Joan Huber geglaubt, mir die Nacht mit einer intensiven Internetrecherche nach möglichst passenden Therapiestellen um die Ohren geschlagen und vor meinem geistigen Auge schon gesehen, wie die Hubers in ein paar Jahren als glückliche, gesunde Familie an einem Kaffeetisch unterm Apfelbaum saßen und leckeren Kuchen mit Schlagsahne aßen. Na gut, vielleicht hatte mein Heißhunger auf Süßes, der sich immer einstellt, wenn ich nachts arbeite, ein wenig zu diesem Bild beigetragen. Und es muss ja nun wirklich nicht jeder diesem Idyll nacheifern. Aber insgesamt war ich doch sehr optimistisch gewesen.

Warum eigentlich?

Wenn ich ehrlich war, musste ich zugeben, dass es bis auf Frau Hubers kurzen Anflug von Reflexionsfähigkeit am Ende unseres Gesprächs kaum etwas gegeben hatte, was diesen Optimismus gerechtfertigt hätte. Außer meinem innigen Wunsch danach, dass alles gut ausgehen würde.

So hatte ich mich also letztendlich recht unprofessionell mehr von der Hoffnung leiten lassen als von den Fakten, wie sie sich mir eigentlich dargeboten hatten.

Und nun fühlte ich mich dumm und ein wenig betrogen.

Dabei konnte ich ihr im Grunde dankbar sein, dass sie durch ihre Reise in die Erleuchtung eine gemeinsame Unterbringung von Mutter und Kindern unmöglich gemacht hatte. Es wäre vermutlich ohnehin Zeitverschwendung gewesen, weil Frau Huber sowieso früher oder später auf die eine oder andere Art abgehauen wäre. Entweder in echt oder »nur« im Geiste. Aber sie hätte sich wohl nie ganz auf eine Therapie eingelassen.

Es mag seltsam klingen, aber vor diesem Hintergrund war es tatsächlich »gut«, dass sie nun weg war.

Ich erklärte Cholena, dass ich telefonieren müsste und sie sich in der Zwischenzeit bitte um die Kinder kümmern sollte.

»Okay, aber ich hab vorhin gerade mit meiner Meditation angefangen, und ich muss da schon dranbleiben ...«, erklärte sie.

Ich unterbrach sie recht barsch, beugte mich zu Janis und Jimi hinunter und deutete auf Cholena. »Wisst ihr was, ihr zwei? Die Cholena, die spielt jetzt mit euch das Schneckenspiel, und zwar so lange ihr wollt! Weil, wenn sie das nicht macht, dann komm ich noch ganz oft und bring noch andere Leute von der Stadtverwaltung mit und vom Ordnungsamt, die sich das alles hier totaaaal gern ansehen wollen.«

»Eeeecht?«, krähte Jimi aufgeregt. »Die kommen dann alle? Toll!«

Cholena hingegen war nicht so begeistert und sah kurz aus, als wolle sie etwas sagen.

Doch ich war schneller: »Schneckenspieeeel!«, rief ich und deutete mit beiden Händen und einem aufgedreht breiten

Grinsen auf Cholena, als wäre ich ein Partyclown. Die beiden Kinder folgten meinem Vorschlag schneller als der Schall, und noch während meine letzte Silbe verhallte, hingen sie bereits überall an Cholena, so dass kein Entrinnen mehr möglich war.

Es sind die kleinen Freuden …

Ich atmete tief durch, ging nach draußen und setzte mich in mein Auto, um in Ruhe Frau Braun und Frau Sommer anzurufen und das weitere Vorgehen zu besprechen.

Janis und Jimi wurden zunächst in einer Diagnosegruppe eines Kinderheims in der Nähe untergebracht. Zwar konnten beide Väter der Kinder ausfindig gemacht werden, aber keiner von ihnen hatte Interesse daran, sich um die Kinder oder zumindest das eigene Kind zu kümmern.

Einige Monate später wechselten Janis und Jimi dann gemeinsam in eine Pflegefamilie in der Eifel. Dort wuchsen sie mit zwei älteren und zwei jüngeren Pflegegeschwistern auf und leben heute noch dort, mehr als zehn Jahre nach der Begutachtung.

Ihre Entwicklung verlief leider nicht ganz unkompliziert. Es gab Schulprobleme bei beiden, eine schlimme Phase mit Selbstverletzungen bei Janis und immer wieder Prügeleien auf Seiten von Jimi.

Aber dann, nach etwa zwei Jahren, war es doch ruhiger geworden. Die guten Phasen hielten um einiges länger an als die schwierigen, und schließlich waren sowohl die Pflegefamilie als auch das zuständige Jugendamt sicher, dass der Weg nun ohne größere Einbrüche weiter bergauf gehen würde.

Joan Huber hatte sich tatsächlich erst geschlagene fünf Jahre nach meiner Begutachtung bei ihren Kindern gemeldet. Per Postkarte.

Weitere drei Jahre später war es sogar zu einem Treffen gekommen, das Janis und Jimi aber nicht gefallen hatte. Ihre Mutter hatte nur von Indien und ihrem neu eröffneten Yogastudio am Starnberger See gesprochen und sich überhaupt nicht für Janis' und Jimis Leben interessiert.

Direkt danach hatten die beiden gegoogelt und festgestellt, dass Joan Huber kein eigenes Yogastudio eröffnet hatte, sondern lediglich als freiberufliche Yogalehrerin hin und wieder in einem solchen arbeitete. Mittlerweile bezweifelten sie auch, dass ihre Mutter überhaupt jemals in Indien war.

Und wenn ich ehrlich bin, glaube ich, dass sie recht haben könnten.

Natürlich fand und finde ich Frau Hubers Verhalten unmöglich. Dennoch tut sie mir leid. Sie hat ihre Kinder verloren. Selbst verschuldet zwar und im Grunde ja sogar selbst gewählt. Aber ich persönlich glaube nicht, dass Joan Huber glücklich ist mit ihrem Leben. Vielleicht liege ich falsch. Aber so fühlt es sich an.

Dafür bin ich im Hinblick auf Janis und Jimi absolut zuversichtlich, denn die beiden werden in ihrer Pflegefamilie sehr geliebt und können das inzwischen auch prima annehmen und genießen. Das sind die besten Voraussetzungen für ein Heilen der Seele.

Janis und Jimi haben nun alle Chancen, irgendwann mit eigenen Kindern einen gesunden Mittelweg zu finden zwischen Überbehütung und allzu freier Entfaltung ohne Halt.

Aber das hat noch Zeit.

Jimi ist inzwischen ein fröhlicher Teenager und hat nach wie vor eine beeindruckende Lautstärke, die er seit neuestem als Schlagzeuger in einer Band auslebt. Seine Schwester ist eine junge Dame geworden, die ein erfreulich gutes Abitur gemacht und sich danach für ein freiwilliges soziales Jahr in der Eifel

entschieden hat. Sie wird noch eine Weile bei ihrer Pflegefamilie wohnen und dann »irgendwas Psychologisches« studieren.
Als ich beim letzten Weihnachtsfest eine Karte der Pflegefamilie mit dem obligatorischen Weihnachtsmützenfoto bekam,
habe ich ein paar Tränen der Rührung und Erleichterung ver-
gossen. Janis und Jimi, umringt von ihren Pflegegeschwistern
und -eltern, lächelten mir entspannt und glücklich entgegen.
Ich bin sicher, wenn Sie für einen Moment die Augen schließen, können Sie die beiden vor sich sehen und sich eine Runde
mitfreuen.

Alphamännchen

Beim Fall Tempel gegen Obermeyer ging es um die Frage der Umgangsregelung zwischen Tochter Lena und ihrem Vater Dirk Tempel. Es war kein außergewöhnlicher Fall, wenn man davon absieht, dass Lena mit ihren fünfzehn Jahren schon recht alt für ein solches Verfahren war. Anträge auf Regelung des Umgangs finden sich bei Teenagern naturgemäß deutlich seltener als bei jüngeren Kindern.

Beim Blick auf den Aktenberg, der sich vor mir auftürmte, war allerdings schnell klar, dass dies keineswegs der erste Antrag der Familie bei Gericht war.

Und tatsächlich: Seit Lena sechs Jahre alt war, hatte es immer wieder familienrechtliche Verfahren gegeben. Anfangs war es um den Lebensmittelpunkt und das Sorgerecht gegangen, später dann »nur noch« um Anträge im Hinblick auf den Umgang zwischen Lena und Herrn Tempel. Mal wollte Herr Tempel mehr Umgang, mal wünschte Lenas Mutter weniger. Es wurde jahrelang gestritten, unter anderem fand ich in den Akten schon zwei Gutachten aus früheren Verfahren.

Da Lena schon fünfzehn war, wunderte ich mich ein wenig über den Auftrag. Reichte es nicht, Lena bei Gericht zu hören? Wozu eine ganze Begutachtung mit all dem Zeitaufwand und all ihren Kosten?

Sofern es dem Kindeswohl nicht zuwiderläuft, bemühen sich Richter nämlich normalerweise darum, ein Modell nach den Wünschen der Jugendlichen zu finden. Und in den meisten Fällen gelingt dies auch.

Jugendliche können und dürfen (und sollen meiner Ansicht nach) durchaus mitreden, wenn es um die Ausgestaltung der Umgangskontakte zu dem Elternteil geht, bei dem sie nicht dauerhaft leben.

So auch Lena Obermeyer.

Sie hatte gegenüber dem Jugendamt und auch dem Richter, Herrn Weiß, erklärt, dass sie ihren Vater nicht, wie er es sich wünschte, jedes zweite Wochenende besuchen wolle, sondern »eben nur so ab und zu« oder in den Schulferien »vielleicht mal für länger als ein Wochenende, mal sehen«.

Aufgrund der Tatsache, dass Herr Tempel in der Nähe von Bremen lebte, Lena aber mit ihrer Mutter und ihrem Stiefvater, Herrn Obermeyer, in München, war Lenas Vorschlag vernünftig und nachvollziehbar.

Es erschien also alles recht einfach und sah nicht nach einem Fall aus, bei dem man eine Sachverständige zu Rate ziehen musste.

Ich blätterte ein wenig ratlos in den Akten und fand schon bald den eigentlichen Grund meiner Beauftragung.

Als Lenas Vater nämlich erfahren hatte, was seine Tochter in Bezug auf die Umgangskontakte mit ihm für richtig hielt, hatte er sofort bei Gericht angerufen und den Verdacht – nein, »die Gewissheit«, wie er im Laufe des Gespräches erklärte – geäußert, Lena sei bei ihrer Mutter und ihrem Stiefvater in größter Gefahr. Er berichtete, sie werde dort, gemeinsam mit ihrer Mutter, gefangen gehalten, der Stiefvater habe sie zu den Aussagen beim Jugendamt und vor Gericht gezwungen und misshandle sie ständig. Seine Tochter habe ihn soeben selbst angerufen und um Hilfe gebeten.

Daraufhin wurde umgehend ein Mitarbeiter des Jugendamtes zu Lena geschickt. Dort schien alles in Ordnung, und weder

Lena noch ihre Mutter deuteten an, unfreiwillig in diesem Haus zu wohnen. Lena erklärte sogar genervt, dass es ihr »verdammt noch mal gut« gehe und niemand sie zu irgendwas gezwungen habe.

Herr Obermeyer warf nun seinerseits Herrn Tempel vor, Lena seit Jahren sexuell zu missbrauchen, weshalb sie überhaupt gar keinen Umgang mehr mit ihm haben sollte. Außerdem sei Lena von ihrem Vater einer Gehirnwäsche unterzogen worden, so dass sie nun nichts mehr von den entsprechenden Vorkommnissen berichten könne.

Herr Illgen vom Jugendamt war nach dem Hausbesuch bei den Obermeyers einigermaßen verwirrt und schrieb in seiner Stellungnahme, dass dringend genau geprüft werden müsse, inwiefern die diversen Vorwürfe den Tatsachen entsprächen. Er selbst könne nur so viel sagen, dass oberflächlich bei der Familie Obermeyer zwar alles in Ordnung sei, ihm aber sowohl Lena als auch Frau Tempel »irgendwie verunsichert« vorgekommen seien, während Herr Obermeyer »irgendwie aggressiv« gewirkt habe. Herrn Tempel habe er persönlich noch nicht getroffen, aber möglicherweise habe dieser seine Tochter ja tatsächlich »irgendwie sexuell missbraucht« und womöglich auch »irgendwas mit ihrem Gehirn gemacht«. Er schloss seinen Bericht, indem er erklärte, er könne nicht ausschließen, dass sämtliche von den Beteiligten vorgetragenen Vorwürfe wahr seien. Oder erfunden. Das könne er zum jetzigen Zeitpunkt so unmöglich sagen. Auch zu einem späteren Zeitpunkt werde er dies nicht können, da er schon alleine rein zeitlich nicht dazu in der Lage sei, eine derart umfassende Überprüfung vorzunehmen. Hierzu solle man einen Sachverständigen beauftragen.

Abschließend erklärte Herr Illgen, er gebe hiermit die Verantwortung für diesen Fall an den noch zu benennenden Sachverständigen ab.

Er hätte auch einfach schreiben können: »Hilfe, ich bin total überfordert! Keine Ahnung, wer von denen lügt. Vielleicht alle. Oder keiner. Ich will aber auf gar keinen Fall weiterhin was mit denen zu tun haben, denn die machen mir alle Angst. Ich geh mich jetzt unter meinem Schreibtisch verstecken, bis irgendwer das alles geklärt hat. Tschüss.«

Ja, ich gebe zu, ich war einigermaßen genervt von Herrn Illgens Bericht. Er hatte nicht nachgefragt oder sich sonst wie näher mit den Menschen befasst, sondern nur »Ogottogott, wasmachichnurwasmachichnur« gedacht und war schlicht und ergreifend inhaltlich abgehauen.

Als ich ihn im Rahmen der Begutachtung anrief, weil er ja möglicherweise über irgendwelche Erkenntnisse verfügte, die er nicht in seinen dürftigen Bericht geschrieben hatte, erklärte er, dass er sich an »rein gar nichts« erinnern könne und deshalb ein Gespräch mit mir »vollkommen und absolut total unsinnig« wäre.

Vielleicht war es ja doch Herr Obermeyer, der Menschen einer Gehirnwäsche unterziehen und ausgewählte Erinnerungen löschen konnte?

Hm … Unwahrscheinlich.

Herrn Illgens Reaktion erschien mir aber dennoch nicht normal.

»Herr Illgen«, setzte ich nach, »wurden Sie von jemandem, der mit diesem Fall zu tun hat, bedroht?« Das erschien mir in dem Moment eine logische Erklärung für seine Abwehrhaltung.

»Was? Ich? Bedroht? Nein, wie kommen Sie denn darauf? Hat Herr Obermeyer so was gesagt? Was hat er gesagt??« Er ratterte seine Fragen so aufgeregt herunter, dass er kaum zu verstehen war.

»Niemand hat etwas gesagt, Herr Illgen. Aber Sie verhalten sich seltsam, und ich würde gern verstehen, warum.«

»Was? Ich? Wie jetzt? Ich hab doch nur … also, ich meine, ich kann Ihnen in diesem Fall wirklich nicht helfen. Auf Wiederhören.«

Sprach es und legte auf.

Wahrscheinlich hatte er schon während des Telefonats unter seinem Schreibtisch gekauert und zog sich nun noch sein Jackett über den Kopf.

Himmel, es reichte doch, wenn die Eltern und der Stiefvater sich merkwürdig benahmen. Warum konnte sich dann nicht wenigstens der Mann vom Jugendamt normal verhalten?

Hmpf.

Ich widmete mich wieder dem Aktenberg.

Herr Obermeyer war seit sechs Jahren mit Lenas Mutter verheiratet. Offensichtlich hatten seitdem die Streitigkeiten zwischen Lenas Eltern deutlich zugenommen. Beim Lesen der Gerichtsakte wurde deutlich, dass in erster Linie die beiden Männer einen Kampf miteinander austrugen und nicht, wie sonst üblich, die Eltern.

Man könnte diese Konstellation interessant nennen, wenn nicht davon ausgegangen werden musste, dass Lena die Leidtragende bei alldem war.

Was hatte dieses Mädchen alles mitgemacht! So viele Anhörungen vor Gericht, immer wieder Gespräche beim Jugendamt, Gutachtentermine mit verschiedenen Sachverständigen und nicht enden wollende Streitigkeiten der Erwachsenen seit so vielen Jahren! Ich wurde beim Durcharbeiten der Akten richtig wütend. Es wirkte auf mich, als hätten die Erwachsenen allesamt vollkommen vergessen, dass es hier doch eigentlich um Lena ging. Und nicht darum, wer wem mehr vorwerfen konnte oder am Ende recht bekam, dem anderen eine lange Nase machen und »Ätschibätschi« entgegenrufen konnte. Die beiden Männer und auch Lenas Mutter erschienen mir zumindest aufgrund der Aktenanalyse in kindischer Art und Weise regelrecht besessen von ihrem Streit miteinander.

Das ist leider etwas, das mir keineswegs fremd ist, wenn auch die Ausprägung im Fall Tempel/Obermeyer außergewöhnlich stark war. Viele Eltern vergessen im Streit um die Kinder das Wichtigste: die Kinder selbst.

Sie haben statt deren Bedürfnisse fast ausschließlich die Erfüllung der eigenen Wünsche nach Vergeltung, Wiedergutmachung und Rechthaberei im Blick. Es geht nicht mehr um das so viel zitierte Kindeswohl, sondern nur noch darum, den Ex-Partner zu verletzen und vor Gericht »zu gewinnen«. Was in einem familienrechtlichen Verfahren meiner Ansicht nach überhaupt nur dann möglich ist, wenn man gemeinsam eine einvernehmliche Lösung findet.

So etwas wie ein Einvernehmen war in Lenas Familie seit vielen Jahren undenkbar.

Arme Lena!

Das musste sich nun aber endlich ändern! Ich hatte noch keine Ahnung, wie ich das anstellen würde, war aber fest entschlossen, Lena zu helfen. Sie sollte endlich in Ruhe groß werden können. Auch wenn es dafür jetzt tatsächlich ein ziemlich später Zeitpunkt war. Groß war sie ja wohl irgendwie schon.

Aber sie könnte immerhin noch ein paar harmonische Jugendjahre ohne nennenswerte Streitigkeiten der sie umgebenden Erwachsenen verbringen. Damit konnte man die Vergangenheit nicht ändern (das kann man ja nie, es sei denn, jemand erfindet endlich, endlich eine funktionierende Zeitmaschine oder zumindest dieses Blitzdingsgerät, das alles Vergessenswerte nachhaltig vergessen macht), aber Lena würde zumindest nicht länger in diesem feindseligen Klima leben müssen.

Das war mein Anliegen. Und mir war klar, dass es dafür nun wirklich fünf Minuten vor zwölf war. In ein paar Jahren würde

Lena volljährig werden und es keine Möglichkeit des Eingreifens für mich als Sachverständige mehr geben. Natürlich könnte Lena mit achtzehn einfach von zu Hause ausziehen. Aber Weglaufen löst nun einmal keine Probleme, sondern ist … na ja, eben ein Weglaufen.

Als Erstes traf ich Herrn Tempel. Er war aus Bremen angereist und hatte nur anderthalb Tage zur Verfügung, so dass wir einfach einen ganzen Tag für unser Gespräch einplanten.
Gerne hätte ich Lena zusammen mit ihrem Vater gesehen. Aber Herr Obermeyer hatte mir am Telefon sehr deutlich gesagt, dass seine Frau und er dies niemals erlauben würden. Ich hatte also darauf verzichtet, in meinem Kopf aber eine »Dann vielleicht zu einem späteren Zeitpunkt«-Notiz gemacht.
Das Gespräch verlief zäh und mit recht dürftigem Erkenntnisgewinn.
In der ersten Gesprächsrunde berichtete Herr Tempel mir im Grunde nur Dinge, die ich aus den Akten ohnehin schon wusste. Und die ich zusammenfassen konnte unter »Herr Obermeyer, der widerlichste Dreckskerl des Universums«.
Da er zusätzlich die Eigenart hatte, sehr ausschweifend zu erzählen und auch auf konkrete Fragen nur über kilometerlange Umwege zum Punkt zu kommen, war ich nach zwei Stunden völlig erschöpft und erklärte, nun eine Pause einlegen zu müssen.
Ich empfahl Herrn Tempel einen Spaziergang an der Isar und tat es ihm gleich – allerdings in die entgegengesetzte Richtung. Danach fühlte ich mich besser und bat ihn nach seiner Rückkehr, mir mehr über die Beziehung zu Lena zu erzählen. Aber auch hier verfranzte er sich in Umwegen zur eigentlichen Antwort und konnte bis auf Beschimpfungen von Herrn Obermeyer kaum etwas Emotionales von sich geben. Er wirkte im

Hinblick auf seine Tochter seltsam unbeteiligt und als sei ihm der Ausgang des ganzen Verfahrens im Grunde egal.

Nach der Mittagspause bat ich ihn, seine Ziele und Wünsche in Bezug auf Lena zu formulieren.

Seine Antwort war: »Hm ... na ja ... dass sie alle vierzehn Tage zu mir zu Besuch kommt. Das hat ja auch mein Anwalt so beantragt ...« Und schon folgte eine detaillierte Beschreibung, wann er wie zu seinem Anwalt was gesagt hatte, wann der Anwalt ihn zurückgerufen und was der dann wiederum von sich gegeben habe, wie dann ein Antrag an das Gericht gegangen war, was der doofe Herr Obermeyer dazu Blödes gesagt hatte. Und so weiter, und so weiter.

Ich wäre wahnsinnig gerne über meinen Schreibtisch gesprungen, um diese stinklangweiligen Schilderungen aus ihm herauszuschütteln und ihm (gerne lautstark) zu erklären, dass mich das einen Scheeeeeiiiiß interessierte und es hier verdammt noch maaaaal um was ganz anderes ging!

Ich hielt diese Vorstellung für einen kurzen Moment fest, sagte mir, dass ich es ja später immer noch tun könnte, und fragte Herrn Tempel: »Wenn Ihre Tochter jetzt hier wäre, was würden Sie sie fragen oder ihr sagen?«

Manchmal stupst das etwas in Menschen an, die sich ansonsten schwer damit tun, etwas von ihren Gefühlen und Wünschen preiszugeben. Dann purzelt ihnen spontan ein Satz oder eine Frage aus dem Mund, mit der man arbeiten kann.

Herr Tempel antwortete: »Ich würde sagen: ›Hallo, Lena.‹«

Pause.

Nichts.

»Und danach?«

»Wie danach?«

»Nachdem Sie ›Hallo, Lena‹ gesagt hätten. Was würden Sie dann sagen. Oder fragen?‹

»Na ja … ›Wie geht's?‹, denk ich mal.«

O Mann …

»Und was, denken Sie, würde Lena darauf antworten?«

»›Gut‹, denk ich mal.«

»Gut?«

»Ja, denk ich mal.«

Vor dem Hintergrund, dass Herr Tempel bei Gericht angerufen und erklärt hatte, seine Tochter werde beim Stiefvater gefangen gehalten und misshandelt und habe ihn telefonisch um Hilfe gebeten, war diese Antwort … nennen wir es mal … unerwartet.

»Herr Tempel, Sie gehen davon aus, dass es Ihrer Tochter gutgeht. Habe ich das richtig verstanden?«

»Ja, klar.«

Mein Gott, die ganze Zeit schwadronierte er ohne Pause, und jetzt war er plötzlich total einsilbig!

Über den Schreibtisch zu springen erschien immer verlockender.

»Und Ihre Vermutung, dass Lena misshandelt wird …«

Und, schwups, kam auf einmal wieder Leben in Herrn Tempel. Er nickte wie ein Wackeldackel bestätigend mit dem Kopf, während er berichtete, was für ein grausamer Mensch der Herr Obermeyer sei und dass der aber ganz dringend eingesperrt gehörte. Die Gründe waren so vielfältig wie abstrus. Angefangen damit, dass Herr Obermeyer Mutter und Tochter angeblich im Haus eingesperrt hielt und Lena sogar tagelang weder Essen noch Trinken bekam, über die Vermutung, Mutter und Tochter müssten Herrn Obermeyer mit »Sie« und »Mein Herrscher« ansprechen, wenn sie nicht im Keller gefoltert werden wollten, bis hin zum Vorwurf des sexuellen Missbrauchs.

»Herr Tempel, das klingt alles recht abenteuerlich. Und vor dem Hintergrund, dass Sie mir davon erst erzählt haben, als ich konkret danach gefragt habe, muss ich Ihnen sagen, dass es auch nicht so wirklich glaubhaft ist.«

Wie erwartet, fand Herr Tempel das nicht in Ordnung von mir und erklärte, meine Einschätzung entbehre jeglicher Grundlage. Kann sein, dass auch die Wörter »unfähig« und »Beruf verfehlt« fielen.

»Da haben Sie natürlich recht, Herr Tempel.«

Ha! Damit hatte er nicht gerechnet.

»Und weil mir tatsächlich die Grundlage für meine Behauptung fehlt, stelle ich Ihnen jetzt einige aussagepsychologische Fragen. Damit können Sie dann wunderbar zeigen, dass Ihre Vorwürfe nicht erfunden sind.«

Dazu konnte er jetzt unmöglich nein sagen.

Noch mal: Ha!

Ich habe einige Fortbildungen in Aussagepsychologie besucht, bin darin aber leider nicht so gut, dass eine derartige Befragung tatsächlich zu einem hieb- und stichfesten aussagepsychologischen Gutachten führen könnte.

Das war aber im Fall von Herrn Tempel auch gar nicht notwendig. Er war ein unfassbar schlechter Lügner und verfing sich gleich zu Beginn in eklatanten Widersprüchen. Er machte zu ein und derselben Begebenheit verschiedene Aussagen, die aber allesamt auffallend detailarm waren, gab dann aber angebliche Gesprächsabläufe so detailliert wieder, dass er schon ein Gedächtniskünstler sein müsste, um sich das alles wirklich merken zu können. Er schilderte die Geschehnisse komplett emotionslos und hatte nach einigen wenigen Minuten schon vergessen, was er wie geschildert hatte. Bei der von mir erbetenen Wiederholung seiner Erzählung verwechselte er wesentliche Dinge, tauschte Orte und Tageszeiten aus und bemerkte schließlich selbst, dass er sich komplett verfranzt hatte.

Ich sah ihn stumm an.

Er schaute auf seine Hände und sagte ebenfalls nichts.

Ich wartete.

»Tja«, kam es dann von Herrn Tempel. »So war das. Kann Lena jetzt an jedem zweiten Wochenende zu mir kommen, oder wie ist das?«

Ich entschloss mich, ihn noch eine Weile stumm anzuschauen. Die Alternative wäre der Sprung über den Schreibtisch gewesen.

Am Abend fühlte ich mich so ausgelaugt, als hätte ich nicht sechs, sondern sechzig Stunden Gespräch hinter mir. Herr Tempel war ein Energiefresser der besonderen Art.

Nachdem ich ihm recht deutlich erklärt hatte, dass ich seine wüsten Anschuldigungen im Hinblick auf Herrn Obermeyer als nicht glaubhaft erachtete, zuckte er mit den Achseln und erklärte, man könne es ja schließlich mal versuchen. Der Herr Obermeyer sei ein »ganz mieser Typ«. Er habe lediglich versucht, das zu verdeutlichen.

Ah … ah, so.

Ich hatte versucht, bei Herrn Tempel Verständnis dafür zu wecken, dass sein Verhalten für Lena unangenehm war und er sie bei der Ausgestaltung und Frequenz der Umgangskontakte schon alleine in Anbetracht ihres Alters mitbestimmen lassen sollte.

Und hatte versagt.

Herr Tempel hatte auf seinem Standpunkt beharrt, dass er seine Tochter an jedem zweiten Wochenende sehen wolle. Und zwar auch, wenn sie sich das anders wünschte. Er zahle schließlich Unterhalt für sie.

Ich war so müde …

In der Regel gelingt es mir, die Menschen, die ich zu begutachten habe, auch zu erreichen. Sogar wenn wir nicht einer Meinung sind und ganz und gar unterschiedliche Ansichten vertreten, was Erziehung und Versorgung von Kindern betrifft, bemühe ich mich doch immer, so etwas wie eine gemeinsame Basis zu finden. Und normalerweise funktioniert das schon alleine deshalb recht gut, weil ich ein Grundinteresse an Menschen habe und davon ausgehe, dass in jedem ein positiver Kern oder zumindest eine kleine positive Ecke zu finden ist. Das wird bemerkt, und so bekomme ich glücklicherweise einen Zugang zu fast jedem.

Bei Herrn Tempel jedoch war mir das nicht möglich. So gar nicht. Er blieb eine Hülle mit seltsam gefühlsarmem Inhalt.

Mein nächster Termin führte mich zu den Obermeyers, wobei ich am Klingelschild sah, dass Lena den Namen Tempel offenbar behalten hatte. Das Design des Klingelschildes wies allerdings darauf hin, dass Herrn Obermeyer dies nicht so recht gefiel.

Es handelte sich um ein handtellergroßes verschnörkeltes Messinggebilde, auf dem in großer altmodischer Schrift der Name Obermeyer prangte. Darunter befanden sich ein zierliches &-Zeichen sowie der Name Lena Tempel. Nur erkennbar, wenn man direkt davorstand.

Na ja, vielleicht war das ja nur eine Designerentscheidung gewesen und hatte gar nichts mit Herrn Obermeyers Ego zu tun. Nachdem der Türsummer das schmiedeeiserne Tor hatte aufspringen lassen, ging ich bestimmt fünfundzwanzig Meter durch einen blumen- und springbrunnengeschmückten Vorgarten. Ich gebe zu, ich war ein klein wenig beeindruckt.

In der Haustüre empfing mich eine zierliche junge Frau, von der ich im ersten Moment nicht sagen konnte, ob sie Frau Obermeyer oder Lena war. Da ich den Termin aber mit Frau Obermeyer vereinbart hatte und es elf Uhr an einem Mittwochvormittag war, ging ich davon aus, dass Lena in der Schule war und mir hier ihre Mutter gegenüberstand.

»Hallo«, empfing sie mich mit einem freundlichen Lächeln. »Kommen Sie rein.«

Wir liefen durch eine Eingangshalle, in der man locker mehrere Billard- und Kickertische sowie einen kleinen Swimmingpool hätte unterbringen können.

Das hier war mit Abstand das größte und protzigste Haus, das ich je gesehen hatte. Und ich war schon mal bei einem betuchten Promi in dessen Haus am Genfer See zu Gast gewesen.

Frau Obermeyer führte mich in einen Salon. Er sah aus wie das Set einer »Der Earl von irgendwas Englischem«-Verfilmung. Ich hätte mich nicht gewundert, wäre ein hagerer, streng dreinblickender Diener aufgetaucht, der Frau Obermeyer mit »Mylady« ansprach. In meinem Kopf erschien kurz nach ihm eine mollige Hausangestellte mit roten Wangen und Häubchen auf dem Kopf, um Tee auszuschenken und selbstgebackene duftende Plätzchen auf den Tisch zu stellen.

»Setzen Sie sich doch.«

Das war Frau Obermeyer. Ohne Diener. Mit Tee. Aber leider ohne Plätzchen.

»Mein Mann kommt gleich.«

Ich bedankte mich für den Tee und erklärte, dass wir auch gerne schon ohne ihren Mann mit dem Gespräch beginnen konnten. Denn im Grunde ging es ja um sie, Lena und deren Vater. Frau Obermeyer schüttelte den Kopf. »Nein. Wir warten besser.«

Sie setzte sich ebenfalls an den Tisch und schenkte sich Tee ein. Als ich gerade die Formalitäten mit ihr erledigt hatte, stolzierte eine riesige Deutsche Dogge herein. Zum Glück habe ich keine Angst vor Hunden. Jedenfalls nicht grundlos.

Dieses Vieh war auch für eine Dogge unfassbar groß. Irgendetwas in mir bezweifelte sogar, dass ich es hier wirklich mit einem Hund zu tun hatte, und flüsterte mir zu, dass dieses Monstrum bestimmt ein aus Raum und Zeit geplumpster Höllenhund oder Ähnliches war.

Ich flüsterte zurück, dass das Quatsch sei und, wenn schon, ein Höllenhund ja auch ein Hund wäre und Hunde super sind, egal wie groß.

Sehr groß …

Wahrscheinlich hatten die Obermeyers den Hund passend zur Eingangshalle ausgesucht.

»Das ist Zeus. Der tut nichts«, erklärte Lenas Mutter.

Zeus.

Was auch sonst.

Ich habe nicht nur keine Angst vor Hunden. Ich liebe Hunde! Und wenn man mich nicht daran hindert, dann muss ich Hunde, die sich mit mir in einem Raum aufhalten, früher oder später knuddeln. Auch Riesenhöllenhunde.

»Zeus«, flötete ich. »Ja, komm mal her, du Süßer!«

Und schon hatte ich den gigantischen Hundekopf auf meinem Schoß liegen – und einen ebensolchen Sabberfleck auf der Hose. Uarghs.

Aber da ich nun schon mal vollgesabbert war, konnte ich Zeus nun auch ausgiebig knuddeln. Mein Gott, war dieser Hund riesig!

Ebenso wie sein Besitzer.

Als Herr Obermeyer den Salon betrat, schien der Raum plötzlich zu schrumpfen. Hätte er anstatt des Anzugs ein braunes Halbriesenoutfit sowie Perücke und Bart getragen, er hätte einen prima Hagrid abgegeben. Er war ganz sicher über zwei Meter groß und dazu auch noch recht füllig.

Und er hatte riesige Hände.

Ich kam mir wie eine Miniatur-Sophie vor, als wir uns begrüßten und meine Hand komplett in seiner verschwand.

Neben seiner Statur hatte Herr Obermeyer allerdings nichts mit Hagrid gemeinsam. Selten war mir jemand von Anfang an so unsympathisch.

Herr Obermeyer erzählte ungefragt ausführlich von seinen beruflichen und vor allem finanziellen Erfolgen, betonte immer wieder, dass ihm mit seiner Lebenserfahrung »keiner was vormachen kann« und er nicht verstehe, weshalb »dieses Würstchen vom Jugendamt« nicht einfach einen einwandfreien Bericht geschrieben hätte.

»Dann wären wir den Tempel jetzt endlich los und müssten nicht noch ein sinnloses Gutachten abwarten. Nix für ungut, Frau Seefeld, aber das ist ja hoffentlich auch Ihnen klar, dass man sich Ihre Beauftragung hätte schenken können.« Er lachte ein selbstgefälliges Lachen und sah auf die Uhr. »Was können wir denn jetzt für Sie tun, Frau Seeburg? Das Ganze muss ja endlich mal zu einem Abschluss gebracht werden.«

»Seeberg«, korrigierte ich automatisch, obwohl mir klar war, dass das keinerlei Effekt haben würde.

»Wissen Sie, so klar die ganze Angelegenheit für Sie sein mag, ich kenne bis jetzt ja weder Sie noch Ihre Frau oder Lena. Um die Fragestellung des Gerichts beantworten zu können, muss ich schlicht und ergreifend mehr über Sie alle erfahren.«

»Aber die ganze Sache ist doch sonnenklar! Der Tempel ist ein Vollidiot und muss einfach aus unserem Leben verschwinden, und alles ist gut. Das müssten Sie als die Frau Sachverständige ja schließlich auch erkennen können.« Er trommelte ungehalten mit den Fingern auf die Tischplatte, während seine Frau ihm beruhigend die Hand auf den Arm legte.

Ich sah genau hin.

Sie wirkte weder ängstlich noch eingeschüchtert. Vielmehr peinlich berührt und ein kleines bisschen genervt.

Ihr Verhalten bestätigte mich in meiner Annahme, dass Herr Tempel tatsächlich all seine Vorwürfe erfunden hatte. Dennoch nahm ich mir fest vor, auch noch ein Gespräch mit Frau Obermeyer alleine zu führen. Das war mir nicht nur wichtig, um sicherzugehen, dass wirklich nichts an Herrn Tempels Beschuldigungen gegenüber Herrn Obermeyer dran war, sondern auch, um überhaupt mit ihr sprechen zu können.

Denn ganz gleich wie eindeutig ich eine Frage direkt und ausschließlich an Frau Obermeyer richtete und sie direkt ansprach, immer antwortete ihr Mann.

Ich wies ihn einige Male darauf hin, gab aber schließlich auf, als ich erkannte, dass ich in keiner Weise zu ihm durchdringen konnte.

Herr Obermeyer ließ sich von mir ebenso wenig lenken wie zuvor Herr Tempel. Die beiden hatten in ihrem Gesprächsverhalten so einiges gemeinsam. Und Frau Obermeyer hatte einen seltsamen Männergeschmack, fuhr es mir durch den Kopf, während ihr Mann sich ausschweifend darüber ausließ, was für ein »erbarmungswürdiger Loser« Lenas Vater sei, was er für ein winziges Haus habe (»Und das nur zur Miete! Wie armselig ist das denn?!«) und wie froh Lena sein könne, dass sie nun einen Stiefvater habe, der »ordentlich was hermacht«. Erneut ertönte Herrn Obermeyers überhebliches Lachen.

»Wir haben diesen Wicht nun wirklich lange genug in unserem Leben geduldet«, ereiferte er sich. »Damit muss jetzt Schluss sein! Der soll da in seinem Kaff im Norden bleiben und uns nicht mehr belästigen! Nie mehr! Ich biete Lena und meiner Frau alles! Da kann der nicht im Entferntesten mithalten, dieser Versager.«

Und so weiter, und so weiter. Herr Obermeyer stand in puncto Beschimpfungen Herrn Tempel in nichts nach. Irgendwie wirkte es, als hätten die beiden Männer sich voneinander scheiden lassen und würden nun einen Krieg gegeneinander führen. Ich sah zu Frau Obermeyer. Eine seltsame Frau. Sowohl ihr erster als auch ihr jetziger Mann waren wirklich grässlich. Mir waren sowohl Herr Tempel als auch Herr Obermeyer hochgradig unsympathisch und unangenehm. Beide schienen unfassbare Egozentriker zu sein, und ich konnte keine wirklich echten Gefühle (außer vielleicht für sich selbst) bei ihnen entdecken. Sie betrieben das gegenseitige Schlechtmachen mit einer gewissen Leidenschaft, letztendlich ging es dabei aber eben auch wieder nur um sie selbst und ihr Ego.

Vielleicht lag es ja aber auch an mir, überlegte ich, während Herr Obermeyer gerade wieder erzählte, was er beruflich alles erreicht hatte, welche wichtigen Persönlichkeiten er kannte und was er im Allgemeinen für ein toller Hecht war.

Hatte ich meine Fähigkeit verloren, einen Draht zu Menschen zu finden? Wie konnte es sein, dass ich innerhalb kürzester Zeit gleich zwei Mal in einem Begutachtungstermin saß und keinerlei Verbindung zu meinem Gegenüber aufbauen konnte?

Ich hatte mit Menschen gesprochen, die Kinder vernachlässigt hatten, und ihnen doch auf eine Art die Hand reichen können. Ich hatte es bisher so gut wie immer geschafft, dass sich die Menschen mir geöffnet hatten. Auch wenn sie vielleicht erst einmal Dampf ablassen und ein wenig (oder ein wenig mehr) Geschimpfe loswerden mussten.

Aber dass da wirklich so gar nichts bei mir ankam, kannte ich nur aus meiner Zeit als blutige Anfängerin, als ich manchmal schlicht und ergreifend zu sehr mit dem Prozedere der Begutachtung oder mir selbst beschäftigt war.

War mir da nun plötzlich etwas Wichtiges verlorengegangen? War ich vielleicht mittlerweile so abgestumpft, dass ich schlicht kein Interesse mehr an Menschen hatte, die für mich schwierig waren? Gab ich zu früh auf?

Wenn ich ehrlich war, wollte ich gerade tatsächlich nur, dass Herr Obermeyer endlich aufhörte, sich selbst zu beweihräuchern und Lenas Vater schlechtzumachen. Es brachte keinerlei Erkenntnisgewinn, sondern stahl nur unser aller Zeit.

Da ertönte ein ohrenbetäubender Knall.

Frau Obermeyer sah mich mit schreckensgeweiteten Augen an. Und ich nehme an, dass ich ebenso zurückschaute.

Herr Obermeyer lachte dröhnend.

»Das war wohl ein bisschen zu laut für die Damen.«

Und schon knallte es wieder.

Herr Obermeyer hatte zur Untermalung der Schilderungen mit seiner Riesenpranke auf den Tisch gehauen. Beeindruckend, was für einen Krach er auf diese Weise veranstalten konnte.

»Schatz ... bitte ...« Frau Obermeyer klang eindringlich. Und zum ersten Mal war ihr mehr als deutlich anzusehen, dass das Verhalten ihres Mannes ihr unangenehm war.

»Jaja«, nörgelte der nun. »Ihr Frauen wollt es immer schön leise und unauffällig.« Er machte eine abwertende Geste. »Und deshalb bringt ihr es auch zu nichts!«

Ich überlegte gerade, ob ich das nun a) persönlich nehmen, b) richtigstellen oder c) genau wie den anderen Unsinn, den er absonderte, einfach ignorieren sollte, da schwafelte Herr Obermeyer auch schon weiter.

»Wir Männer, wir sind eben die Macher! Und das ist ja auch gut so. Na ja, also, wir richtigen Männer, meine ich.« Er schnaubte abfällig. »So was wie der Tempel ist natürlich eine unrühmliche Ausnahme. Gibt's eben auch. Aber ich, wissen Sie, ich bin ein ganzer Mann!«

Langsam wurde es so grotesk, dass es schon wieder lustig war. Himmel, ich sollte diesen Termin beenden. Herr Obermeyer hatte zwar inzwischen ohne Frage einen gewissen Unterhaltungswert, dieser rechtfertigte aber nicht, noch mehr Zeit hier zu verbringen.

Doch eine letzte Frage musste ich noch loswerden: »Herr Obermeyer, Sie hatten ja bei Gericht angegeben, dass Sie davon ausgehen, Lena würde seit Jahren von ihrem Vater sexuell missbraucht ...«

Man musste kein Experte für Mikromimik sein, um zu erkennen, dass Frau Obermeyer die Vorwürfe ihres Mannes ekelhaft fand. Sie rückte sogar ein Stück von ihm weg, als er anfing zu lamentieren.

Ja, das sei wirklich unfassbar, tönte er. Das lasse ihn an der Gerechtigkeit zweifeln. Da missbrauche ein Vater jahrelang seine Tochter, und niemand tue etwas dagegen. Ein Skandal sei das! Das arme Kind habe nun wirklich genug gelitten ...

Genau wie Herr Tempel hatte auch Herr Obermeyer erst auf meine konkrete Nachfrage seine massiven Vorwürfe wiederholt. Alleine das war mir schon höchst suspekt.

Auf meine Nachfragen verheddert auch er sich in Widersprüchen, und nach kürzester Zeit war klar, was ich schon geahnt hatte. Auch an diesen Vorwürfen war nichts dran. Sie waren lediglich eine Retourkutsche gewesen, weil Herr Tempel seinerseits wilde Vorwürfe in den Raum gestellt hatte.

Frau Obermeyer war das Ganze so unangenehm, dass ich befürchtete, sie könnte sich möglicherweise in Luft auflösen. So sehr war ihr dieser Wunsch anzusehen. Na ja, vielleicht wünschte sie sich auch, dass ihr Mann endlich still war. Aber da schien es mir wahrscheinlicher, dass sie tatsächlich sich durch pure Willenskraft unsichtbar machte.

Da inzwischen vollkommen klar war, dass Herr Obermeyer seine Vorwürfe erfunden hatte, erklärte ich ihm, seine und die Vorwürfe von Herrn Tempel bestenfalls unter Missverständnis abhaken zu können.

Herr Tempel hatte das stillschweigend akzeptiert.

Nicht so aber Herr Obermeyer.

Er wurde so laut, dass sich Zeus, der die ganze Zeit neben meinem Stuhl gelegen und gedöst hatte, aufsetzte und vor lauter Aufregung umgehend wieder zu sabbern begann.

Große Hunde produzieren große Mengen Speichel. Wäh.

Während Zeus also sintflutartig herumsabberte, zeterte und brüllte sein Herrchen mit hochrotem Kopf, dass man »einen wie den Tempel« doch nicht ungestraft davonkommen lassen könne, wo wir denn hier seien, dass ich an so etwas wie Straffreiheit für so einen auch nur denken könne, und so weiter, und so weiter.

Zeus wuselte zwischen Herrn und Frau Obermeyer hin und her, wurde von keinem der beiden beachtet und kam schließlich wieder zu mir gesabbert, wo er tatsächlich versuchte, sich auf meinen Schoß zu setzen.

Schade, dass die ganze Situation keine Inszenierung von *Verstehen Sie Spaß?* war. Zum einen hätte sich der unsympathische Herr Obermeyer dann als Schauspieler entpuppt, der in Wirklichkeit an der städtischen Bühne von Regensburg in einer modernen Inszenierung von Harry Potter erfolgreich den Hagrid gab. Und zum anderen hätte ich eine prima Filmaufnahme von Zeus, der versucht, auf meinen Schoß zu klettern, und von mir, die versucht, ihn daran zu hindern. Wir waren beide mäßig erfolgreich. Es muss ein Bild für die Götter (haha, Zeus, Götter, Sie verstehen?) gewesen sein.

Ich nutzte eine unfreiwillige Hustenpause von Herrn Obermeyer (er hatte wohl ähnlich wie Zeus ein wenig zu viel Speichel produziert und sich dann daran verschluckt), um ihn zu fragen, *was genau* der Herr Tempel denn getan habe, dass man ihn nicht ungestraft davonkommen lassen dürfe.

Herr Obermeyer erstarrte, und ich befürchtete schon, dass er nun tatsächlich keine Luft mehr bekam und ich ihn vor dem Erstickungstod retten musste. Doch dann atmete er tief ein und brüllte: »Das ist ja wohl offensichtlich, dass dieser Unmensch gefährlich ist! Glauben Sie, ich hab mir nur so zum Spaß eine Selbstschussanlage in den Vorgarten gebaut?! Dass solche Maßnahmen nötig sind, das sagt doch alles!«

Frau Obermeyer schloss mit einem leisen Seufzer die Augen. Aber auch das half nicht.

Sie blieb weiterhin sichtbar.

Herr Obermeyer brüllte noch ein bisschen herum, dass er ein Mann der Tat sei und seine Frauen zu beschützen wüsste. Er wiederholte mehrfach, dass es für ihn unfassbar sei, wie eine Sach-ver-stän-di-ge noch nachfragen musste, inwiefern jemand wie der Herr Tempel gefährlich sei. Die Selbstschussanlage auf seinem Grundstück spräche ja schließlich für sich.

Er hatte jetzt schon zum zweiten Mal »Selbstschussanlage« gesagt …

Ich fand Herrn Obermeyers Beweisführung für die Gefährlichkeit des Herrn Tempel auf skurrile Art beeindruckend. Seiner Ansicht nach reichte der Glaube, sich mit einer wie auch immer gearteten Anlage vor Herrn Tempel schützen zu müssen, aus, um dessen Gefährdungspotenzial zu beweisen.

In seiner Einfachheit war das durchaus faszinierend. Offenbar war Herr Obermeyer im Bereich der Beweisführung auf dem Stand eines durchschnittlich begabten Vierjährigen stehengeblieben. Frei nach dem Motto: Ich habe Angst, also muss da ein Monster unterm Bett sein.

Als er sich wieder etwas beruhigt hatte, bat ich Herrn Obermeyer, diese »Selbstschussanlage« genauer zu beschreiben.

Ehrlich gesagt dachte ich bis zu diesem Zeitpunkt, dass »Selbstschussanlage« ein Synonym für irgendwas … ich weiß auch nicht … also, ich glaubte, dass Herr Obermeyer damit natürlich nicht wirklich eine *richtige* Selbstschussanlage gemeint hatte. Sondern irgendwas … na ja, also so was wie einen Eimer Wasser, der jemandem auf den Kopf fällt, wenn er die Türe öffnet. Also, etwas in der Richtung …

Das war im Nachhinein betrachtet natürlich reichlich dumm von mir, denn einer wie der Herr Obermeyer, der baute keine lustigen Fallen mit Eimern oder Ähnlichem. Der bestellte sich gleich mehrere Selbstschussanlagen, ließ diese von einem technisch versierten Bekannten zu »Anti-Herr-Tempel-Apparaten« modifizieren und baute sie rund um das Haus auf.

Ich hoffte noch immer, das alles missverstanden zu haben, und fragte nach.

Ja, man kann, sofern man volljährig ist, einfach so Selbstschussanlagen kaufen.

Klingt komisch, ist aber so.

Ich konnte (und kann) das kaum fassen.

Herr Obermeyer freute sich so sehr über mein Interesse, dass er mir einen umfangreichen Vortrag hielt, der mich in die Lage versetzt hätte, Selbstschussanlagen je nach Bedarf umzurüsten, hätte ich auch nur die Hälfte der technischen Einzelheiten verstanden. Hatte ich aber nicht. Was nicht schlimm war, denn das Um- und Einbauen von Selbstschussanlagen steht definitiv nicht auf der Liste der Dinge, die ich immer schon mal tun wollte.

Oder überhaupt tun will.

Soweit ich verstanden hatte, kann man Apparate kaufen, die mittels einer Knallpatrone einen unglaublichen Lärm machen, sobald jemand über einen der Stolperdrähte fällt, die man kreuz und quer durch Vorgarten und Garten spannt. Käuflich sind aber auch Vorrichtungen, die kleine Lebewesen wie Wühlmäuse schlicht und ergreifend abknallen.

Herr Obermeyer hatte nun in umgerüsteter Form drei Anlagen von der einen und drei von der anderen Sorte um sein Haus verteilt. Die meisten im Vorgarten, aber auch zwei im Garten.

Jeden Abend spannte er Stolperdrähte und schaltete die Apparate ein.

»Und, ähm, was passiert, falls jemand da hinein… ?«, fragte ich vorsichtig.

»Jaaaahaaa, dann ist aber das große Jammern angesagt, will ich mal meinen!« Ich hätte mich nicht gewundert, wenn sich Herr Obermeyer selbst auf die Schulter geklopft hätte, so stolz war er offensichtlich auf sich. »Da wird der Tempel dann aber ganz schnell winselnd Reißaus nehmen! Das kann ich Ihnen sagen!«

»Und wenn vielleicht jemand über so einen Draht stolpert, der Ihnen gar nichts Böses will? Ich meine, wie gefährlich sind denn diese Selbstschussanlagen tatsächlich?«

Frau Obermeyer seufzte vernehmlich und betrachtete dann angestrengt ihre Fingernägel.

»Na ja«, brummte ihr Mann. »Da wird niemand getötet. Ist ja klar. Das wär ja verboten.«

Na, immerhin.

Dennoch … war das Umrüsten von diesen Dingern etwa erlaubt? Ich bezweifelte das stark, sagte aber nichts, um Herrn Obermeyer nicht zum erneuten Herumbrüllen zu verleiten.

»Unsere Minka, also, die ist da mal versehentlich reingelatscht, und jetzt sieht sie auf dem einen Auge nicht mehr so richtig gut«, erklärte Herr Obermeyer ohne jedes Bedauern in seiner Stimme.

»Blind«, ließ sich Frau Obermeyer vernehmen und schaute ihren Mann richtiggehend böse an. »Unsere Katze ist auf einem Auge blind. Und traumatisiert.« Sie schickte noch einen verärgerten Blick in Richtung ihres Mannes, beschäftigte sich dann aber wieder mit ihren Fingernägeln und der Frage, wie man sich schnellstmöglich unsichtbar machen könnte.

»Ja, mei, wer kommt denn auf die Idee, dass eine Katze über einen Draht stolpert? Haben Sie schon mal eine Katze stolpern sehen? Das tun die normalerweise nicht. Na ja, jetzt weiß sie es und passt auf, das dumme Vieh.«

Kaum zu glauben, aber wahr. Herr Obermeyer hatte es innerhalb von ein paar Sekunden geschafft, mir *noch* unsympathischer zu werden.

Ich verabschiedete mich von dem Ehepaar und erklärte, dass ich telefonisch einen weiteren Termin vereinbaren würde.

Und zwar einen, bei dem Herr Obermeyer nicht würde teilnehmen können, damit seine Frau endlich auch einmal etwas von sich geben konnte. Aber das sagte ich natürlich nicht.

Auf Herrn Obermeyers Einwand, es sei ja nun wirklich alles gesagt und somit unnötig, dass ich noch einmal vorbeikäme, erklärte ich, dass ich der Vollständigkeit halber eben noch »ganz kurz« Lena kennenlernen müsse. Das sei eben »Vorschrift« bei Gutachten.

Ja, stimmt. Das war Quatsch.

Ich hätte sagen sollen, dass ich natürlich noch ausführlich mit Lena sprechen müsse, denn um die ging es ja schließlich. Aber ich wollte einfach nur nach Hause.

Wie erwartet, maulte er noch ein wenig herum und machte sich über die »ewig vorschriftsgetreuen Weibchen der Gesellschaft« lustig, beließ es dann aber dabei und verabschiedete sich mit einem deutlich zu festen Händedruck von mir.

Mit einem sehr mulmigen Gefühl ging ich durch den Vorgarten zu meinem Auto. Auch wenn da jetzt natürlich keine Drähte gespannt waren und Herr Obermeyer ja auch keinen Grund hatte, auf mich zu schießen, blieb ein ungutes Gefühl. Vielleicht gingen solche Selbstschussdinger ja auch versehentlich einfach mal so los. Ohne Grund. Und dann ging es mir womöglich wie der Katze Minka …

Ich wäre am liebsten gerannt, hatte aber Sorge, dass mir einer oder beide Obermeyers womöglich hinterhersahen. Also lief ich betont gelassen den Weg zum rettenden Gartentor, stolperte natürlich über meine eigenen Füße und konnte mich gerade noch fangen. O Gott, beinahe wäre ich hingefallen und hätte dabei womöglich einen Draht erwischt und …

Ich ärgerte mich, dass ich mich so sehr vor dieser ominösen Anlage fürchtete.

Vielleicht hatte mich Herr Obermeyer ja auch veräppelt, und es gab gar kein Selbstschusszeugs vor seinem Haus. Ich war voll drauf reingefallen, und jetzt sah er mir nach und wartete darauf, dass ich panisch losrannte oder unter den nicht vorhandenen Drähten hindurch über den Boden robbte. Wobei, nein, wenn ich an Frau Obermeyer dachte, war mir klar, dass es diese Selbstschussanlage wirklich gab. Sie war wirklich böse gewesen wegen der Katze.

Unter normalen Umständen hätte ich das Jugendamt über die Selbstschussanlage informiert, aber in diesem Fall entschied ich mich dagegen. Herr Illgen würde vermutlich versuchen, sich einen Tunnel nach Australien zu graben, sich mit lautem »Lalalaichhörnixundbingarnichthier« die Ohren zuhalten und die Augen ganz fest zusammenkneifen oder etwas anderes Sinnloses tun. Ganz sicher aber würde er nichts unternehmen. Ich beschloss, den zuständigen Richter zu informieren, damit nicht nur ich Kenntnis von dieser meiner Ansicht nach doch äußerst fragwürdigen Art der Sicherung des Hauses hatte. Ich konnte mir nicht vorstellen, dass etwas Derartiges erlaubt war. Aber ich hatte ja auch nicht gedacht, dass man einfach so Selbstschussanlagen im Internet bestellen konnte …

Herr Weiß war ein äußerst gelassener und erfahrener Richter. Er lachte sogar ein wenig, als ich ihm von Herrn Obermeyers verschrobener Art der Beweisführung bezüglich Herrn Tempels Gefährlichkeit berichtete.

»Ich mache mir eine Notiz dazu und spreche den Anwalt der Obermeyers nachher mal drauf an. Ganz informell. Wir spielen zusammen Tennis. Mal sehen, was er dazu sagt. Zur Not müssen wir kurzfristig terminieren. Das geht natürlich nicht, dass der Herr Obermeyer Mensch und Tier in Gefahr bringt. Wenn es Handlungsbedarf gibt, sage ich Ihnen Bescheid, Frau Seeberg.«

Ich fühlte mich nach dem Telefonat erleichtert. Und ein bisschen herr-illgenig. Also, irgendwie armselig. Wie der Herr Illgen eben.

Ehrlich gesagt war ich nämlich in erster Linie froh, dass sich nun Herr Weiß um dieses Selbstschussgedöns kümmern würde und ich die Verantwortung dafür abgeben konnte.

Manchmal würde ich mich nämlich auch ganz gerne mal unter meinem Schreibtisch verstecken.

Und das war mir vor mir selbst peinlich.

Grmpf.

Drei Wochen später war ich wieder bei den Obermeyers. Es war gar nicht so leicht gewesen, einen Termin mit Frau Obermeyer *ohne* Herrn Obermeyer zu bekommen. Ich hatte ihr schließlich erklärt, dass ich *unbedingt* mit ihr alleine sprechen wolle, woraufhin sie erklärte, das werde nur gehen, wenn ihr Mann auf Dienstreise sei. Dies sei aber in einigen Wochen der Fall.

Den Weg durch den Vorgarten meisterte ich, indem ich mir einredete, dass Herr Obermeyer nicht ohne seine Selbstschussanlage verreiste und er sie deshalb garantiert kurzerhand in eine Reise-Selbstschussanlage umgebaut und mitgenommen hatte. (Vielleicht ist das ebenso eine Marktlücke wie die Barbie, die wütend werden kann?)

Ich war Zeus offenbar in positiver Erinnerung geblieben, denn er begrüßte mich freudig. Wie gesagt, ich liebe Hunde.

Aber eine Riesendogge, die vor Wiedersehensfreude an einem hochspringt und versucht, einen niederzuknutschen, ist sogar für einen Hundenarren wie mich eine Herausforderung.

Wobei man ja nicht wirklich von *hoch*springen reden konnte. Wenn Zeus sein Gehopse tatsächlich nach oben orientiert hätte, wäre er wohl über mich drübergesprungen.

Als Zeus und ich uns hinreichend versichert hatten, wie irre wir uns freuten, uns zu sehen, begrüßte ich Frau Obermeyer.

Ohne ihren Mann wirkte sie irgendwie … größer. Und sie zeigte sich viel offener als in seinem Beisein.

Alles in allem schien sie eine freundliche Frau zu sein. Es war kaum vorstellbar, dass sie tatsächlich diese beiden Kotzbrocken geheiratet hatte.

Nun ja, das gibt es ja häufig, dass Menschen bei der Partnerwahl mit erstaunlicher Zielsicherheit immer den gleichen (unpassenden) Typ aussuchen. In Frau Obermeyers Fall waren das eben Männer, die sich selbst gerne reden hörten, es mit der Wahrheit nicht allzu genau nahmen, sich ausschließlich für die eigenen Bedürfnisse interessierten und auf eine seltsame Art seelenlos wirkten. Kotzbrocken eben.

Als hätte Frau Obermeyer meine Gedanken gelesen, griff sie das Thema von sich aus auf.

»Ich weiß, dass mein Mann da eine Grenze überschritten hat, als er dem Dirk, also Lenas Vater, sexuellen Missbrauch vorgeworfen hat. Ich hab ihm gesagt, dass er damit nicht durchkommt und das lassen soll, aber er war so sauer über die Vorwürfe von Dirk … das stimmt übrigens nicht, dass mein Mann uns hier gefangen hält und dieser ganze Quatsch. Aber das haben Sie sich ja wahrscheinlich schon gedacht.«

Ja, hatte ich.

»Frau Obermeyer, ich wüsste gerne, was Sie zu den Umgangskontakten zwischen Lena und ihrem Vater denken.«

»Mein Mann will das nicht.«

»Das weiß ich schon. Aber ich weiß noch immer nicht, was *Sie* denken.«

Frau Obermeyer sah mich für einen winzigen Augenblick verwirrt an. So als könne sie nicht fassen, dass es tatsächlich um *ihre eigene* Meinung ging.

»Ich will das so, wie mein Mann das will«, erklärte sie dann.

So viel zu ihrer eigenen Meinung.

»Und wenn Ihr Mann nun sagen würde, dass es ihm egal wäre. Fänden Sie es dann in Ordnung, wenn Lena ihren Vater ab und zu sehen würde?«

Aber so leicht war Frau Obermeyer nicht zu knacken.

»Es ist ihm aber nicht egal. Wenn Lena den Dirk jetzt wieder besuchen soll, dann regt er sich furchtbar auf. Dann ist hier wieder so ein Stress. Das will ich nicht. Und das ist ja auch für Lena nicht gut.«

Frau Obermeyer war anzusehen, dass sie schon alleine die Vorstellung erheblich belastete.

Sie seufzte und sagte: »Ich weiß, dass mein Mann nicht ohne ist. Glauben Sie mir, Frau Seeberg. Ich weiß das. Er kann manchmal … also, er ist schon eigen und … na ja, wahrscheinlich mag ihn auch nicht jeder. Aber er ist Lena ein guter Stiefvater. Er kümmert sich um sie. Nicht nur finanziell. Er unterstützt sie auch, fährt sie zu ihren Hobbys und all so was. Er ist im Grunde seines Herzens ein guter Mann. Auch wenn das erst einmal nicht so wirkt, so auf den ersten Blick. Ich hab ihm das mit der Selbstschussanlage … also, ich konnte ihm das nicht ausreden, aber er hat sie jetzt zumindest ein bisschen entschärft.« Sie fing meinen zweifelnden Blick auf. »Wirklich! Ich hab ihn so sehr darum gebeten. Und dann hab ich ihm gesagt, er soll doch mal an Zeus denken. Wenn der uns mal nachts entwischt und dann was abbekommt … das hat ihn dann doch überzeugt.«

Sie seufzte noch einmal. »Und der Dirk …« Sie rang nach Worten. »Also, der Dirk, der … der ist eben einfach ein Depp!«

Ja, so konnte man das auch sagen.

Alles in allem war das Gespräch mit Frau Obermeyer wenig ergiebig. Sie blieb dabei, dass sie das wollte, was ihr Mann wollte. Nämlich, dass Lena keinen Umgang mit ihrem Vater haben und dieser einfach aus ihrer aller Leben verschwinden sollte. Das sei eben für alle besser so. Und Lena würde das bestimmt genauso sehen.

Auf meinen Einwand, dass Lena aber dem Richter gegenüber erklärt hatte, sie würde ihren Vater gerne ab und zu besuchen, erklärte Frau Obermeyer: »Ja, das hat sie gesagt, aber ich finde trotzdem, dass sie ihn nicht mehr sehen soll.«

Ich gab auf und beschloss, nun endlich mit dem Menschen zu sprechen, um den es hier ging.

Lena war recht zierlich für ihr Alter, trug Jeans und ein Holzfällerhemd und hatte ihre langen dunklen Haare zu einem Pferdeschwanz gebunden.

Ihr Zimmer war, wie nicht anders zu erwarten, riesig. Es war in Weiß und Fliederfarben gehalten und hatte große, bis zum Boden reichende Fenster. In der einen Ecke stand ein Himmelbett samt Kleiderschrank, am Fenster der Schreibtisch, und in der dem Bett gegenüberliegenden Ecke befand sich eine Sitzgruppe mit Sofa, Sesseln und einem Couchtisch. Darauf zeigte Lena einladend und erklärte, sie habe Tee gemacht, ob ich auch welchen wollte.

Wollte ich gerne.

Während ich ihr den Ablauf der Begutachtung erklärte, schenkte Lena mir ein, rückte die Zuckerdose in meine Nähe und lächelte mich an. »Ich weiß … ich kenne das ja von den anderen Gutachten schon.« Sie pustete sich eine Haarsträhne aus dem Gesicht, lächelte noch breiter als zuvor und sagte: »Ich hab eine ziemlich wahnsinnige Familie, gell?«

Ich musste ebenfalls lächeln. »Na ja, das ist jetzt vielleicht nicht der psychologische Fachausdruck, aber ich verstehe, was du meinst.«

»Psychologisch korrekt muss es wohl dysfunktional heißen, richtig?«

Ich sah sie erstaunt an, aber dann dämmerte es mir.

Lena grinste. »Ich hab die anderen Gutachten inzwischen natürlich gelesen.«

»Aber …«, begann ich.

»Ja, ich weiß. Da steht sogar in einem drin, dass die dem Kind, also mir, nicht zum Lesen gegeben werden sollen. Aber ich war sooo neugierig. Und dann hab ich vor einem Jahr oder so die Akten im Keller gefunden.«

O Gott …

»Lena, das muss …«

Sie unterbrach mich erneut. »Furchtbar gewesen sein? Nee, eigentlich nicht. Ich meine, da stand schon ab und zu was drin, was ich jetzt so noch nicht gewusst habe. Ich hab ja auch nicht alle Akten studiert. Da würde ich ja heute noch im Keller sitzen. Aber die Gutachten, die hab ich gelesen. Das fand ich schon interessant.« Lena lächelte. »Sie müssen sich da wirklich keine Sorgen machen. Ich bin ja kein Baby mehr.«

»Das bist du natürlich nicht, aber trotzdem ... da steht ja oft alles Mögliche drin, was die Eltern so über den jeweiligen Ex-Partner sagen ... oder in deinem Fall der Stiefvater und der Vater übereinander. Also, das ist ja nun wirklich nicht immer schön.«

Tatsächlich ist das ein echtes Problem. In Gutachten stehen die Ergebnisse der Exploration. Also natürlich auch, was die Eltern in den Gesprächen mit dem Sachverständigen gesagt haben. Und irgendwann bekommen die Kinder, um die es damals ging, die Gutachten dann womöglich in die Finger und lesen sie.

Ich habe das immer im Blick, wenn ich Gutachten schreibe, und es bringt mich regelmäßig zum Verzweifeln. Natürlich kann und darf man nichts beschönigen. Wenn eine Aussage, von der ich mir wünsche, dass die entsprechenden Kinder sie niemals lesen müssen, keinerlei diagnostischen Wert hat, dann lasse ich sie weg. Aber oft geht das nicht, denn es ist wichtig, die Aussagen der Eltern in all ihrer Klarheit dokumentiert zu haben.

Gleichzeitig sind diese Aussagen aber oft so drastisch, dass die entsprechenden Kinder sie niemals lesen sollten.

Ich weise in solchen Fällen zwar immer darauf hin, dass das Gutachten den Kindern nicht zugänglich gemacht werden darf, aber was hilft das, wenn es dann eben doch zu Hause rumliegt. Oder eben im Keller gefunden werden kann. Genau: nix.

Hierin liegt einer der Gründe, warum ich ein glühender Fan von lösungsorientierter Begutachtung bin. Wenn die Begutachtung nämlich zu einer einvernehmlichen Lösung führt, wird ein ausführliches schriftliches Gutachten in der Regel un-

nötig. Es reicht eine psychologische Stellungnahme, in der es in
erster Linie um die Einigung und den Ausblick in die Zukunft
geht. Das ist hilfreicher als jedes Gutachten. Und ich schreibe
eine solche zukunfts- und lösungsorientierte Stellungnahme
tausendmal lieber als ein Gutachten, bei dem sich verletzte Gefühle auf der einen oder sogar auf beiden Seiten häufig nicht
vermeiden lassen.

Und nun hatte Lena also die beiden Vorgutachten gelesen. Da
ich sie natürlich ebenfalls gelesen hatte, wusste ich, dass in ihnen das gesamte traurige Ausmaß gegenseitiger Vorwürfe und
Feindseligkeiten zu lesen war. Weder Herr Obermeyer noch
Herr Tempel kamen gut dabei weg, um es vorsichtig zu formulieren. Beide wurden so beschrieben, wie ich sie erlebt hatte: als
egozentrische Alphamännchen, denen es um sich und ihren
Konkurrenzkampf miteinander, nicht aber um Lena ging.
Und in der einen gutachterlichen Empfehlung stand noch
dazu, es sei fraglich, ob Frau Obermeyer sich gut um Lena
kümmere, da sie sich von ihrem Mann alles aus der Hand nehmen lasse. Auch Lenas Erziehung und Versorgung. Es werde
bezweifelt, dass Frau Obermeyer tatsächlich über eine hinreichende Erziehungskompetenz verfüge. Man rate dringend zu
einer Erziehungshilfe und einer ambulanten Therapie der Mutter, da Lena sonst höchstwahrscheinlich diverse psychische
Auffälligkeiten entwickeln werde.
Wie musste Lena sich gefühlt haben, als sie das gelesen hatte?
Auch vor dem Hintergrund, dass es weder eine Erziehungshilfe noch eine Therapie gegeben hatte …
Aber das Mädchen strahlte eine erstaunliche Gelassenheit aus.
»Muss ich jetzt eigentlich wieder diese ganzen Tests machen?«,
fragte sie mich. »Also, mir macht das nichts aus, aber ich kenn
die ja nun schon …« Sie sah mich entschuldigend an.

Ich musste lächeln.

»Nein, Lena. Keine Tests diesmal. Das wird nicht nötig sein. Weißt du, nachdem ja jetzt klar ist, dass weder die Vorwürfe deines Vaters noch die deines Stiefvaters der Wahrheit entsprechen, geht es ja – in Anführungszeichen – *nur* noch um die Umgangskontakte zwischen dir und deinem Vater. Wobei ich tatsächlich gerne noch wissen möchte, wie es dir so generell geht. Ich wüsste gerne, ob ich dir irgendwie helfen kann.«

Lena schaute kurz konzentriert und auch ein bisschen traurig in ihre Teetasse. Dann erschien wieder ein Lächeln auf ihrem Gesicht. »Also, mir geht's ganz gut eigentlich. Ich meine, klar nervt mich vieles und so, aber eigentlich ist alles so weit okay.«

»Na ja, ›so weit okay‹ klingt ja ganz gut, aber vielleicht können wir ja doch noch was verbessern, damit daraus ein ›richtig gut‹ werden kann. Wäre das in Ordnung für dich, wenn wir da mal zusammen überlegen, ob es etwas gibt, was wir tun können?«

Lena nickte und pustete über ihre Teetasse, die sie in beiden Händen hielt. Für einen Moment konnte ich sehen, dass sie doch nicht ganz so gelassen war, wie sie sich gab.

»Also, das mit meinem Vater …« Sie suchte nach Worten und pustete noch mal über den inzwischen bestimmt nur noch lauwarmen Tee. »Also, ich kenn den ja kaum. Ich meine, ich hab den schon immer wieder besucht, aber … also, wir haben irgendwie nicht so den Draht zueinander. Früher, wenn ich bei dem war, dann war seine Mutter, also meine Oma, auch da. Das war ganz nett. Die hat immer mit mir gebacken und gebastelt und so. Aber die ist vor fünf Jahren gestorben. Und seitdem seh ich meinen Vater auch seltener. Er ist ja dann nach Bremen gezogen, und das ist ja schon ganz schön weit und … also, ich weiß immer gar nicht, was ich mit dem machen soll, wenn wir uns sehen. Er fragt mich immer nur aus nach Mama und Walter, also meinem Stiefvater. Wie es mir geht, will er gar nicht wissen. Macht ja auch nichts, weil, also, ganz ehrlich? Mich interessiert ja auch nicht so recht, wie es ihm geht. Ich weiß, das ist irgendwie schlimm, aber ich mag den eben nicht so wirklich. Der erzählt immer nur stinklangweilige Sachen von seiner Arbeit oder Leuten, die ich gar nicht kenne. Und wir sitzen immer nur rum und … also, als ich gesagt habe, dass ich den so ab und zu besuchen könnte, damit hab ich gemeint, na ja, ab und zu eben. Also, ganz manchmal. Ich will nicht sagen, dass ich den nie wiedersehen will. Das fände ich gemein. Und auch doof irgendwie. Kann ja sein, dass er sich irgendwann ändert oder so. Er ist ja nicht böse oder gemein oder irgendwas. Also, zu mir nicht. Echt nicht. Nur eben … doof irgendwie. Der tut mir irgendwie leid, weil … also, der ist ja nicht glücklich mit seinem Leben und sich selber und so … und deshalb mag ich nicht sagen, dass ich den gar nicht mehr besuchen will. Das fände ich fies von mir. Aber ich will den eben auch nicht oft besuchen. Also, so was wie jedes zweite Wochenende? Nee, also wirklich nicht!« Lena schüttelte empört den Kopf.

»Und soll ich Ihnen was sagen? Wenn ich jetzt jedes zweite Wochenende bei meinem Vater wäre, das würde dem gar nicht gefallen. Der will mich ja genauso wenig sehen wie ich ihn. Da bin ich mir ganz sicher. Irgendwie geht's ja doch nur immer um Mama oder eher um Walter. Das neeeervt!« Lena verdrehte die Augen und sah mich in komischer Verzweiflung an. Dann musste sie schon wieder lächeln.

»Aber meine Mama, die ist gar nicht so, wie in den Gutachten stand. Oder wie viele meinen. Die ist superlieb zu mir. Und sie sagt mir auch immer … ähm, Sie schreiben das jetzt nicht alles in das Gutachten, oder? Also, ich meine …« Sie stockte und sah mich unsicher an.

»Nein, Lena, ich schreib nicht alles in das Gutachten. Aber wenn etwas wichtig ist für das Gericht, dann muss ich das reinschreiben. Dann darf ich das nicht für mich behalten. Das meinte ich vorhin, als ich dir das mit der Schweigepflicht erklärt habe. Ich darf zwar beispielsweise deinen Nachbarn nichts von unserem Gespräch erzählen, dem Richter *muss* ich aber alles erzählen, sofern es für den Fall wichtig ist. Deshalb kann ich dir im Voraus nicht versprechen, dass ich etwas ganz für mich behalten werde. Das kommt darauf an, was du mir erzählst. Ich kann dir aber so viel sagen: Ich bin sehr bemüht, zu vermeiden, dass es wegen dem, was ich später in das Gutachten schreibe, noch mehr Konflikte gibt als ohnehin schon. Ich weiß nicht, ob dir das hilft …«

»Doch, ich glaub schon. Und eigentlich wäre es ja irgendwie auch ganz gut, wenn Sie alles reinschreiben. Oder, besser noch, wenn ich das alles mal sagen könnte.« Sie schaute mit leicht verwundertem Gesichtsausdruck in ihren Tee.

Als sie wieder aufsah, bemerkte ich einen entschlossenen Zug um ihren Mund, der sie mit einem Mal sehr erwachsen aussehen ließ.

»Frau Seeberg …?«

»Ja?«

»Ich glaub, das wär eine gute Idee.«

»Was genau meinst du?«

»Also, wenn ich das einfach alles mal sagen würde. Denen allen. Also, vor allem meinem Vater und meinem Stiefvater. Meinen Sie, das geht?«

»Klar geht das. Wenn du das wirklich willst und dir zutraust, warum nicht? Und wenn du magst, bin ich gerne dabei und helfe dir ein bisschen.«

Lena kaute an ihrer Unterlippe.

»Ja, ich glaube, das find ich gut.«

»Lena, wir können es so machen: Du erzählst mir, was du gerne loswerden willst, und dann überlegen wir zusammen, was oder wie du das den Erwachsenen sagen kannst. Wie wäre das? Und wenn du vor dem Gespräch doch noch kalte Füße bekommst, dann kann ich immer noch alles als Gesprächsprotokoll ins Gutachten schreiben.«

Da erschien wieder das Lächeln auf Lenas Gesicht.

»Ja, das klingt prima.«

Und dann erzählte Lena.

Sie sagte sehr viele nette Dinge über ihre Mutter. Zuerst hatte ich den Eindruck, sie versuchte die beiden anderen Gutachten zu relativieren. Aber ich bemerkte schnell, mit wie viel aufrichtiger Liebe sie von ihrer Mutter sprach und wie Lena alleine das Sprechen über sie entspannte. Offenbar hatten die beiden ein sehr inniges und gutes Verhältnis. Lena beschrieb zwar, dass sie es nicht verstehe und auch überhaupt nicht möge, dass ihre Mutter Herrn Obermeyer so viel bestimmen lasse und dabei so oft zurückstecke. Aber wenn es um sie, Lena, ging, fühle sie sich immer unterstützt von ihrer Mutter. »Da ist es dann gar nicht so, dass sie den Walter bestimmen lässt. Das, was da in dem einen Gutachten steht, das stimmt nicht. Da hab ich mich schon ziemlich aufgeregt, als ich das gelesen habe. Der Walter lässt es zwar immer so aussehen, als würde er alles bestimmen, aber was mich betrifft, da hat meine Mutter das Sagen. Und das sieht er inzwischen auch ein. Er wollte zum Beispiel unbedingt, dass ich Tennis spiele, weil da lauter wichtige Leute in dem blöden Tennisclub sind und so. Ich wollte aber eben Parkour machen. Wissen Sie, das, wo man so über Hindernisse springt, in der Turnhalle, aber eben auch in der Stadt und sonst wo …« Ich nickte. Diese Sportart kannte ich. Und fand sie großartig. Dass sie Herrn Obermeyer nicht elitär genug war, konnte ich mir gut vorstellen.

»Ja, und da hat sich Mama sofort durchgesetzt. Das war auch so, als ich gesagt habe, dass ich nicht konfirmiert werden will, weil

161

ich sowieso aus der Kirche austrete, sobald ich 18 bin. Da hat sie mich auch unterstützt und dem Walter gesagt, dass das meine Entscheidung wäre und sie mich zu nix zwingen würde.«

Lena sah mich ein wenig traurig an. »Ich weiß, dass meine Mutter immer so wirkt, als würde sie den Walter alles bestimmen lassen. Das ist ja auch in ganz vielen Bereichen so, aber eben nicht, was mich betrifft.«

Ich wollte gerade anmerken, dass sie aber bei der Umgangsregelung zwischen Lena und ihrem Vater sehr wohl das wollte, was auch ihr Mann bevorzugte, und eben nicht das, was Lena als ihren Wunsch formuliert hatte, da griff Lena das Thema von sich aus auf.

»Nur was Papa betrifft. Also, den findet Mama eben so richtig, richtig blöd. Noch blöder, als sie den Walter findet. Und da …« Erschrocken hielt sie inne.

»Das dürfen Sie auf keinen Fall schreiben!«

Lena war nun regelrecht in Panik.

»Keine Sorge, Lena, das muss ich nicht ins Gutachten schreiben. Aber sag mal, deine Mutter und Herr Obermeyer … also, wollen die sich trennen? Das ist jetzt für das Gutachten gar nicht wichtig, ich denke nur … also, wenn das so wäre, braucht deine Mutter da vielleicht Unterstützung?«

Lena schüttelte den Kopf.

»Nee, so ist das nicht. Meine Mutter findet nur … also, die findet gut, dass der Walter uns versorgt, also so rein finanziell. O Mann, das klingt ja, als wäre meine Mutter eine … eine Prostituierte. So ist das nicht. Sie liebt ihn nur nicht. Das hat sie mir mal gesagt. Sie findet ihn okay. Und manchmal blöd. Zum Beispiel das mit der Selbstschussanlage, die Minkas Auge zerschossen hat. Oder dass er genau wie mein Vater so einen Scheiß, 'tschuldigung, so einen Mist bei Gericht rumgelogen hat. Das findet sie richtig, richtig blöd. Aber sie sagt, sie will

162

bei ihm bleiben. Weil er uns ja auch hilft und weil er kein schlechter Mensch ist. Das sagt sie immer. Er ist kein schlechter Mensch.«

Lena schenkte mir und sich selbst Tee nach.

»Das ist doch bekloppt, finden Sie nicht auch? Man kann doch nicht mit jemandem verheiratet sein, weil er kein schlechter Mensch ist!« Sie schüttelte vehement den Kopf.

»Und das hab ich meiner Mutter auch so gesagt. Also, dass ich das blöd finde und niemals so machen würde. Und wissen Sie, was sie gesagt hat? Dass sie dann ja alles richtig gemacht hat.« Lena lachte ein wenig.

»So ist meine Mutter. Sie spinnt eben auch ein bisschen. Aber sie liebt mich und will nur das Beste für mich. Und das finde ich so wahnsinnig lieb von ihr. Wenn der Walter nicht da ist, dann machen wir ganz viele schöne Sachen miteinander. Deshalb geht es mir ja gut, obwohl mein Vater und der Walter so bescheuert sind. Mit meiner Mutter ist es echt richtig schön. Und wenn der Walter da ist, dann isses auch manchmal ganz nett. Der kann sehr lustig sein. Also, nicht nur unfreiwillig.« Sie grinste breit.

Dann wurde Lenas Gesichtsausdruck ernst, und sie sah mit einem Schlag wieder erschreckend erwachsen aus.

»Meine Mutter sagt immer, ich soll an das leere Boot denken, wenn ich mich aufrege. Kennen Sie diese Geschichte vom leeren Boot?«

Ich schüttelte den Kopf.

»Das ist so ein Zen-Dings. Also, die kann man sicher googeln oder so. Bei Facebook hab ich die auch schon ein paarmal gelesen. Sie kennen die echt nicht?«, fragte sie mit hochgezogenen Augenbrauen.

Und dann lächelte sie ein wenig unsicher, weil ich sie so erwartungsvoll ansah.

»Ja, oder ich kann sie jetzt auch in meinen Worten …«

»Ja, bitte, Lena. Das fände ich schön.« Ich nickte ihr aufmunternd zu.

»Also, ähm, die geht so: Also, da sind ein Schüler und ein Meister, also der Zen-Meister. Und der Schüler will wissen, wie er besser damit umgehen kann, wenn er wütend wird auf irgendwas oder irgendwen. Und da sagt der Meister, dass er sich vorstellen soll, dass er mit seinem Boot auf einem See unterwegs ist und sein Boot am Tag vorher ganz mühevoll neu gestrichen hat. Und dann, ach so, es ist neblig auf dem See. Und dann taucht aus dem Nebel ein Boot auf und fährt genau auf das Boot von dem Schüler zu, und der denkt sich, dass das ganz schön unverschämt ist, dass das andere Boot einfach auf ihn zufährt. Und dann fährt das Boot voll gegen das Boot vom Schüler und macht eine riesige Schramme in das Boot, so dass die ganze mühsam aufgepinselte Farbe abgeht und so. Da wird der Schüler dann total wütend. Ist ja klar. Er schimpft und ist voll sauer, dass der andere Bootsfahrer absichtlich sein Boot gerammt und zerschrammt hat. Und dann, also, dann sieht er erst, dass das Boot leer ist. Weil es so neblig war, hat er das vorher gar nicht bemerkt. Na ja, und jetzt sieht er also, dass das Boot ihn ja gar nicht absichtlich gerammt hat. War ja keiner drin. Und dann erklärt der Meister dem Schüler, dass es ihm dann ja nicht mehr so wichtig sein muss, sich aufzuregen. Niemand wollte ihn absichtlich rammen, man muss also auf niemanden wütend sein und kann sich einfach denken: Ach, egal, dann streiche ich das Boot eben irgendwann wieder neu.

Und der Schüler, der sagt, dass er sich aber trotzdem total ärgern würde, auch wenn er sehen würde, dass da niemand im Boot sitzt. Und dann sagt der Meister, dass das auch ganz normal ist, der Schüler aber eben üben soll. Dass er sich immer wieder vorstellen soll, dass das leere Boot schuld ist. Und dass es totaler Quatsch ist, weiter wütend zu sein. Dass das nix bringt.

Also, der hat das sicher anders gesagt, aber das ist eben die Geschichte. Dass man bei allem, was einem passiert, sich vorstellen soll, dass einen ein leeres Boot gerammt hat, und wenn man das übt und richtig macht, dann regt einen das nicht mehr auf.« Lena sah mich erwartungsvoll an.

»Mir hat die Geschichte sehr gut gefallen. Vor allem, weil sie kein Meister erzählt hat, sondern du«, sagte ich.

Lena freute sich sichtlich. »Ja, und wenn der Walter dann mal wieder einen Egoanfall bekommt oder sich sonst wie komisch benimmt, dann schauen meine Mutter und ich uns an und wissen, dass wir beide gerade an das leere Boot denken.« Lena kicherte. »Das muss aber echt nicht ins Gutachten, oder?«

»Nein«, beruhigte ich sie. »Das muss es nicht. Aber ich bin sehr froh, dass du es mir erzählt hast. Für mich ist nun einiges klarer.«

Lena lächelte. »Ehrlich gesagt glaub ich nicht, dass diese Geschichte bei meinem Vater oder Walter zu irgendwas führen würde. Ich mag lieber, dass das zwischen meiner Mutter und mir bleibt.«

»Das verstehe ich sehr gut, Lena. Und das wird auch so bleiben. Es sei denn, du entscheidest dich irgendwann dazu, deinem Vater oder Stiefvater davon zu erzählen. Und wegen der Umgangsregelung, also, wir können gerne ein gemeinsames Gespräch mit deinem Vater, deiner Mutter und deinem Stiefvater führen, in dem du dann mal alles sagen kannst, was dir so auf der Seele liegt.«

Lena zog ihre Stirn kraus. »Ja, das wär schon gut irgendwie, aber ich glaub, dann brüllen die nur rum, und es bringt nix. Also, mein Vater und Walter brüllen rum. Meine Mutter nicht. Und ich auch nicht. Und Sie ja wohl auch nicht, oder?« Sie grinste. »Obwohl das vielleicht ganz gut wäre, wenn Sie dann einfach mal zurückbrüllen würden.« Sie kicherte.

»Ich weiß nicht, Lena. Das würde ich dann doch lieber den beiden überlassen. Am liebsten wäre mir aber, wenn gar keiner brüllt. Ich glaube, ich habe auch schon eine Idee, wie wir das machen könnten ...«

Lena und ich redeten dann noch einmal über ihre Wünsche zum Umgang und ihre Befürchtung, dass danach alles womöglich noch schlimmer kommen könnte. Ich konnte Lena nicht versprechen, dass nach einem klärenden Gespräch alles gut sein würde. Aber ich war mir ziemlich sicher, dass es sowohl ihr selbst als auch den anderen Beteiligten guttäte, wenn Lena einmal selbst aussprach, was sie dachte und fühlte.

Der beste Rahmen dafür schien der Gerichtssaal.

Nun ist es normalerweise so, dass die Sachverständige ein Gutachten schreibt, das in mehreren Ausführungen an das Gericht verschickt wird. Das Gericht wiederum verteilt das Gutachten dann an die jeweiligen Anwälte, das Jugendamt und an alle, die sonst noch am Gerichtsverfahren beteiligt sind. Die Anwälte haben dann Zeit und Gelegenheit, das Gutachten in Ruhe zu lesen, mit den Eltern zu besprechen und je nach Inhalt entweder einen »Hab ich doch immer gesagt«- oder einen »So ein Quatsch. Die Sachverständige ist total unfähig und hat keine Ahnung«-Schriftsatz zu schreiben. Und dann erst wird der Termin für die Gerichtsverhandlung festgelegt.

Manchmal gibt es aber auch die Möglichkeit, ein Gutachten mündlich im Rahmen eines vorgezogenen Gerichtstermins zu erstatten. Das hat den immensen Vorteil, dass es natürlich nicht im Entferntesten so ausführlich ist. Und falls das mündliche Gutachten ausreicht und man im Gerichtstermin zu einer Einigung findet, ist das für alle Beteiligten großartig. Es gibt kein schriftliches Gutachten, in dem Dinge stehen, über die sich die Beteiligten ärgern müssen und die zu noch mehr Konflikten führen können. Eine gemeinsam gefundene Lösung ist immer besser als ein Gerichtsurteil, das dann mindestens einem der Beteiligten nicht gefällt. Und hinzu kommt, dass es mir als Sachverständigen Arbeit spart und ich mich schneller um den nächsten Fall kümmern kann. Außerdem spart das Gericht Kosten.

Eine perfekte Lösung, wenn es denn funktioniert. Eine Win-win-Situation, wie sie im Buche steht.

Herr Weiß terminierte zügig, und schon zwei Wochen später fand der Gerichtstermin statt. Ich hatte ihn zuvor darüber informiert, dass Lena gerne etwas sagen würde und auf seine Unterstützung baute, falls es laut oder sonst wie ungemütlich werden sollte. Ich wusste, dass Herr Weiß da genau der Richtige war. Bei ihm konnte man sich – im Gegensatz zu so manch anderen Richtern – darauf verlassen, dass die Verhandlungen nicht aus dem Ruder liefen.

Als ich am Gerichtssaal ankam, waren schon alle da. Herr und Frau Obermeyer mit ihrem Anwalt, Herrn Lehnert, den ich als angenehm gelassenen Mann kennengelernt hatte, Herr Tempel mit einer mir unbekannten Anwältin sowie Herr Illgen, der so aussah, wie ich ihn mir vorgestellt hatte: schmächtig, verhuscht und mit Händen, die ständig fahrig an irgendetwas herumnestelten. Lena wartete mit einer Freundin ihrer Mutter in der Cafeteria.

Herr Lehnert sprach gerade leise, aber sehr eindringlich mit Herrn Obermeyer, während Frau Obermeyer peinlich berührt zu Boden sah. Herr Tempel wurde von seiner Anwältin ein Stück weit den Flur hinuntergezogen, weshalb ich davon ausging, dass es schon zum ersten Wortgefecht zwischen den beiden Herren gekommen war. Zum Glück erschien in diesem Augenblick auch schon Herr Weiß und bedeutete uns, dass die Verhandlung beginnen könne.

Herr Obermeyer und Herr Tempel versuchten tatsächlich, sich im selben Moment durch die Tür zu quetschen, und rempelten sich dabei kräftig an. Fehlte nur noch, dass sie sich während der Verhandlung mittels Kugelschreiberhüllen mit spucke-feuchten Papierkügelchen beschossen. Sie benahmen sich wie vorpubertäre Jungs. Wie *doofe* vorpubertäre Jungs.

Ich bin sicher, sie hätten sich auch um einen Sitzplatz gekloppt, hätten ihre Anwälte nicht reagiert und sie an jeweils unter-schiedliche Plätze gebeten.

Nun saßen sie sich gegenüber, und ich wünschte mir zum wie-derholten Male eine weniger frontale Tischanordnung in Ge-richtssälen. Ein runder Tisch würde vieles erleichtern. Aller-dings sollte dieser eine gewisse Größe haben, sonst hätten Menschen wie Herr Obermeyer und Herr Tempel ja die Mög-lichkeit, sich unterm Tisch gegen die Schienbeine zu treten …

Ich nahm neben Herrn Illgen auf einem Stuhl an der Rück-wand des Saales Platz. Und rückte gleich ein Stück weg, um den größtmöglichen Abstand zwischen uns zu bringen. Herrn Illgens Deo hatte versagt. Außerdem ließ er sein linkes Bein so schnell und ausdauernd auf und nieder hopsen, dass ich un-weigerlich an den Duracellhasen denken musste. Ein Dura-cellbein … der ganze Mann war ein einziges übelriechendes Nervenbündel. Hätte er sich nicht krankmelden können?

Ich ging davon aus, dass er ohnehin kaum bis gar nicht hilf-reich sein würde, und bemühte mich, ihn einfach auszublen-den.

Herr Weiß eröffnete die Verhandlung, und nachdem die For-malitäten erledigt waren, erklärte er, Lena auf ihren eigenen Wunsch hin dazuholen zu wollen.

»Einspruch, Euer Ehren!« Herr Tempel war aufgesprungen und hatte offenbar zu viele amerikanische Filme geschaut.

Seine Anwältin zupfte ihn mit einem entschuldigenden Blick zum Richter am Ärmel.

»Lassen Sie mich! Ich kenne meine Rechte!« Herr Tempel entzog ihr seinen Arm und zeigte dann drohend auf Herrn Obermeyer. »Dieser Unmensch hat meine Tochter dazu gezwungen und ihr irgendwelches wirres Zeug eingeredet! Ich erhebe Einspruch!«

Wenn Herr Tempel stand, musste selbstverständlich auch Herr Obermeyer aufstehen. War ja klar.

Er hatte sich langsam erhoben (ziemlich sicher in der Hoffnung, dadurch bedrohlicher zu wirken als ohnehin schon) und zeigte ebenfalls mit dem Finger auf sein Gegenüber. Allerdings hatte er keinen Text aus amerikanischen Filmen parat, sondern lediglich ein: »Du Wurstnase, setz dich gefälligst wieder hin und halt dein dreckiges Lügenmaul! Wenn hier jemand Lena irgendwas eingeredet hat, dann ja wohl du, du alter Kinderschänder!«

Herr Weiß ließ kurzerhand einen dicken Gesetzestext auf seinen Richtertisch fallen und erhob sich ebenfalls. Allerdings ohne mit dem Finger auf irgendjemanden zu zeigen.

»Sie beide setzen sich sofort hin und sind still!«

Die beiden holten synchron Luft, wurden aber von ihren jeweiligen Anwälten pantomimisch eindringlich dazu aufgefordert, dem Richter jetzt nicht zu widersprechen. Tatsächlich setzten sie sich – wenn auch widerwillig – wieder auf ihre Stühle, nur um ihr albernes Alphamännchenspiel mit Blicken fortzusetzen. Aber dabei störten sie wenigstens nicht groß.

Herr Weiß erklärte mit sonorer Stimme, dass er keine weiteren Anfeindungen und Beschuldigungen mehr dulden würde. »Ich erwarte, dass alle Beteiligten nun in angemessener Form miteinander umgehen und nur dann etwas von sich geben, wenn sie darum gebeten werden. Bei Zuwiderhandlung werde ich nicht zögern, sehr harte Konsequenzen folgen zu lassen.« Er sagte nicht, welche Konsequenzen, was ich klug fand.

Es wurde die anwesende Gerichtspraktikantin geschickt, um Lena zu holen, und der Richter nutzte die Zeit, um noch einmal deutlich zu machen, dass er wirklich keinerlei Unterbrechung dulden würde, während Lena sprach. Kei-ner-lei! Ich schickte ein dankbares Lächeln zu Herrn Weiß.

Ohne ihn als zuständigen Richter hätte ich Lena möglicherweise abgeraten, sich zu Wort zu melden. Aber so konnte ich sie guten Gewissens bestärken.

Lena und ich hatten am Vorabend fast zwei Stunden geskypt und noch einmal alles in Ruhe durchgesprochen. Wir hatten Zeichen ausgemacht, falls es ihr zu viel wurde, und ich hatte ihr noch einmal gesagt, dass ich ihren Mut bewunderte und fand, dass sie genau das Richtige tat.

Als Lena in den Gerichtssaal kam, war sie bleich und sah so angespannt aus, dass ich kurz zweifelte und mir Vorwürfe machte, sie womöglich überfordert zu haben, indem ich sie bestärkt hatte.

Als sie sich neben mich setzte, drückte ich unauffällig ihre Hand. Sie war schweißnass, aber ihr Lächeln war echt.

Ich atmete ein wenig auf.

Herr Weiß erteilte ihr recht feierlich das Wort, und Lena begann mit gesenktem Kopf zu sprechen. Sie sprach so leise, dass man fast den Atem anhalten musste, um sie hören zu können.

»Ich weiß, ich bin erst fünfzehn und ja noch ein Kind. Mir ist klar, dass nicht ich zu bestimmen habe, sondern ihr Erwachsenen. Aber ich wünsche mir, dass ihr mir zumindest zuhört. Denn es geht ja um mich.«

Diese Einleitung hatte sich Lena gestern aufgeschrieben und sie auswendig gelernt. Sie brauchte das als Halt. Genau wie ihre Karteikarten mit Stichpunkten, die sie in ihrer Hosentasche hatte. Für alle Fälle.

»Es geht um mich, aber niemand von euch sieht mich. Ich habe das Gefühl, als wäre ich unsichtbar für euch. Als würdet ihr nur euch sehen. Euch und euren Streit miteinander.«

Mittlerweile war es totenstill im Gerichtssaal. Sogar Herr Illgen hatte aufgehört, mit seinem Duracellbein herumzuzappeln.

Lena schluckte laut. Sie stockte, und ich befürchtete schon, sie hätte den Faden oder gar ihren Mut verloren. Da sprach sie weiter.

Diesmal sah sie kurz auf und blickte sowohl ihren Vater als auch ihren Stiefvater kurz an.

»Es geht schon lange nicht mehr um mich bei eurem Streit. Vielleicht hat es das nie getan. Das weiß ich nicht. Aber eins weiß ich: Das muss aufhören!«

Lena wurde lauter, aber im Saal blieb es mucksmäuschenstill. Sehr gut. Ich atmete tief durch und hatte das Gefühl, tatsächlich die ganze Zeit die Luft angehalten zu haben.

»Ihr tut immer so, als würde euch so wahnsinnig viel an mir liegen … aber ich glaube, das stimmt gar nicht. Wenn das nämlich wahr wäre, dann würdet ihr auch mal schauen, wie es mir geht.« Sie sah wieder auf. Diesmal mit einem trotzigen Gesichtsausdruck.

»Mir geht es beschissen! Papa, du fragst mich dauernd nur aus, um irgendwas zu finden, was du Mama und Walter vorwerfen kannst! Das find ich so zum Kotzen!«

Ich sah, wie sich ein selbstgefälliges Grinsen auf Herrn Obermeyers Gesicht stahl.

Mag sein, dass auch Lena das bemerkt hatte oder sie nur per Zufall ein gutes Timing bewies.

»Und du, Walter, du hackst ständig auf Papa rum. Ja, er hat nicht so viel Geld wie du. Als ob das alles wäre! Er ist doch mein Vater! Was glaubst du, wie es mir geht, wenn du ihn dauernd so schlechtmachst?« Eine Träne rollte ihr die Wange runter. Lena wischte sie ärgerlich weg.

»Ich weiß, dass es hier um das Kindeswohl gehen soll. Um *mein* Wohl! Aber keiner von euch hat mich mal gefragt, was ich mir wünsche oder was ich denke, was zu meinem Wohl wäre! Keiner von euch! Weil ihr nur euch seht. Nur euer Rechthaben, euer Bessersein als der andere. Weil ihr gewinnen wollt. Was denn eigentlich?«

Sie schluchzte, und ich legte ihr beruhigend die Hand auf den Arm. Sollte ich vielleicht jetzt unterbrechen und für Lena sprechen? Ich sah, wie Lena litt, und hatte das Gefühl, das beenden zu müssen. Aber Lena hatte unser vereinbartes Zeichen nicht benutzt. Wenn ich sie ernst nehmen wollte, dann sollte ich sie also machen lassen.

Aber was, wenn sie das Zeichen aufgrund der Belastung nur vergessen hatte? Ich wurde immer unsicherer, und mit jedem Schluchzer von Lena fühlte ich mich mehr verantwortlich für ihren Schmerz.

»Lena?«, fragte ich flüsternd.

Sie schüttelte den Kopf, wischte sich mit der Hand über das Gesicht und holte tief Luft.

»Wir sind alle hier. In diesem Gerichtssaal. Schon zum was-weiß-ich-wievielten Mal. Glaubt ihr, da kann man noch davon reden, irgendwas zu gewinnen? Wir haben doch alle längst verloren.« Sie sah ihren Vater und ihren Stiefvater herausfordernd an.

»Vielleicht könnt ihr ja gar nicht aufhören zu streiten. Keine Ahnung. Aber wenn ihr in Zukunft weiterstreiten wollt, dann lasst mich da raus! Ich wollte noch nie der Grund dafür sein, dass ihr euch beleidigt und Vorwürfe macht. Was ich wollte, ist …« Lenas Stimme versagte. Ich sah sie fragend an, aber sie schüttelte abermals den Kopf.

Lena atmete erneut tief durch. Dann senkte sie den Kopf, als sie, wieder recht leise, zu sprechen begann.

»Was ich mir wünsche, ist eine Familie.« Dicke Tränen tropften vor ihr auf den Boden.

Lena gab keinen Laut von sich, aber ihre Schultern bebten.

»Ihr seid doch alle meine Familie. Wir … wir sind doch … eine Familie.«

Die letzten Worte waren kaum zu hören, so leise sprach sie. Und doch war ich sicher, dass jeder der Anwesenden sie verstanden hatte.

Lenas Mutter putzte sich geräuschvoll die Nase, und ich hatte inzwischen auch einen dicken Kloß im Hals.

»Ich weiß nicht, wie das ist, wenn man erwachsen ist. Vielleicht ist das so schwierig, dass ihr gar nicht anders könnt, als euch so komisch herumzustreiten. Aber vielleicht könnt ihr euch mal versuchen vorzustellen, wie *ich* mich fühle.«

Sie wandte sich nun direkt an ihren Vater und sah ihn an, als wären nur sie beide im Raum.

»Ich hab dich lieb, Papa. Ich find dich oft seltsam und manchmal sogar blöd, aber ich hab dich trotzdem lieb. Ich mag auch gern zu dir Kontakt haben, aber nicht an jedem zweiten Wochenende. Und auch nicht mehr so, wie das bisher war. Wenn wir uns sehen, will ich, dass *wir* was miteinander unternehmen. Und ich will, dass es dann um nichts anderes geht. Nur um uns. Ich weiß nicht, ob du das kannst. Aber ich wünsch mir das. Vielleicht könnten wir ja erst mal skypen oder chatten oder so. Und dann weitersehen.«

Zu meinem Erstaunen stimmte Herr Tempel sofort zu, indem er stumm nickte.

Lena lächelte ihn an. »Abgemacht?«

Er nickte erneut, und ich sah, dass er Tränen in den Augen hatte.

»Danke, Papa!« Lena strahlte.

Dann wandte sie sich an ihren Stiefvater.

»Weißt du was, Walter? Du kannst ein echter Kotzbrocken sein.«

Lenas Mutter hielt sich erschrocken die Hand vor den Mund und sah ihren Mann an. Aber der grinste nur.

Lena fuhr fort: »Du benimmst dich manchmal echt daneben. Aber ich mag dich. Ich glaub nämlich, dass du gar nicht so übel bist. Sonst hätte dich Mama nicht geheiratet.« Sie lächelte ihre Mutter an.

Ich war unendlich erleichtert und stolz. Lena hatte es tatsächlich geschafft.

Alles, was sie mir im Termin zuvor erzählt hatte und was ihr so wichtig gewesen war, loszuwerden, hatte sie gesagt.

Was für ein beeindruckendes Mädchen!

Ich lächelte ihr zu, aber Lena schaute nicht zu mir, sondern starr geradeaus.

»Die ist nämlich toll, meine Mama.« Das sagte sie mit Nachdruck und sah dabei den Richter an. »Schreiben Sie das auf, bitte. Meine Mutter ist super! Und es ist überhaupt nicht so, dass sie mich nicht erziehen kann oder so was. Sie macht das alles ganz, ganz toll, und ich kann mir keine bessere Mama wünschen. Ich weiß, dass dieser eine Sachverständige das anders gesehen hat, aber er hat nicht recht. Ich hab recht. Ich bin schließlich ihre Tochter. Ich muss es doch wissen. Meine Mutter ist eine tolle Mutter. Bitte … ich möchte gerne, dass das irgendwo steht. Geht das?«

Herr Weiß lächelte und nickte.

»Ja, dann …« Lena wurde auf einmal sehr fahrig und zittrig.

Mir ging es ähnlich. Die Anspannung verschwand, und das große Zittern machte sich breit. Ich versuchte krampfhaft, nicht zu blinzeln, weil ich nun wirklich nicht im Gerichtssaal

weinen wollte. Aber obwohl ich es schaffte und wahrscheinlich ein bisschen doof aussah, wie ich so krampfhaft meine Augen offen hielt, liefen mir zwei dicke Tränen die Wange herunter. Meine Augen waren schlicht und ergreifend übergelaufen.
Aber niemand achtete auf mich. Jeder hier im Saal hatte nur
Augen für Lena.

Die knetete ihre Hände, strich sich dann eine Haarsträhne aus
dem Gesicht und begann noch einmal, leise zu sprechen.

»Ich … also, ich hab, glaube ich, jetzt alles gesagt. Also, dann …
dann wird jetzt alles … gut?«

Sie sah fragend in die Runde.

Und alle Anwesenden nickten.

Das muss lustig ausgesehen haben, aber wir waren alle zu ge-
rührt und ich persönlich zu sehr damit beschäftigt, weitere
Tränen zurückzuhalten, um es zu bemerken.

Herr Weiß ordnete dankenswerterweise eine Pause von 10 Minuten an, so dass Lena in die Arme ihrer Mutter fallen und sich
noch einmal richtig ausweinen konnte. Einfach, weil der Druck
und die Anspannung nun nachließen und sie selbst noch gar
nicht fassen konnte, dass sie es tatsächlich durchgezogen hatte.
Nachdem ich erkannte, dass Lena sicher im Arm ihrer Mutter
war, beeilte ich mich, um auf der Damentoilette kurz ein wenig
kaltes Wasser in mein Gesicht zu klatschen. Aus der Kabine
hörte ich dabei ein lautstarkes Schneuzen. Das war sicher
Herrn Tempels Anwältin. Ich musste lächeln.

Was sind wir doch alle verklemmt.

In einem südländischen Gerichtssaal hätten sich wahrscheinlich alle weinend und lachend in den Armen gelegen und anschließend an einer riesigen Tafel im Freien gespeist, Wein getrunken und bis in die Nacht unter großen Bäumen mit bunten
Lampen geschmaust und gelacht. Vielleicht sehe ich aber auch
nur zu viele Filme mit Happy End und Sommerflair. Mag sein.

Ich beeilte mich und tupfte mein Gesicht ab. Ein wenig mitgenommen sah ich schon aus, aber was soll's.

Ich wollte schnell wieder zu Lena. Wer weiß, vielleicht würde die friedliche Stimmung ja weniger lange halten als gedacht. Aber als ich in den Flur trat, sah ich, dass alles gut war.

Lena stand bei ihrer Mutter im Arm und sprach mit ihrem Stiefvater.

Herr Tempel stand ein wenig abseits. Ich ging zu ihm.

»Kommen Sie.« Ich fasste ihn sanft am Arm. »Jetzt oder nie!«

Herr Tempel trottete mit mir zu Lena, ihrer Mutter und Herrn Obermeyer.

Lena strahlte, als wir in ihre Richtung liefen. Sie rannte zu ihrem Vater, nahm ihn an der Hand und zog ihn zu den anderen.

Wenn dies nun einer der Filme gewesen wäre, die ich so gerne sehe, dann hätten sich nun alle die Hände geschüttelt, sich umarmt und wären danach auf ewig Freunde gewesen.

Aber das hier war eben kein Film, sondern das wahre Leben.

Eine wirklich gute Version vom wahren Leben.

Es umarmte sich zwar niemand, aber Lena sagte: »Ihr müsst ja jetzt nicht die besten Freunde werden, aber einmal die Hand schütteln und höflich zueinander sein, das schafft ihr, oder?« Und als sie sich mit übertriebenem Schmollmund und Klimperaugen vor die beiden Männer stellte und »Für miiiiich!« sagte, mussten doch tatsächlich alle miteinander lächeln.

Und die beiden Männer gaben sich die Hand.

Immerhin.

Ich bin mir ganz sicher, dass es sowohl Herrn Obermeyer als auch Herrn Tempel danach besserging. Auch wenn sie den jeweils anderen nach wie vor saublöd fanden, die verringerten Konflikte und die Energie, die durch den fehlenden Streit frei wurde, hat ganz sicher auch den beiden Alphamännchen gutgetan.

Wir sind alle glücklicher und zufriedener, wenn wir weniger streiten.

Und auch wenn wir nicht immer im Gerichtssaal enden, wo uns eine Fünfzehnjährige daran erinnern muss, was sich Kinder am meisten wünschen. Es tut uns allen sicherlich gut, wenn wir hin und wieder daran denken, dass es bei ständigen Streitigkeiten nur Verlierer oder, besser gesagt, nur Verletzte gibt.

Familien und Menschen sind unterschiedlich, aber glauben Sie mir, alle Kinder in Lenas Situation wünschen sich exakt das, was sich Lena gewünscht hat: eine Familie.

Erwachsene, die auf das Kind schauen – auch wenn es schon fünfzehn ist – und die bei allen Konflikten und gekränkten Eitelkeiten sehen, was wirklich zählt: das Wohl der Kinder.

Danke, Lena!

Herr Obermeyer und Herr Tempel sind keine Freunde geworden. Aber sie haben sich auch nicht mehr beleidigt oder beschimpft. Zumindest nicht, wenn Lena es irgendwie hätte mitbekommen können.

Lena hielt lockeren Kontakt zu ihrem Vater. Sie chattete mehr mit ihm, als zu skypen oder ihn zu besuchen, aber ein- bis zweimal im Jahr fuhr sie für ein Wochenende in den Norden. Die Besuche waren okay. Nicht mehr und nicht weniger.

Lenas Mutter blieb auch nach Lenas Auszug von zu Hause mit Herrn Obermeyer zusammen. Und da Lena den Eindruck hatte, dass ihre Mutter damit auf ihre Art glücklich war, fand sie das auch völlig in Ordnung.

Woher ich das weiß? Ich habe Lena vor ein paar Jahren auf dem Viktualienmarkt in München getroffen, und sie erzählte mir davon.

»Danke noch mal, dass Sie mir damals geholfen haben. Das hat wirklich viel gebracht.« Lena, mittlerweile Anfang zwanzig, lächelte und straffte die Schultern. »Und seit diesem Tag vor Gericht weiß ich auch, was ich mal werden will. Ich bin fast fertig mit dem Studium.« Sie sah mich auffordernd an. »Raten Sie mal!«

»Du wirst Familienrichterin?«

Lena schüttelte den Kopf.

»Anwältin?«

Kopfschütteln.

»Psychologin?«

»Genau!« Sie strahlte. »Ich hab auch Rechtspsychologie belegt. Erst will ich ein bisschen Erfahrung sammeln und in einer Beratungsstelle oder so arbeiten. Und dann will ich als Sachverständige für das Familiengericht arbeiten.«

Ich war ganz überwältigt und konnte zunächst nicht recht einordnen, warum eigentlich.

Ich wünschte Lena viel Erfolg und blieb noch eine Weile am Liesl-Karlstadt-Brunnen stehen, um der seltsamen Überwältigung, die mich überkommen hatte, nachzuspüren.

Zu sehen, dass aus Lena diese selbstbewusste junge Frau geworden war, zu hören, dass sich nach der Begutachtung wirklich einiges deutlich verbessert hatte, und zu fühlen, was für einen immensen Einfluss meine Arbeit auf das Leben der zu begutachtenden Kinder hatte, das war … groß.

Und wunderschön.

Und in diesem Moment der Klarheit stand ich mitten im Großstadttrubel, verdrückte ein paar Tränen der Rührung und fand, dass ich den besten Beruf der Welt hatte.

Ach, und von Herrn Illgen habe ich gehört, dass er beim Jugendamt wieder aufgehört hat. Er hatte noch Monate nach Abschluss des Falles Alpträume von Herrn Obermeyer und

seinem riesigen Hund, so dass er um Versetzung bat in irgendein Amt, dessen Namen und Nutzen mir wieder entfallen
sind. Ich nehme an, es ist etwas, bei dem man wochenlang
alleine in seinem Büro sitzen und Akten von links nach
rechts schieben kann, ohne dass auch nur das Geringste geschieht.

Gefährliches Kaffeekränzchen

Großeltern sind etwas Wunderbares, und ich wünsche jedem Kind, dass es ganz viele Jahre mit möglichst vielen netten Großelternteilen aufwachsen kann. Sie sind so gut wie immer ein echter Gewinn für die Kinder – und auch für deren Eltern.

Großeltern haben Lebenserfahrung, Zeit und Geduld, backen ständig Kuchen, können mit dem Pfeifenrauch Ringe in die Luft pusten, erzählen stundenlang Märchen oder lesen vor, passen gerne abends auf die Enkelkinder auf, damit die Eltern mal wieder zu zweit ins Kino oder essen gehen können, und haben an alldem auch noch große Freude. Sie mischen sich nie in die Erziehung ein und haben auch für die Eltern stets ein offenes Ohr. Gut, es mag die eine oder andere Ausnahme geben, aber im Großen und Ganzen ist es meist so … ähnlich.

Aber auch zwischen Großeltern und Eltern kann es zu so heftigen Streitigkeiten kommen, dass das Familiengericht eingeschaltet werden muss.

Beispielsweise, um den Umgang zwischen Großeltern und Enkelkindern zu regeln. Seit der Kindschaftsrechtsreform von 1998 haben nämlich auch Großeltern ein Recht auf Umgang.

Allerdings habe ich in all den Jahren als Sachverständige bisher lediglich vier solcher Fälle bearbeitet. Denn während Eltern und Kinder gegenseitig ein klares Recht auf Umgang haben und dies nur in absoluten Ausnahmefällen ausgeschlossen werden darf, haben Großeltern nur dann ein Anrecht auf Umgang mit ihrem Enkelkind, wenn der Umgang dem Wohl des Kindes dient. Diese sogenannte Kindeswohldienlichkeit muss nachgewiesen werden und ergibt sich natürlich nicht automatisch durch das Bestehen einer Blutsverwandtschaft. Das bedeutet konkret: Wenn es Streitigkeiten zwischen Eltern und Großeltern gibt, kommt ein Umgang zwischen Großeltern und Enkelkind nur dann in Frage, wenn eine starke und ausgeprägte Großeltern-Enkel-Beziehung vorliegt *und* die Konflikte zwischen Großeltern und Eltern nicht dazu führen, dass das Kind in Loyalitätskonflikte gestürzt wird.

Selbst also wenn die Großeltern eine gute Beziehung zu ihrem Enkelkind haben, ist die Wahrscheinlichkeit, dass sie im Falle eines Streits mit den Eltern von Seiten des Gerichts ein Recht auf Umgang zugesprochen bekommen, sehr gering. In solchen Fällen hilft dann im Grunde nur eins: den Streit der Erwachsenen zu beenden oder zumindest so weit zu reduzieren, dass die Kinder nicht leiden.

Das sollte man meiner Ansicht nach übrigens immer tun.

Ganz egal worum es geht und welcher Art die Bezugspersonen sind, die sich streiten. Es sind die Kinder, die am meisten darunter leiden, wenn Erwachsene ihre Konflikte nicht beilegen können oder immer wieder neu entstehen lassen. Und davon abgesehen tut es auch uns Erwachsenen gut, wenn wir uns nicht mit negativen Gefühlen und Gedanken belasten.

Dann gibt es aber auch noch die Großeltern, denen es nicht um Umgang mit ihren Enkelkindern geht, sondern darum, dass sie glauben, die Enkel quasi vor ihren eigenen Eltern retten zu müssen.

So auch das Ehepaar Ritter, die Großeltern der kleinen Carolina. Dieser Fall sollte sich zu einem interessanten, kleinen Abenteuer entwickeln, dessen letztendliche Auflösung so ungewöhnlich war, dass es unbedingt erzählt werden muss.

Oma und Opa Ritter hatten bei Gericht einen Antrag auf Übertragung der elterlichen Sorge für die sechsjährige Carolina gestellt und dies mit der Erziehungsunfähigkeit der Eltern beziehungsweise einer Gefährdung des Kindeswohls begründet. Sie schränkten das allerdings insofern ein, als sie erklärten, dass ihre Tochter, die Kindesmutter, unter ihrer Anleitung wohl dazu in der Lage wäre, sich um Carolina zu kümmern. Dazu müsste sie sich nur von ihrem »psychopathischen und hochgradig gewalttätigen Ehemann« trennen und wieder zu ihnen ins elterliche Reihenhaus ziehen. Da die Kindesmutter dies aber offenbar nicht könne oder wolle, müsse Carolina umgehend »von ihren Eltern entfernt und gerettet« werden. Das Mädchen werde vom Vater schwer misshandelt und von beiden Elternteilen massiv vernachlässigt.

Herr und Frau Ritter ließen durch ihren Anwalt mitteilen, dass sie es nicht verantworten könnten, ihre Enkeltochter auch nur einen Tag länger im elterlichen Haushalt zu belassen. Aus diesem Grunde hätten sie sich entschlossen, Carolina vom Kindergarten abzuholen und mit ihr »an einen sicheren Ort zu fliehen«, wo sie die Entscheidung des Gerichts, die ja wohl in Anbetracht der Umstände eine reine Formsache sein werde, abwarten wollten.

Ich erfuhr von dem Fall tatsächlich nur wenige Stunden nachdem das Ehepaar Ritter mit Carolina »geflüchtet« war. Das ist deswegen erwähnenswert, weil wir Sachverständige in der Regel erst Wochen oder gar Monate, manchmal sogar Jahre nach dem ersten Antrag bei Gericht ins Spiel kommen. Vorher gibt es Anhörungen, Verhandlungen, Schriftsätze, Gespräche beim Jugendamt, vielleicht sogar eine Beratung oder eine Mediation, mehr oder weniger gelungene Vereinbarungen und/oder gerichtliche Entscheidungen.

Dieser Fall aber war auch in diesem Zusammenhang ganz anders.

Frau Ehring, meine Lieblingsmitarbeiterin beim zuständigen Jugendamt, rief mich in gewohnt positiver Grundstimmung an.

»Hallo, Frau Seeberg, ist das nicht beeindruckend, wie schnell so ein Fall vorangeht, wenn nur alle aufgeregt genug sind? Das sollten wir uns für die Zukunft unbedingt merken.« Ich hörte sie leise lachen. »Ich versuche Ihnen mal den aktuellen Stand der Dinge so knapp wie möglich zu schildern.«

Sie berichtete, dass der Anwalt der Großeltern zunächst das Familiengericht darüber informiert hatte, dass seine Mandanten in Anbetracht der massiven Gewaltbereitschaft des Kindesvaters sowohl das Enkelkind als auch sich selbst in Sicherheit gebracht hätten und hiermit die unverzügliche Übertragung der elterlichen Sorge auf sich beantragen würden. Die zuständige Richterin hatte sodann das Jugendamt, also Frau Ehring, informiert und darum gebeten, mit allen Beteiligten zeitnah zu sprechen, um schnellstmöglich eine Stellungnahme abgeben zu können. Außerdem wolle sie schon jetzt die Sachverständige einschalten, um keine Zeit zu verlieren. Das war ein ungewöhnliches, aber kluges Vorgehen der Richterin, denn so sparte sie eine Menge Zeit, was ganz im Sinne des Kindeswohls ist.

Zeitgleich war Carolinas Mutter, Frau Weber, von alledem nichts ahnend im Kindergarten erschienen, um ihre Tochter abzuholen …

»Die Großeltern hatten dort behauptet, vom Gericht das Sorgerecht übertragen bekommen zu haben, und sie müssten Carolina nun schnell vor ihren Eltern in Sicherheit bringen. Und da waren die Erzieherinnen dann doch recht überrascht, als Frau Weber um die Ecke kam und ihre Tochter abholen wollte.« Frau Ehring seufzte. »Sie können sich die Aufregung vielleicht vorstellen. Frau Weber war natürlich total aufgelöst und auch stinksauer, dass die Erzieherinnen Carolina einfach an die Großeltern rausgegeben hatten. Aber das Ehepaar Ritter war wohl recht überzeugend gewesen und hat so eine Hektik verbreitet, dass die Erzieherinnen gar nicht auf den Gedanken kamen, vielleicht bei Gericht nachzufragen. Trotzdem ziemlich dämlich, ich muss schon sagen. Da kann ja jeder kommen … Mannomann … na ja, jedenfalls war Frau Weber dann so schlau, sich gleich hier zu melden. Ich hatte schon versucht, sie anzurufen, aber sie war ja nicht zu Hause … sie hat dann auf dem Weg zu mir ihren Mann aus der Klinik abgeholt und …«

»Aus der Klinik? Ist der …?«

»Krank? Na ja, weiß ich nicht. In Anbetracht der Vorwürfe könnte das ja sein. Patient ist er aber nicht im Krankenhaus. Er arbeitet dort als Klinikclown. Na ja, jedenfalls kamen die beiden recht zügig zum Gespräch hierher. Den lustigen Anwalt der Großeltern hab ich auch erreicht. Er hat sich zwar geweigert, ebenfalls beim Jugendamt zu erscheinen, war aber immerhin dazu bereit, im Beisein der Eltern am Telefon Auskunft zu geben.«

»Wieso lustiger Anwalt?« Mir schwante Böses.

»Es handelt sich um Herrn Dietz.«

»Nein!«

»Doch!«

»O Gott.«

Herr Dietz war ein altersloser, untersetzter Mann mit Halbglatze, Hornbrille und beigem Anzug. Entweder er besaß davon mehrere, oder er trug immer denselben. Er war grundsätzlich in Eile und schlecht gelaunt. Also, so *richtig* schlecht gelaunt. So schlecht gelaunt, dass er mir anfangs immer irgendwie leidgetan hatte. *Hatte.*

Im Lauf der Jahre war mein Mitleid einer Mischung aus Unverständnis, Wut und Verzweiflung gewichen.

Wenn er nicht so viel Unheil anrichten würde, er wäre auf eine skurrile Art faszinierend. Er war mit Abstand der skrupelloseste und leider auch erfolgreichste Intrigant, den die Welt je gesehen hat. Zumindest glaube ich das. Frau Ehring meint ja, es gebe sicher irgendwo noch eine Steigerung von Herrn Dietz, konnte diese Behauptung aber bislang nicht beweisen.

Gerichtsverfahren, in denen Herr Dietz als Anwalt auftrat, dauerten lange, waren nervenaufreibend, führten zu immer neuen Verfahren und Anschuldigungen und endeten niemals in einer einvernehmlichen Lösung. Sondern oft vor dem Oberlandesgericht. J. R. Ewing, dieser diabolisch grinsende TV-Bösewicht aus den achtziger Jahren, war gegen Herrn Dietz ein richtig netter Kerl. Nein, ich übertreibe nicht. J. R. Ewing konnte immerhin lächeln. Herr Dietz nicht.

Und außerdem waren J. R.s Handlungen insofern vorhersehbar, als es ihm stets um den eigenen Vorteil ging. Herr Dietz dagegen … ihm schien es einzig darum zu gehen, Streitigkeiten aufrechtzuerhalten und so viele neue Konfliktherde wie möglich zu entfachen. Seine Schriftsätze waren voll mit Gemeinheiten, Vorwürfen, verdrehten Tatsachen und Verleumdungen. Zudem war es mehr als einmal passiert, dass aus einem relativ unspektakulären Antrag auf Regelung des Umgangs – etwa weil der Vater seine Kinder häufiger und/oder länger sehen wollte, als es der Mutter recht war – plötzlich ein erbitterter Streit um das Sorgerecht und den Lebensmittelpunkt der Kinder entstanden war. Teilweise sogar mit einer vollkommen unnötigen kurzfristigen Unterbringung der Kinder in einer Bereitschaftspflegefamilie.

Und das fand ich am schlimmsten: dass Herrn Dietz das Wohl der betroffenen Kinder vollkommen egal war. Ich konnte das lange Zeit nicht glauben und habe nach immer neuen Erklärungen für sein Verhalten gesucht. Aber inzwischen bin ich zu dem Schluss gekommen, dass er ein vollkommen gefühlloser Kotzbrocken ist.

Nur die Psychologin in mir möchte Herrn Dietz gerne eine Therapie anbieten und glaubt fest an seinen guten Kern. Sobald aber Herr Dietz dann in Realität auf der Bildfläche erscheint, bekommt auch die Frau Psychologin in mir neuerdings Schwindelanfälle und wird ohnmächtig. Und die Sophie Seeberg, die dann vor dem Phänomen Herr Dietz steht, glaubt irgendwie nicht daran, dass dieser Mann, der sich gegenüber Kindern so dermaßen herzlos verhält, selbst auch mal ein unschuldiges, nettes Kind war. Nein, die private (und damit auch eher unprofessionelle) Sophie Seeberg ist inzwischen davon überzeugt, dass der Herr Dietz schon als Kotzbrocken auf die Welt kam oder sich irgendwann in einer dunklen Gewitternacht aus dem ganzen Streit, den Verleumdungen und Gemeinheiten diverser Gerichtsakten in einem miefig verstaubten Aktenlager materialisiert hat und seitdem als Anwalt sein Unwesen treibt. Ich gehe stark davon aus, dass die letzte Variante zutrifft.

Und nun hatten wir also diese Inkarnation juristischer Boshaftigkeiten in unserem neuen Fall am Hals.

»Frau Seeberg?« Ich bemerkte, dass ich eine Weile nichts gesagt, sondern die Luft angehalten und mich an einen anderen Ort gewünscht hatte.

»Ähm … ja, also, was hat er denn gesagt, der Herr Dietz? Wie ich ihn kenne, hat er ein Riesenfass aufgemacht, und niemand sonst kam zu Wort. Stimmt's?«

»Ja, so ähnlich.« Frau Ehring seufzte. »Dass ausgerechnet der die Großeltern vertritt, das ist wirklich grausig. Ich merke schon, dass ich alleine deshalb, weil Herr Dietz diese Vorwürfe formuliert, gleich davon ausgehe, dass entweder nichts oder kaum etwas dran ist.«

Ja, so ging es mir auch.

Es war zwar nicht so, dass Herr Dietz sich alles, was er so vor Gericht anführte, einfach ausdachte, aber er verdrehte die Wahrheit sehr oft, bauschte sie unnötig auf oder ließ seine persönlichen Vermutungen wie Tatsachen aussehen. Dennoch durften weder Frau Ehring noch ich nun einfach davon ausgehen, dass dies wieder der Fall war. Es ging schließlich um ein kleines Mädchen, dem es eventuell bei seinen Eltern gar nicht gutgegangen war. Es war ja immerhin möglich, dass alles, was Herr Dietz im Sinne der Großeltern anführte, diesmal den Tatsachen entsprach – auch wenn es mir schwerfiel, mir einen Klinikclown vorzustellen, der seine Tochter misshandelte. Aber das bedeutete definitiv nicht, dass es so einen Clown nicht gibt. Das habe ich im Lauf der Jahre als Sachverständige gelernt.

»Also rein inhaltlich hat er erklärt, dass seine Mandanten, also die Großeltern, und er selbst von einer massiven Kindeswohlgefährdung ausgehen und Carolina deshalb in Sicherheit zu bringen war.«

»Und was hat er tatsächlich gesagt?«

»Na ja, er hat gesagt, dass Carolina massiv misshandelt und vernachlässigt wurde, die Eltern auf ganzer Linie unfähig sind, es nicht verdient hätten, Kinder zu haben, und ihre Tochter nie wiedersehen würden. Speziell der Vater sei ein Neandertaler und ein gewalttätiges Monster, das keinesfalls weiterhin frei herumlaufen dürfe.«

»Das hat er so …?«

»Yepp. Da war noch mehr, aber das hab ich vergessen. Oder verdrängt, kann auch sein.«

»Und … die Eltern … also, was haben die …?«

Frau Ehring seufzte erneut. »Na ja, was sagt man zu solchen Vorwürfen? Natürlich haben die beiden alles abgestritten.

Frau Weber hat geweint, und Herr Weber ... also, der ist dann ein bisschen laut geworden. Ich meine, kann ich ja verstehen bei solchen Vorwürfen. Nur, also ... ich meine, angenommen, die Vorwürfe sind aus der Luft gegriffen, dann kann ich das total verstehen, dass er so ... also, so laut wurde und so. Aber Herr Dietz wird das natürlich zum Anlass nehmen, gleich noch einen Schriftsatz zu verfassen ... das sieht jetzt gerade nicht so gut aus für die Eltern. Ich meine, vielleicht zu Recht, aber wenn nicht, dann ist das jetzt echt ganz dumm gelaufen, und mein Gefühl sagt mir ... also, ich glaube nicht, dass die Eltern wirklich solche Monster sind. Nur ist das jetzt ... also ...«

Ich unterbrach Frau Ehrings Gestammel. »Was hat Herr Weber denn getan, um Himmels willen?«

»Na ja, wie gesagt, wenn an den Vorwürfen nichts dran ist, hat er sich halt verständlicherweise sehr aufgeregt und ... Also, er ist laut geworden. Ziemlich laut sogar. Und dabei ist er aufgesprungen, der Stuhl ist dabei umgefallen und gegen das kleine Regal mit den Gläsern und Kaffeetassen gestoßen. Und ... das ist dann umgefallen. Was noch lauter war, und ich bin so erschrocken, dass ich einmal ziemlich ähm ... schrill aufgeschrien habe. Und natürlich klang das alles für Herrn Dietz am anderen Ende der Leitung, als würde Herr Weber mein gesamtes Büro zerlegen. Und dann hat der Weber noch gesagt, also ... er hat ziemlich laut gesagt, dass er die Großeltern zu Hackfleisch verarbeiten wird, wenn er sie in die Finger bekommt ...«

»O nein ... und der Dietz hat das alles gehört?«

Frau Ehring murmelte ein zustimmendes »Hmpf«, und ich konnte gut nachvollziehen, was sie gerade empfand. Außerdem konnte ich mir die schiere Begeisterung an der anderen Seite der Leitung gut vorstellen. Denn nun hatte Herr Dietz auch noch einen »Beweis« für Herrn Webers Gewalttätigkeit.

Auch eine Morddrohung würde er ihm natürlich anhängen. So gut kannte ich Herrn Dietz mittlerweile. Da konnte Frau Ehring erklären und beschwichtigen, wie sie wollte – für Anwalt Dietz war Herr Weber exakt so, wie die Großeltern ihn beschrieben hatten: ein gefährliches Monstrum.

Und tatsächlich verlor der Anwalt keine Zeit. Noch am gleichen Nachmittag flatterte ein erneuter Schriftsatz per Fax bei Gericht ein.

Darin beschrieb Herr Dietz über zig Seiten, wie grausam Carolina in der Vergangenheit von ihrem Vater misshandelt worden war. Es war davon die Rede, dass er sie die Treppe hinuntergeworfen, in einen Schrank gesperrt, in die Mülltonne gestopft und ihr sogar ein Bügelbrett auf den Kopf geschlagen habe. Von ihrer Mutter habe Carolina keinerlei Hilfe erhalten. Im Gegenteil: Frau Weber habe ihre Tochter einfach ignoriert und sie oft für mehrere Tage allein gelassen.

Dass Carolina zukünftig bei ihren Großeltern aufwachsen solle, ergebe sich schon alleine daraus, dass Frau Weber offenbar dringend »für längere Zeit« in einer psychiatrischen Anstalt behandelt werden müsse, während Herr Weber »zum Schutz der Allgemeinheit sowie zum Schutz der Großeltern und deren Enkelin bis auf weiteres in Sicherungsverwahrung« gehöre. Herr Weber habe im Jugendamt »aufs gefährlichste randaliert und das Mobiliar zerstört« und schließlich »vor Zeugen erklärt, dass er vorhabe, die Großeltern seiner Tochter auf bestialische Art und Weise zu ermorden«.

Ich telefonierte später noch einmal mit Frau Ehring. Wir waren uns einig, dass Herr Dietz ein widerlicher Kotzbrocken war, wir aber dennoch die Möglichkeit in Betracht ziehen mussten, dass er zumindest im Kern seiner Aussagen recht hatte und Carolina in der Vergangenheit misshandelt worden war.

Genauso wollten wir nicht ausschließen, dass hier womöglich zwei Menschen zu Unrecht verdächtigt und ihres Kindes beraubt worden waren.

Wir vereinbarten, dass sich Frau Ehring noch einmal mit den Eltern unterhalten sollte, während ich zunächst einmal einen Termin mit den Großeltern vereinbaren und dabei auch mit Carolina sprechen würde.

»Vielleicht sehen wir danach schon ein wenig klarer«, versuchte ich Frau Ehring und auch mich selbst zu beruhigen. Ich war sehr dankbar, dass ich diesen Fall mit ihr zu bearbeiten hatte. Wir waren ein gutes Team, und ich schätzte Frau Ehrings fachliche Kompetenz ebenso sehr wie ihren Sinn für Humor und ihre Gelassenheit.

Es war gar nicht so leicht, den ekelhaften Herrn Dietz davon zu überzeugen, mir den geheimen Ort, an den die Großeltern mit Carolina geflohen waren, zu verraten. Die Großeltern weigerten sich nämlich standhaft, ihr Geheimversteck wieder zu verlassen, da ja »ein potenzieller Mörder, der es auf sie speziell abgesehen hat«, unverständlicherweise noch immer frei herumlief.

Schließlich schickte Herr Dietz mir ein Pamphlet mit der Androhung strafrechtlicher und sonstiger Verfolgung, sollte ich den Aufenthaltsort irgendwem verraten. Erst dann teilte er mir schließlich telefonisch die Adresse mit. Nicht ohne zu erklären, dass ich mir diese bitte schön *merken* sollte, da man ja nie wusste, in wessen Hände so ein Zettel mit einer Anschrift geraten könne.

»Sie schreiben diese Adresse *nicht* auf, haben wir uns verstanden?!«

Selbstverständlich schrieb ich die Adresse auf.

Ganz dick. Mehrfach unterstrichen.

Schon alleine, weil Herr Dietz es verboten hatte. (Pubertär, ich weiß.) Aber auch weil ich die Adresse ohne schriftliche Notiz garantiert bis zum nächsten Tag vergessen hätte.

Kennen Sie diese Filmszenen in Thrillern, bei denen, sagen wir mal, der Ort für eine Geldübergabe genannt wird? Oder irgendein anderer Treffpunkt, dessen Einhaltung für irgendjemanden lebenswichtig ist? Das klingt dann in der Regel in etwa so: »Kommen Sie in 40 Minuten zur 240 West 55th Street. Steigen Sie dort in die Linie 65 Richtung Southampton bis St. Patrick's Cathedral. Dort gehen Sie Richtung Osten bis zur öffentlichen Telefonzelle und warten da auf weitere Anweisungen.«

Daraus ergeben sich zur Steigerung der Spannung natürlich noch diverse Probleme und Schwierigkeiten. Aber es passiert *nie,* dass die angerufene Person nach kürzester Zeit schlicht und ergreifend nicht mehr weiß, wo zum Teufel eigentlich noch mal der Treffpunkt war. Und das, obwohl in Thrillern *niemals* Zettel und Stift gezückt werden, um sich etwas zu notieren! Es wird auch niemals hysterisch »Halthalthalt! Ich muss erst was zu schreiben holen! Das kann sich doch kein Mensch merken!« gerufen – so, wie ich es machen würde.

Nie passiert das! Ich finde das höchst unrealistisch. Sicher hätte ich in obigem Fall nach kürzester Zeit schon nicht mehr gewusst, in welche U-Bahn ich steigen soll ...

Nun hatte ich ja aber die Adresse des höchst geheimen Verstecks aufgeschrieben und befand mich kurze Zeit später auf dem Weg in den Bayerischen Wald, wo die Ritters samt Carolina in einer kleinen Pension in Oberpöring untergekommen waren. Ich hatte ihnen über Herrn Dietz ausrichten lassen, dass ich zunächst mit ihnen alleine sprechen und danach gerne ein wenig Zeit mit Carolina verbringen wolle.

Ich hatte nicht selbst mit ihnen telefonieren dürfen, weil man ja per Fangschaltung ihren Aufenthaltsort herausfinden und ...

ja, und ich weiß nicht, was. Mit einem Sondereinsatzkommando, einer Hundestaffel und Hubschraubern anrücken könnte? Herrn Weber die Adresse durchgeben könnte, damit er seine Mordgelüste ungehindert ausleben konnte?

Wenn ich ehrlich war, fand ich das alles reichlich übertrieben, und es kostete mich einiges an Energie, mir immer wieder zu sagen, dass die Ritters vollkommen im Recht sein könnten.

An der Pension im Bayerischen Wald angekommen, wurde ich von deren Leiter, Herrn Oberfeldner, mit ernster Miene begrüßt.

»Sind Sie die Frau Seeberg?«

»Ja, bin ich.«

»Können Sie sich ausweisen?«

»Wie bitte?«

»Haben Sie einen Ausweis dabei? Ich meine, Sie könnten ja irgendwer sein …«

Himmel! Warum sollte irgendwer behaupten, Frau Seeberg zu sein? Aber da ich das sichere Gefühl hatte, dass mich der Herr Oberfeldner niemals zu Carolinas Großeltern lassen würde, wenn ich mich womöglich weigerte, tat ich wie geheißen. Obwohl man solche Dokumente ja nun auch fälschen kann …

Aber das sagte ich vorsichtshalber nicht.

Herr Oberfeldner prüfte also mit fachmännischer Miene meinen Ausweis und bedeutete mir dann endlich, ihm in die Pension zu folgen.

»Meine Frau passt gerade auf die Kleine auf. Sie können jetzt mit Herrn und Frau Ritter sprechen.« Er nickte mir zu und öffnete die Tür zu einer großen Wohnküche, in der ein älteres Ehepaar auf der Eckbank am Kamin saß.

»Wenn Sie was brauchen«, brummte Herr Oberfeldner in Richtung der beiden. Natürlich mit einem bedeutungsvollen Seitenblick auf mich. »Ich bin gleich nebenan.«

Seltsam eigentlich, dass er mich nicht nach Waffen abgesucht hatte. Mir lagen diverse Bemerkungen dazu auf der Zunge, aber ich schluckte sie schnell herunter und begrüßte Herrn und Frau Ritter.

Selten habe ich mich in der Gegenwart von Menschen so unwohl gefühlt. Es war, als hätten sie eine pechschwarze Gruselaura um sich herum, die sich nach und nach im Raum ausbreitete und mir fast die Luft zum Atmen nahm. Je länger ich den beiden zuhörte, desto vergifteter fühlte ich mich. Ich hatte das dringende Bedürfnis, mein Gehirn zu waschen. Oder zumindest ganz lange heiß zu duschen.

Natürlich höre ich in meinem Beruf sehr häufig Menschen zu, die über andere Menschen negative Dinge sagen. Das liegt quasi in der Natur meines Jobs. Aber das, was Herr und Frau Ritter so losließen, war nicht nur eine emotional gefärbte Schilderung der Dinge, die ihr Schwiegersohn getan oder gesagt hatte.

Es war ein bösartiges verbales Massaker.

Und es war einfach widerlich.

Und vor allem fehlte hier etwas Essenzielles: Mitgefühl mit Carolina. Ich hörte keine Äußerungen wie »Das arme Kind«, »Wie muss sie sich da gefühlt haben?« oder »Dem Kind muss doch geholfen werden«.

Dafür überboten sich Herr und Frau Ritter darin, Herrn Weber schlechtzumachen. Sie schilderten die Vorwürfe, die ich nun schon kannte, schmückten sie mit verächtlichen Bemerkungen aus und machten sogar vor ihrer eigenen Tochter nicht halt.

»Die Christine war ja schon immer schwach gewesen«, erklärte Frau Ritter spöttisch. »Kein Rückgrat hatte die. Hat sich immer an die Männer rangeschmissen. Ekelerregend war das.«

»Ja, und dann kam sie mit diesem Nichtsnutz an und hat ihn geheiratet! Das hat sie nun davon, dass sie nicht auf uns gehört hat.« Herr und Frau Ritter nickten sich selbstzufrieden zu.

Das war ekelerregend.

Für mich war jetzt schon eines klar: Wenn Carolina tatsächlich zum Schutz des Kindeswohls nicht mehr bei ihren Eltern würde leben können, bei ihren Großeltern sollte sie auch keinesfalls bleiben. So ein negatives Klima war garantiert nicht geeignet, um einem traumatisierten Kind wieder Vertrauen und neue Hoffnung zu geben.

Aber nun wollte ich die Hauptperson kennenlernen. Wie ich schon erwartet hatte, wollten Herr und Frau Ritter unbedingt dabei sein, wenn ich mit Carolina sprach. Also erklärte ich, dass sie sehr gerne anfangs dabei sein konnten (das war gelogen, ich wollte nichts mehr, als diese beiden Menschen in einem anderen Raum zu wissen), ich aber am Ende der Exploration noch ein paar Minuten mit Carolina alleine haben wollte. Glücklicherweise habe ich im Lauf der Jahre gelernt, klare Ansagen zu machen. Und so stimmten die Ritters schließlich zu.

Carolina war zierlich, blass und hatte dunkle Ringe unter den Augen. Sie saß zwischen ihren Großeltern auf der Bank und vermied es, mich anzuschauen. Ich holte gerade das allseits beliebte *Tempo, kleine Schnecke!* aus meiner Tasche, um es mit ihr und den Großeltern gemeinsam zu spielen und das Eis ein wenig zu brechen, da schubste Frau Ritter Carolina mit einem »Na, nun mach schon!« an. Ich sah erstaunt und auch leicht verärgert auf.

Noch ein Schubs.

»Los, Carolina! Wie wir es besprochen haben.«

Carolina starrte vor sich hin.

Nach dem nächsten Schubs sagte sie leise: »Mein Papa hat mich in die Mülltonne gestopft. Und in den Schrank gesperrt. Und die Treppe runtergeschubst. Und mir ein Bügelbrett auf den Kopf gehauen. Und …« Sie stockte und sah fragend ihre Großmutter an.

»Na? Weiter!«, drängte die. Aber mir reichte es nun endgültig! »Carolina«, unterbrach ich dieses Szenario so ruhig wie möglich. »Du kannst mir das alles nachher in Ruhe erzählen. Jetzt spielen wir erst einmal, ja?«

»Nun lassen Sie das Kind doch ausreden, wenn es Ihnen etwas mitteilen will!«, empörte sich Herr Ritter.

»Also, Ihre Methoden sind ja unmöglich! Wir werden uns über Sie beschweren!« Frau Ritter war mit hektischen Flecken im Gesicht aufgesprungen. »Komm, Heinrich, wir rufen den Anwalt an. So geht das ja nun nicht!«

Sprach es und rauschte samt ihrem Gatten aus dem Raum.

Gut so.

Carolina sah mich unsicher an. Ihre Unterlippe zitterte.

»Jetzt ist die Oma sauer«, flüsterte sie.

»Ja, aber das ist nicht schlimm. Sie ist ja nur sauer auf mich. Nicht auf dich, Carolina«, versuchte ich die Kleine zu beruhigen. »Wollen wir jetzt erst einmal eine Runde spielen? Oder magst du gerne gleich etwas erzählen?«

Carolina senkte den Blick und sagte: »Mein Papa hat mich in die Mülltonne gestopft. Und in den Schrank gesperrt. Und die Treppe runtergeschubst. Und mir ein Bügelbrett auf den Kopf gehauen. Und … und weiter weiß ich nicht mehr.«

Dieses arme Kind. Sie war völlig durch den Wind.

Und offensichtlich war sie von ihren widerlichen Großeltern massiv beeinflusst worden.

Es würde gar nicht so einfach sein, die Wahrheit herauszubekommen. Hoffentlich war Carolina nicht derart manipuliert worden, dass sie zwischen Erlebtem und Eingeredetem nicht mehr unterscheiden konnte. Das passiert auch bei Kindern in diesem Alter noch gefährlich schnell.

Ich setzte mich neben sie auf die Bank.

»Carolina, du musst ja auch gar nicht das sagen, was dir deine Oma oder dein Opa beigebracht haben. Das ist überhaupt nicht schlimm, wenn du das so nicht mehr weißt. Das ist sogar eher gut. Ich bin ja hier, um dich ein wenig kennenzulernen. Und das geht ganz prima, wenn wir uns einfach ein bisschen unterhalten und miteinander spielen. Du musst dich also nicht schlecht fühlen, wenn du nicht mehr weiterweißt. Das macht überhaupt nichts. Gar nichts! Wollen wir jetzt erst einmal spielen?«

Carolina nickte.

Und nach einigen Schneckenrunden hatte sie sich so weit entspannt, dass auch ab und zu ein Lächeln auf ihrem Gesicht erschien.

Glücklicherweise dauerte das Telefonat der Ritters mit Herrn Dietz sehr lange. Oder die beiden wollten einfach ihre Ruhe haben und ließen mich deshalb mehr als eine Stunde mit Carolina allein.

Diese Zeit brauchte ich auch dringend, denn das Mädchen war sehr unsicher und verstört. Sie konnte sich zwar beim Spiel entspannen, sobald ich aber das Gespräch auch nur in Richtung ihrer Eltern lenkte, wurde sie weinerlich und fahrig.

Ich kramte meine Bernd-das-Brot-Puppe aus der Tasche. Sie hatte schon so manchen guten Dienst erwiesen, nachdem ich einmal per Zufall entdeckt hatte, dass der übellaunige Bernd viele Kinder eher zum Erzählen anregte als Bello, meine immer fröhliche Hundehandpuppe. Eigentlich logisch ...

Carolina hatte Bernd das Brot schon einmal im Fernsehen gesehen, und so musste ich ihr nicht mehr erklären, wer er war.

Ich hatte Glück, denn sie nahm ihn mir gleich aus der Hand und drückte Bernd an sich.

Und als ich sie fragte, weshalb der Bernd wohl so schlecht gelaunt, ja sogar traurig schaue, erzählte sie, was ich mir insgeheim schon gedacht hatte: »Der Bernd ist einfach mitgenommen worden. Und der hat jetzt keine Eltern mehr. Bloß noch die Großeltern. Aber keine Eltern.« Dicke Tränen purzelten über ihre Wangen.

Ich hätte sie gerne getröstet und behauptet, dass ja alles gut sei, aber das war es nun einmal nicht. Zumindest noch nicht. Aber ich hatte jetzt die Chance, so was wie die Wahrheit zu erfahren. Also schob ich mein schlechtes Gewissen ob der Tränen in Carolinas Augen beiseite und fragte sie, weshalb der Bernd denn keine Eltern mehr habe.

»Weil … weil …« Sie drückte Bernd fest an sich. »Die Eltern sind weggesperrt worden. Für immer.« Sie flüsterte nur noch. »Und wenn ich die Sachen nicht richtig sage, dann kann ich nicht bei Oma und Opa bleiben, weil dann muss ich in ein … ein … so ein Haus mit vielen Kindern und lauter fremden Leuten. Wo ich gar niemanden kenne und mich keiner mag.«

Es war nicht leicht herauszubekommen, was genau passiert war, zumal ich ja nicht wusste, wann die Ritters reinplatzen und meinem Gespräch mit Carolina ein jähes Ende setzen würden. Außerdem wollte ich Carolina so wenig belasten wie möglich, musste aber daneben auch die richtigen Fragen stellen, um Carolina nicht meinerseits zu beeinflussen. Ich kramte alles, was ich in den Fortbildungen zur Aussagepsychologie gelernt hatte, aus den leicht angestaubten Kisten in meinem Hirn und hoffte inständig, nichts durcheinanderzubringen oder zu vergessen.

Dann bat ich Bernd das Brot in Gedanken, mir bitte zu helfen, kam mir unfassbar dämlich dabei vor und fragte Carolina, ob sie mir die ganze Geschichte erzählen wolle oder vielleicht der Bernd.

Sie lächelte ein klein wenig und erklärte, der Bernd würde mir alles erzählen. Und das tat der Bernd dann auch. Mit Carolinas Stimme.

Eine gute halbe Stunde später saß ich mit Bernd, einer deutlich entspannteren Carolina, einem Kloß im Hals und vielen Fragen im Kopf auf Herrn Oberfeldners Bank und zückte mein Handy.

Ich tippte: »SOS. Muss Carolina mitnehmen. Jetzt. Großeltern sind die Bösen, nicht Eltern! Wie mach ich das am besten??«

Die Antwort von Frau Ehring kam umgehend.

»Erfinden Sie was! Richterlicher Beschluss dauert sicher. Und Polizei ist doof für Kind.«

Ich hatte irgendwie gehofft, dass sie schreiben würde: »Kein Problem. Ich habe hier schon einen entsprechenden Beschluss liegen, den schicke ich Ihnen sofort per Mail.« Oder so ähnlich …

Was erfinden.

Verdammt.

Mein Handy summte. Noch eine Nachricht von Frau Ehring.

»Sie schaffen das! Kommen Sie danach mit Carolina zum Jugendamt. Ich bin hier.«

Ich sah auf.

Carolina und Bernd sahen mich erwartungsvoll an.

Mist.

»Carolina, kannst du mal kurz hier mit Bernd warten? Ich muss eben was mit deinen Großeltern besprechen. Ich bin gleich zurück.«

Carolina nickte und streichelte Bernd über den Kopf.

Ich öffnete die Türe und sah, dass Herr und Frau Ritter vor der Pension standen und sich unterhielten.

Ich atmete tief durch. Und dann sah ich mir dabei zu, wie ich den beiden eilig erklärte, dass Carolinas Aussage unbedingt beim Jugendamt beglaubigt werden müsse, weil sie sonst keinen Bestand vor Gericht haben werde. Ich hätte soeben mit der zuständigen Mitarbeiterin gesprochen, die sich bereit erklärt hätte, noch eine Weile im Amt auf mich zu warten. Dann müsse ich aber soooofort mit Carolina dorthin fahren, denn sonst wäre es zu spät, die Frau vom Jugendamt nach Hause gegangen und die Frist versäumt.

Ich verbreitete, ganz wie die Ritters vor einigen Tagen bei der Abholung von Carolina aus dem Kindergarten, eine so unglaubliche Hektik, dass die beiden nicht nachfragten, welche verdammte Frist versäumt werden könne, wieso das Jugendamt Aussagen beglaubigen solle und was ich da überhaupt für einen Unfug redete. Ich vermittelte glaubhaft den Eindruck, auf Seiten der Großeltern zu sein und ihnen durch meine schnelle Fahrt zum Jugendamt einen großen Gefallen zu tun. Im Sinne der Gerechtigkeit sozusagen.

Ich bot ihnen sogar an, mitzufahren, aber sie erklärten, ich solle jetzt nur ganz schnell losfahren, sie würden dann mit ihrem Anwalt nachkommen.

Als ich kurz darauf mit Carolina im Auto saß und über die Landstraße fuhr, war mir so schlecht vor Anspannung und Aufregung, dass ich befürchtete, mich übergeben zu müssen.

In meinem Kopf drehte sich alles. Himmel, was hatte ich getan? Ich hatte diese Menschen dreist angelogen. Im Grunde hatte ich Carolina ganz genauso wie die Großeltern einfach mitgenommen.

Das war sicher strafbar. Vielleicht würde ich nun nicht mehr als Gutachterin arbeiten dürfen.

Und noch mal: Himmel, was hatte ich getan??

Ich krallte mich ins Lenkrad und überlegte, ob ich irgendwie einen Rückzieher machen konnte. Wollte ...

Hatte ich denn überhaupt genug Beweise, dass wirklich die Großeltern die Bösen waren? Konnte ich mir da absolut sicher sein? Was, wenn ich falschlag?

O Gott, war mir schlecht.

Carolina saß recht gut gelaunt mit Bernd auf dem Schoß auf der Rückbank. Ich hatte ihr gesagt, dass wir nun zu einem großen Gebäude fahren und sie dort ihre Eltern sehen könnte. Sie hatte erleichtert gelächelt und sich brav anschnallen lassen.

Jetzt erkundigte sie sich, ob ich ein bisschen Musik anmachen könnte.

Konnte ich. Rolf Zuckowski war ebenso wie Bernd das Brot mein ständiger Begleiter. Er kam bei allen Kindern gut an. So erklangen schon bald die wohlbekannten Lieder, und ich fühlte mich sogar ein bisschen weniger alleine. »Ich schaff das schon«, sang ich in Gedanken mit, während ich im Rückspiegel sah, wie Carolina langsam die Augen zufielen.

Als ich eine Stunde später mit Carolina an der Hand vor Frau Ehrings Amtszimmer stand und gerade klopfen wollte, wurde die Türe aufgerissen, und eine verweinte, blond gelockte Frau schloss Carolina in ihre Arme. Das Mädchen klammerte sich an sie und quietschte. Dann sah ich einen graugesichtigen Mann auf uns zukommen, der sich zu Carolina beugte und ihr vorsichtig über den Kopf streichelte. Ganz so, als befürchtete er, sie könnte sich in Luft auflösen, wenn er weniger behutsam war. Aber da quietschte Carolina noch einmal und schlang stürmisch ihre Arme um den Hals des Mannes. Der schloss die Augen, und für einen Moment spiegelten sich sowohl der Schmerz der letzten Tage als auch die Freude und Erleichterung, sein Kind nun endlich wieder im Arm halten zu können, wider. Dann liefen Tränen der Erleichterung über seine Wangen.

Ich schluckte und sah hilfesuchend zu Frau Ehring, die über das ganze Gesicht strahlte.

»Hach, ist das schön!«, rief sie aus.

Als sich sowohl Carolina als auch ihre Eltern beruhigt hatten, begrüßte ich Herrn und Frau Weber und berichtete ihnen und Frau Ehring ausführlich, was mir Carolina erzählt hatte.

Die Großeltern hatten zwar vollkommen überreagiert und Carolina auch tatsächlich vor meinem Eintreffen eingetrichtert, was sie mir sagen solle, aber so ganz aus der Luft gegriffen hatten die beiden die Geschichte nicht. Die Lösung war ebenso unerwartet wie stichhaltig:

Carolina hatte während einiger Besuche bei den Großeltern unbeaufsichtigt diverse Cartoons im Fernsehen gesehen.

»Das mit der Katze und dem kleinen süßen Vogel mag ich am liebsten, weil der kleine Vogel da immer gewinnt!«, hatte sie gekichert und offenbar von dem berühmten Cartoonduo Tweety und Sylvester gesprochen.

Daneben erlebte Carolina immer und immer wieder diverse Kaffeekränzchen ihrer Oma, im Rahmen derer sich die Damen über die skandalösen Abgründe von Promis sowie über Fernsehserien unterhalten hatten – und zwar ganz so, als wären diese TV-Geschichten das wahre Leben. So kam es, dass Carolina eben auch mal eine Erzählung beisteuern wollte. Etwas ähnlich Spektakuläres …

Also berichtete sie von den Dingen, die sie zuvor in den Cartoons gesehen hatte. Vorzugsweise davon, dass da jemandem ein Bügelbrett auf den Kopf gehauen, jemand in eine Mülltonne gestopft und die Treppe heruntergeschubst worden war. Die aufregenden, erzählenswerten Dinge eben ... Dass es sich hierbei um eine Cartoonkatze handelte, die davon keine weiteren Blessuren davontrug als einen Kopf, der entsprechend der Form des jeweiligen Kollisionsgegenstands nur bis zum nächsten Bildschnitt eingedellt blieb, erwähnte Carolina nicht.

Hui, da war aber was los beim Kaffeekränzchen. Carolina bekam eine Menge Aufmerksamkeit und wurde geradezu überschüttet mit Vermutungen, Unterstellungen und einer gehörigen Ladung an Suggestivfragen. Da für Frau Ritter sofort und unumstößlich klar gewesen war, dass Carolina selbstverständlich von sich selbst und ihrem Vater berichtete, kam ihr gar nicht in den Sinn, dass es sich um etwas anderes handeln könne. Na ja, und wahrscheinlich war da auch noch eine gehörige Portion Sensationslust und Rechthaberei (»Ich hab's ja immer gesagt!«) im Spiel. Gepaart mit dem erhebenden Gefühl, sich als Retter des Enkelkindes aufspielen und gleichzeitig dem verhassten Schwiegersohn gehörig eins auswischen zu können.

Also bekam Carolina ein Eis und sollte die Geschichte noch einmal in allen Einzelheiten erzählen. Das tat sie. Und natürlich fielen ihr beim Erzählen auch immer neue Details ein, so dass die Geschichten immer ausführlicher und natürlich auch grausiger wurden.

Man kann dem Mädchen keinen Vorwurf machen, denn sie hatte ja gehört, wie sich auch die Erwachsenen gegenseitig Horrorgeschichten erzählten. Sie hatte sozusagen die Kunst des Erzählens durch kuchenessende, sich ereifernde Damen gelernt. Zum anderen bekam sie eine enorme positive Verstärkung, sprich Eis, Lob, Aufmerksamkeit und Streicheleinheiten, für jede weitere Gruselgeschichte.

Carolina konnte sich zwar nicht erinnern, tatsächlich erzählt zu haben, dass der Papa ihr diese Dinge angetan habe, aber vielleicht hatte sie mal auf eine Frage diesbezüglich genickt oder so.

Bis hierhin könnte man noch vermuten, Frau Ritter und ihre Damenrunde wären von den Schilderungen schlichtweg schockiert gewesen und hätten tatsächlich geglaubt, Carolina würde – spontan entschlossen – vor versammelter Mannschaft ihre Missbrauchsgeschichten zum Besten geben.

Aber nachdem die Großeltern Carolina am nächsten Tag vom Kindergarten abgeholt hatten, waren sie doch tatsächlich mit ihr in den Bayerischen Wald gefahren und hatten erklärt, ihre Eltern würden nun eingesperrt, und sie werde sie nie mehr wiedersehen. Und wenn sie der Tante vom Gericht und allen anderen nicht erzählte, dass ihr Vater ihr schlimme Dinge angetan und ihre Mutter ihr nicht beigestanden habe, käme sie in ein Heim mit ganz vielen fremden Kindern und fremden Erwachsenen, die alle nicht besonders nett zu ihr sein würden. Und die Großeltern würde sie dann auch nie wiedersehen.

Carolina erzählte diesen Teil der Geschichte selbst. Sie war eines dieser Kinder, die gerne und viel redeten und es genossen, wenn sie ein Publikum hatten, das ihnen zuhörte.

Das war Fluch und Segen zugleich, denn es hatte – in Verbindung mit ihren bösartigen Großeltern – erst zu dieser unerhörten Situation geführt. Aber nun war diese Eigenschaft gleichzeitig die Rettung gewesen, denn meine leisen Zweifel, ob ich das Richtige getan hatte, waren endgültig verschwunden. Carolinas Bericht darüber, wie die Großeltern mit ihr geübt hatten, den Vater zu beschuldigen, und ihr gedroht hatten, sie müsse sonst in ein Heim, war ganz eindeutig erlebnisbasiert und weder ausgedacht noch vom Fernsehen geliehen.

Um es kurz zu machen: Exakt das schrieb ich in meinen Bericht. Herr Dietz mochte toben und in Faxen, Briefen, Einsprüchen und zahllosen Anrufen eruptieren – es war auch für die zuständige Richterin überhaupt nicht daran zu rütteln, dass die Großeltern mitsamt ihrer hysterischen Kaffee-und-Kuchen-Truppe den Eltern von Carolina mehr als unrecht getan und das kleine Mädchen selbst fürchterlich verunsichert und verängstigt hatten.

Ein Teil von mir bedauerte es, dass Anwalt Dietz bei dem Termin im Gericht nicht mit einem lauten Wutknall explodierte. Andererseits war mir die Vorstellung, dass überall im Raum Dietzsche Fetzen herumlagen, die irgendjemand danach aufsammeln musste, auch sehr zuwider.

Ich war sehr froh, schon einige Jahre als Sachverständige gearbeitet zu haben, so dass mich Gerichtsverhandlungen nicht mehr schreckten. Anfangs hatte ich vor Verhandlungen oft nächtelang nicht richtig schlafen können, und mir war direkt davor manchmal richtig übel gewesen. Doch dieses Unwohlsein ist im Laufe der Jahre glücklicherweise verschwunden. Dass ich, Sophie Seeberg, vollkommen gelassen in Gerichtsverhandlungen gehen und problemlos auch vor dem Oberlandesgericht meine Gutachten mündlich erstatten und auf Fragen antworten kann, ohne nervös zu werden, das freut und erstaunt mich sogar heute noch gelegentlich.

Falls Sie, lieber Leser, zu den Menschen gehören, die behaupten, sie könnten nicht vor einer Gruppe von Menschen sprechen oder seien nicht der Typ für mündliche Prüfungen oder Ähnliches, kann ich Ihnen hiermit etwas sehr Erfreuliches mitteilen: Wenn ich es geschafft habe, meine Angst abzulegen, dann können Sie es auch! Ganz sicher!

Ich war von jeher unglaublich nervös bei allem, was auch nur im Entferntesten an mündliche Prüfungen erinnerte. Ich kann mich an jedes einzelne meiner Referate in der Schule erinnern. Wahrscheinlich, weil mein Gehirn im Überlebensmodus jedes Mal ver-

sucht hat, sich für mich derart gefährliche Situationen exakt einzuprägen. Im Vordiplom fiel ich durch zwei mündliche Prüfungen, weil ich einen Blackout hatte und mir außer meinem Namen einfach nichts mehr einfallen wollte. Kurz vor meiner Hauptdiplom-Prüfung in pädagogischer Psychologie war mir so dermaßen übel, dass ich in einen Supermarkt rannte und eine Plastiktüte erstand, um zu verhindern, dem prüfenden Professor seine gesamte Auslegeware vollzukübeln. Ich war mir ganz sicher, mich spätestens während der Prüfung übergeben zu müssen.
Ich musste nicht, kann mich aber ansonsten nur sehr rudimentär an die Prüfung erinnern.
Dass aus diesem Nervenbündel mit der Kotztüte in der Tasche eine Sachverständige werden konnte, die mit Gelassenheit und oft sogar Freude in Gerichtsverhandlungen geht, in denen ja nicht selten mindestens eine Person sitzt, die die Frau Sachverständige gerne auseinandernehmen und als stümperhafte Hochstaplerin entlarven will, ist für mich der ultimative Beweis dafür, dass in jedem von uns viel mehr steckt, als wir vermuten. In *jedem*. Definitiv.

Herr Dietz jedenfalls konnte das Rumpelstilzchen geben, wie er wollte; am Ende klatschte die Richterin ihn verbal förmlich gegen die Wand: »Und Ihnen, Herr Dietz, rate ich ganz privat, bei der nächsten Verhandlung ein bis zwei Gänge herunterzuschalten. Sowohl in der Lautstärke als auch in Ihren Versuchen, uns hier mit irgendwelchen haltlosen Schauergeschichten von der eigentlichen Arbeit abzuhalten. Meine Geduld ist gehörig strapaziert. Dies zum Geleit. Guten Tag.«
Frau Ehring und ich tauschten ein zufriedenes und breites Grinsen aus, und die Tatsache, dass der irre Dietz just in dem Moment zu uns herüberschaute, störte uns kein bisschen. Ganz im Gegenteil sogar.

Carolinas Eltern stellten den Kontakt zu den Großeltern nach dieser Sache zunächst komplett ein, was ich mehr als nachvollziehbar fand. Es dauerte ganze sechs Jahre, bis sie sicher waren, dass die Erinnerung an die ganze Sache bei Carolina nahezu vollständig verblasst war. Als ich den Vater vor einiger Zeit zufällig wiedertraf, berichtete er mir, dass sie den Großeltern immer noch nicht über den Weg trauten und Oma und Opa niemals mit Carolina alleine ließen. »Wenn unser Mädchen so weiterwächst, ist sie in zwei Jahren einen ganzen Kopf größer als ihre Großeltern, und dann schauen wir mal, ob sie vielleicht mal zu dritt ohne uns ein Eis essen gehen dürfen.«

Für mich war die ganze Geschichte ein Lehrstück für die fast schon kriminalistisch anmutende Komplexität, die mein Job manchmal für mich bereithält. Niemals hätte ich zu Anfang aus den Indizien folgern können, dass ein ganz gehöriger Anteil der Mitschuld bei einem gelben Vogel namens Tweety und dem glücklosen Kater Sylvester zu suchen war.

Achtung, Kind hört mit

Ich bitte vorab schon um Entschuldigung. Das hier ist keine Geschichte, sondern eine Mischung aus Ratschlag und Bitte. Dafür mache ich es aber auch ganz kurz. Sollten Sie gegen so etwas allergisch sein, müssen Sie also nur drei Seiten weiterblättern. Ansonsten würde ich mich freuen, wenn Sie auch jetzt bei mir blieben. Denn das, was jetzt kommt, liegt mir wirklich am Herzen.

Liebe Eltern und liebe Menschen, die auf Kinder aufpassen:
Kinder haben Ohren.
Sie hören euch.

Oft auch und manchmal vor allem, wenn ihr meint, sie seien gerade in ein Puzzle vertieft oder würden im Kinderzimmer nichts vom Rest der Wohnung mitbekommen. Auch wenn ihr denkt, dass sie noch zu klein sind, um das zu verstehen, was ihr am Telefon, mit der Nachbarin oder beim Kaffeeklatsch besprecht.
Kinder hören, was ihr sagt.
Und gerade wenn sie noch zu klein sind, um so ganz zu verstehen, worum es geht, basteln sie sich ihre eigene Wahrheit aus dem, was sie von euch mitbekommen. Dabei spielen nicht nur Worte, sondern auch der Tonfall und das Gefühl hinter dem Gesagten eine Rolle.
Und das zusammengebastelte Endprodukt kann eure Kinder sehr verstören und belasten.
Wenn ihr euch beispielsweise über euren Partner geärgert habt, dann muss euer Kind das nicht unbedingt erfahren. Behaltet es

für euch oder sprecht mit einer Freundin oder einem Freund darüber. Und zwar nur dann, wenn euer Kind euch ganz, ganz sicher nicht hören kann.

Natürlich sollen wir unsere Kinder nicht anlügen und ihnen vorspielen, das Leben sei eine rosa glitzernde Hüpfburg auf einer Wiese im Schlaraffenland. Das wäre falsch.

Aber ebenso wenig sollten wir unsere Kinder allzu brutal mit der Realität konfrontieren, die wir Erwachsene ja manchmal selbst kaum aushalten.

Zum Beispiel in Bezug auf Existenzangst. Eine solche Angst ist schlimm und schnürt auch uns Erwachsenen die Kehle zu, wenn sie uns überfällt. Wenn wir sie an unsere Kinder weitergeben, hat das nichts mit Ehrlichkeit zu tun, sondern stürzt Kinder in furchtbare Ängste, die sie möglicherweise so gar nicht artikulieren können und die sich je nach Entwicklungsstand dann in Alpträumen oder Verhaltensauffälligkeiten äußern.

Wenn wir als Eltern plötzlich den Job verlieren und daraufhin verständlicherweise mit Existenzängsten zu kämpfen haben und sparen müssen, können wir das unseren Kindern auch schonend und altersgemäß beibringen. Wir können erklären, dass wir zurzeit weniger Geld zur Verfügung haben als sonst und deshalb darauf achten müssen, nicht zu viel auszugeben. Das ist eine Information, die an sich keine Angst macht. Und wenn wir deutlich machen, dass wir auch mit wenig Geld Spaß und Freude haben werden, wird die Arbeitslosigkeit für das Kind kein großes Problem darstellen.

Ich höre jetzt einige rufen: »Aber sie *ist* ein großes Problem! Was, wenn ich keinen Job mehr finde? Wenn wir aus unserer Wohnung müssen? Wenn wir auf der Straße landen? Wenn wir obdachlos werden?«

Das ist genau das, was ich meine.

Wir machen uns (oft zu Recht) Sorgen und sind verzweifelt. Aber genau das ist es, was wir den Kindern nicht vermitteln sollten.

Denn wer weiß, vielleicht sind diese Sorgen ja unbegründet? Vielleicht findet das Kind es gar nicht schlimm, weniger Geld zu haben? Was das Kind aber ganz sicher schlimm finden wird, sind verzweifelte, sorgenzerfressene Eltern. Das ängstigt Kinder und raubt ihnen die Sicherheit.

Deshalb hier mein persönlicher Tipp: Man kann und soll seinen Kindern erklären, wie die aktuelle persönliche Situation ist – aber bitte ohne sie in die eigenen – vielleicht ja vollkommen unbegründeten – Sorgen einzubeziehen.

Das tut unseren Kindern gut und uns selbst auch.

Natürlich ist es prima, wenn man vorausschauend denkt und Dinge plant, aber vieles im Leben ist nun einmal nicht planbar. Und so manche Katastrophe entpuppt sich im Nachhinein als Glücksfall, weil sie uns auf Wege führt, die wir ohne Not nie beschritten hätten, uns aber nach einem steinigen Aufstieg plötzlich auf eine märchenhafte Lichtung bringt.

Wäre es nicht wunderbar, wenn wir unseren Kindern vermitteln könnten, dass man ruhig ein wenig Vertrauen in das Leben haben darf und nicht immer gleich mit dem Schlimmsten rechnen muss?

Denn wenn wir einmal genau schauen: Wie oft passieren die Dinge, um die wir uns gesorgt haben, am Ende gar nicht? Verdammt oft.

Und weil ich gerade dabei bin, mit guten Ratschlägen um mich zu werfen: Wenn Sie sich über jemanden ärgern, dann denken Sie an das leere Boot, von dem Lena erzählt hat.

Und wenn doch mal jemand drinsitzt in dem Boot, dann denken Sie an Herrn Weber, der so wunderbare Dinge zum Vergeben gesagt hat.

Wenn wir alle ein wenig gelassener sein und dem Leben mehr Vertrauen schenken könnten, wenn wir beständig darauf achten würden, mehr Vergebung, Freude und Liebe in uns zuzulassen, dann wären wir dem Glück, nach dem wir alle streben, einen großen Schritt näher.

Der Maik-Tylor verträgt kein Bio

Die Montessori-Schule »Regenbogenland« lag äußerst idyllisch in einem sehr schicken Vorort.

So schick, dass die Buchsbäume in den Vorgärten statt der üblichen Kugeln komplizierte geometrische Formen oder gar Schwäne und andere Tiere bildeten. Alles war blitzblank und sauber, und vor dem Kindergarten standen eine Menge sehr große, glänzende Autos oder Fahrräder, die dem Wert der großen, glänzenden Autos in nichts nachzustehen schienen. Wie immer, wenn es ein bisschen schicker als schick war, begann ich mich unwohl zu fühlen und spürte den Drang, einen der Buchsbäume in seine ursprüngliche Form zurückzuwandeln – also irgendwie ja ganz im Sinne der Montessori-Pädagogik …

Tatsächlich wirkte die Schule inmitten dieser durchgestylten Umgebung wie das Objekt eines verschrobenen Künstlers. Denn hier gab es einen bunt bemalten Holzzaun, Windspiele aus Tannenzapfen, Ästen und Vogelfedern und sogar ein Gemüsebeet. Ohne Buchsbaumschwan. Wie schön!

Ich bin ein großer Befürworter der Montessori-Pädagogik. Sie besteht aus vielen genialen und kindgerechten Ideen, und ich wünschte, es gäbe viel mehr Montessori-Schulen. Am besten vor allem solche, die kostenlos und genauso frei zugänglich sind wie die staatlichen Schulen. Das wäre toll.

Allerdings befand sich das »Regenbogenland« nicht ohne Grund im Reiche-Leute-Land. Die Eltern von Montessori-Schülern müssen nämlich monatlich einen nicht unerheblichen Betrag an die Schule zahlen.

Außer man hatte Defizite in der Erziehungsfähigkeit – wie Frau Kowalczyk – und einen hoch motivierten Mitarbeiter – wie Herrn Schemmer – im Jugendamt, der es doch tatsächlich möglich machte, dass das Amt die Kosten für Frau Kowalczyks Sohn übernahm.

Ich weiß nicht, wie Herr Schemmer das geschafft hatte, aber der sechsjährige Maik-Tylor (nachdem ich schon eine Schakkeline, eine Schanin und sogar einen Schastin, einen Dewid und einen Tscheremie kennengelernt hatte, wunderte ich mich über einen Maik-Tylor Kowalczyk überhaupt nicht mehr) durfte tatsächlich mit all den Emanuels, Katharinas, Helenas und Leanders im »Regenbogenland« spielen und spielend lernen.

Maik-Tylors Mutter war davon allerdings nicht angetan, schon alleine, weil sie jeden Tag eine »Weltreise mit'm Bus *und* der S-Bahn« machen musste, wie sie nicht müde wurde sich zu beschweren. »Nur weil der Schemmer meint, der Maik-Tylor muss hier extrawurstmäßig rumgefördert werden! Mannomann …! Der hat doch nicht mehr alle Latten am Zaun, der Heini!«

Immerhin war Frau Kowalczyk erfrischend ehrlich, das musste man ihr lassen.

Vor zwei Jahren hatte es mehrere anonyme Meldungen beim Jugendamt gegeben, dass es bei Maik-Tylor und seiner Mutter immer so laut zugehe, seit der Herr Kowalczyk auf Montage in Sibirien sei. Der kleine Junge gehe mittags im Schlafanzug beim Kiosk Bier für seine Mama kaufen (welcher komplett verblödete Kioskbesitzer verkaufte eigentlich Alkohol an Vierjährige im Schlafanzug?), werde aber ansonsten nie draußen gesehen.

Das Jugendamt, in Person von Herrn Schemmer, hatte sich sodann einen eigenen Eindruck verschafft. Dabei hatte er festgestellt, dass tatsächlich eine Gefährdung des Kindeswohls bestand, und Frau Kowalczyk glaubhaft versichert, dass er Maik-Tylor in Obhut nehmen werde, wenn sie nicht gefälligst mit ihm oder einer Familienhelferin zusammenarbeiten würde. Offenbar hatte er den richtigen Ton getroffen, denn Frau Kowalczyk hatte zugestimmt, einen entsprechenden Antrag unterschrieben und, wie im letzten Bericht zu lesen war, anderthalb Jahre lang recht gut mit der Familienhelferin Frau Lehmann zusammengearbeitet.

Maik-Tylors Situation hatte sich deutlich verbessert und stellte keine akute Kindeswohlgefährdung mehr dar:

Frau Kowalczyk hatte ihn nicht mehr zum Kiosk geschickt, sondern sich ihr Bier selbst gekauft. Allerdings lange nicht mehr so viel wie früher. Und sie hatte es erst dann getrunken, wenn Maik-Tylor schon im Bett war.

Sie hatte ab und zu mit ihm Gesellschaftsspiele gespielt, ihm vorgelesen, nur noch die Hälfte der Zigaretten in der Wohnung geraucht und sich sogar dazu aufgerafft, mit Maik-Tylor auf den Spielplatz zu gehen. Letzteres möglicherweise unter anderem, weil sie dann im Freien war und ohne ein allzu schlechtes Gewissen ihrer Nikotinsucht frönen konnte.

Frau Kowalczyk war noch immer einige Zigarettenlängen davon entfernt, eine perfekte Mutter zu sein, aber Frau Lehmann und Herr Schemmer waren sehr zufrieden mit ihren Fortschritten.

Vor einigen Monaten dann war Frau Lehmann pensioniert worden, und Frau Kowalczyk hatte erklärt, auf gar keinen Fall mit einer anderen Familienhilfe zusammenarbeiten zu wollen. Na ja, gesagt hatte sie laut Herrn Schemmer eher so was wie: »Das können Se so was von vergessen, Herr Schemmer! Die Frau Lehmann, die war in Ordnung, aber mir kommt keine andere ins Haus. Nee! Ende der Diskussion!«

Darüber war Herr Schemmer nicht glücklich. Zwar hatte ihm Frau Lehmann auf ihrer Abschiedsfeier erklärt, Maik-Tylors Mutter habe in kurzer Zeit erstaunliche Fortschritte gemacht, und sie gehe davon aus, dass Frau Kowalczyk nun auch ohne ihre Hilfe ganz passabel zurechtkommen werde. Aber jetzt hatte es doch wieder Meldungen aus der Nachbarschaft gegeben. Nicht so viele wie früher, aber dennoch ... Frau Kowalczyk wurde wohl wieder häufiger sehr laut und verbrachte die meiste Zeit mit Maik-Tylor bei McDonald's. Das war an sich nicht so schlimm, dass man gleich eine akute Kindeswohlgefährdung annehmen musste – zumal es durchaus die Sorte Nachbarn gibt, die nicht in erster Linie besorgt sind, sondern sich langweilen oder wichtigmachen wollen. Aber als dann die Meldung der Schule kam, dass Maik-Tylor häufig zu spät oder gar nicht erscheine und Frau Kowalczyk nicht zu einem Gespräch bereit sei, wurde es Herrn Schemmer zu bunt. Er wollte nicht riskieren, dass Maik-Tylor doch wieder zum Bierkaufen geschickt wurde und den ganzen Tag mit seiner angetrunkenen Mutter in der verrauchten Wohnung vor dem Fernseher sitzen musste. Also wandte er sich nach Frau Kowalczyks Weigerung, erneut Hilfe anzunehmen, an das Familiengericht.

Und so kam es, dass ich einen Termin mit Maik-Tylor in seiner Schule hatte. Hier konnte ich ihn erst einmal in neutraler Umgebung kennenlernen, bevor ich ihn ein paar Tage später zu Hause bei seiner Mutter besuchen würde, um dort eine Interaktionsbeobachtung zu machen.
Maik-Tylor war ein netter Junge, der mir stolz erzählte, dass er schon einen Freund gefunden habe und ein »ganz bisschen schreiben« könne.
Er war zwar ein wenig zu blass und auch ein wenig zu dick, aber ansonsten wirkte er recht ausgeglichen und emotional sta-

bil. Er erzählte, dass seine Mutter »manchmal nicht so gut drauf« sei und dann »so ein bisschen laut« werde, aber er sah dabei nicht sonderlich belastet aus. Allerdings wirkt dies häufig so bei Kindern, die ihr Leben lang in sogenannten schwierigen Verhältnissen leben. (Schwierig, nicht katastrophal. Bitte bedenken Sie den Unterschied.)

Diese Kinder haben sich auf ihre Art an die Lebensumstände gewöhnt. Sie kennen es nicht anders.

Eine Freundin von mir wuchs in einem sogenannten Alkoholikerhaushalt auf. Sie hatte eine schwer alkoholkranke Mutter, einen abwesenden Vater – und glücklicherweise Geschwister, so dass sie nicht alleine mit alldem war. Sie betont oft, dass es ihr nicht so schlechtgegangen sei, wie die meisten Menschen annehmen, wenn sie hören, dass meine Freundin sich oft um ihre Mutter kümmern musste. Morgens loste sie mit den Geschwistern aus, wer zur Schule gehen durfte und wer zu Hause bei der Mutter bleiben musste, wenn es mal wieder besonders schlimm um sie stand. »Ich kannte das nicht anders. Und meine Kindheit war eben, wie sie war, und hatte auch ganz viele glückliche Momente.«

Daran musste ich denken, als ich mit Maik-Tylor sprach und feststellte, dass er die Defizite seiner Mutter nicht im Entferntesten so dramatisch bewertete, wie man es gemeinhin erwarten würde.

Allerdings hatte er sehr wohl bemerkt, dass sich seit der Pensionierung von Frau Lehmann etwas verändert hatte.

»Mit der Frau Lehmann war das besser. Ich find das schade, dass die nicht mehr kommen kann. Und die Mama auch, glaub ich.«

Nun schaute er doch ein wenig bekümmert drein.

»Woran merkst du denn, dass die Mama das auch schade findet?«, erkundigte ich mich.

»Na, die schimpft wieder so arg laut. Und das macht die Mama nur, wenn sie nicht glücklich ist.« Maik-Tylor lächelte ein wenig. »Das hat mir die Frau Lehmann erklärt. Wenn die Mama laut wird und rumschreit, dann nicht wegen mir, sondern weil sie unglücklich ist.«

Ob der Sechsjährige in der Lage war, sich das auch klarzumachen, wenn er gerade angebrüllt wurde, wagte ich zu bezweifeln. Dennoch war ich beeindruckt von Maik-Tylors Analyse der Situation. Und auch ansonsten fand ich, dass dieser Junge großes Potenzial und ein erfreulich stabiles und angenehmes Wesen hatte. Er war schlau, konnte sich gut ausdrücken und wirkte insgesamt älter, als er war. Daneben war er wunderbar entspannt und besaß eine beeindruckend positive Grundhaltung.

Das sah auch seine Lehrerin, Frau Bauer, so.

»Also, wenn ich ehrlich bin, ich hatte was ganz anderes erwartet. Als ich gehört habe, dass ich ein Kind in die Klasse bekomme, das aus so schwierigen Verhältnissen stammt, da war ich schon sehr skeptisch«, erklärte sie ein wenig verlegen. »Aber der Maik – ich sage immer Maik, weil ich diesen Doppelnamen ... also, ich sagen eben Maik. Also, er ist kein bisschen auffällig. Und wenn, dann eher positiv. Er hat ein tolles Sozialverhalten, ist immer fair und so ... na ja, so ganz sanft irgendwie.« Sie lächelte. »Ich mag den Maik sehr gerne. Er ist ein toller Junge.«

Zu Maik-Tylors Mutter konnte Frau Bauer allerdings wenig sagen. »Die war nur zum ersten Elternabend hier. Das war aber noch bevor der Maik eingeschult wurde. So ein Infoabend. Ich glaube, damals war die Familienhelferin noch da. Jetzt bringt Frau Kowalczyk den Maik zwar morgens hierher, aber sie kommt nie in die Schule rein, und ich kann nicht mit ihr reden. Ich glaube, sie bringt den Maik auch nur, weil der Herr Schemmer ihr gesagt hat, dass sie ihn auf keinen Fall alleine mit dem

Bus und der S-Bahn fahren lassen darf. Also, dem Maik geht es so weit ganz gut, auch wenn er in letzter Zeit ein wenig stiller und nachdenklicher wirkt. Aber dass er so oft zu spät kommt oder eben gar nicht, das geht einfach nicht. Ich hoffe, Sie können da was machen.«

Das hoffte ich auch.

Auf meinem Weg aus der Schule nach draußen musste ich mich an diversen Versammlungen von Müttern vorbeischlängeln. Was ich da an Gesprächsfetzen aufschnappte, erinnerte so frappierend an die Müttersociety in Kerstin Giers Roman *Die Mütter-Mafia*, dass ich der festen Überzeugung war, mich verhört zu haben.

Hatte ich aber nicht.

Liebe Mütter, liebe Frauen, ich kann es nicht oft genug sagen: Mehr Solidarität untereinander wäre wirklich wundervoll. Wie viel besser würden wir uns alle fühlen, wenn wir uns gegenseitig helfen und unterstützen würden. Und damit ist nicht gemeint, sein Gegenüber mit der eigenen Wahrheit so lange zu belabern, bis es aus dem Ohr blutet und das Kind auch in die Feng-Shui-Krabbelgruppe steckt.

Hier mal ein paar repräsentative Gesprächsfetzen, wie ich sie immer wieder so oder so ähnlich hören darf:

»... ach, du bist gar nicht schwanger? Na, da hast du dir es ja ganz schön gutgehen lassen über Weihnachten. Aber du hast sicher recht: Man soll ja bewusst genießen ...«

»Nein, Dienstag geht nicht, da haben wir Posaune.«

»Das haben die im Ballett noch nie gesehen, dass ein so kleines, hübsches Ding schon so loslegt. Gut, wir üben ja auch täglich, aber das ist eben Talent. Ich hab ja früher auch ...«

»Mittwoch geht nicht. Da ist der Schachclub und direkt im Anschluss Chinesisch.«

»Der Jeremias ist eben gerade ganz intensiv dabei, seine Gefühle auszuleben. Das ist wichtig, sagt auch der Professor Doktor Kermann. Und der ist eine Koryphäe auf seinem Gebiet. Da kann es eben mal passieren, dass das Ganze intensiver wird und der Jeremias seine Kraft unterschätzt. Aber die Hannah wäre garantiert auch so die Treppe heruntergestürzt. Hast du gesehen, wie ungeschickt die sich beim Sportfest angestellt hat? Unfassbar! Da müssten die Eltern dringend mal was …«

»Nein, Donnerstag ist doch Tennis. Da kann die Charlotte nicht.«

»Dein Kleiner ist ja auch ein richtiger Wonneproppen geworden, so richtige Hamsterbacken. Aber ich find das ja süß, irgendwie, die paar Kilo zu viel. Nur bei meinem Kind will ich so was nicht. Da hätte ich zu viel Sorge, dass sich das irgendwie nachteilig auf das weitere Leben auswirkt. Ich finde toll, dass ihr da so mutig seid. Bewundernswert. Ehrlich.«

»… also, wenn ihr eure Selina nicht zum Chi-Awareness-Coaching schicken wollt, ist das natürlich eure Sache. Ich dachte nur, dass sie dann vielleicht eher Freunde finden und auch mal zu einem der Kindergeburtstage eingeladen wird …«

»… unser Au-pair-Mädchen ist an Saras Mathehausaufgaben verzweifelt, lernen die denn da gar nix in Russland?«

»Also, ich kaufe *nur* direkt beim Bauern! Ausschließlich! Das hätte ich nicht gedacht, dass die Mutter von der Rebecca tatsächlich bei Edeka einkauft! Ja, so hab ich auch geschaut. Aber ich habe es mit eigenen Augen gesehen!«

Gerade die extremen Übermütter machen mich immer wieder wütend, und das aus folgendem Grund:

Wenn schon kleine Kinder einen so vollen Terminkalender haben, dass kaum ein Zeitfenster zu finden ist, in dem der Leander einfach mal mit dem Emanuel *spielen* kann – ganz ohne dabei Chinesisch, Querflöte, Schach oder Capoeira lernen zu müssen – dann ist das nicht kindgerecht. Verstehen Sie mich nicht falsch. Hobbys sind toll. Aber eben nicht so viele, dass kein freier Tag mehr bleibt. Und es wäre vielleicht ein netter Zug, darauf zu achten, wessen Hobby es denn ist. Das des Kindes oder das der Mama, die es nie überwunden hat, im Ballett gescheitert zu sein …

Wenn ich die Eltern dieser überförderten Kinder sehe, dann habe ich meist das Gefühl, dass es hier in erster Linie darum geht, sich nicht selbst mit dem Kind beschäftigen zu müssen. Außerdem scheint es wichtig zu sein, damit angeben zu können, was der Jonathan schon alles kann.

Nicht hilfreich sind aber auch die Eltern, die ihr Kind am liebsten mit Atemschutzmaske, Helm und Knieschonern in die Schule schicken würden. Wobei von schicken keine Rede mehr sein kann. Wenn es möglich wäre, würden sie ihre Kinder nicht nur bis zum Klassenzimmer begleiten, sondern sich bis Schulschluss neben sie setzen.

Diese Art Eltern machen mich persönlich am meisten wütend, denn sie haben dafür gesorgt, dass es plötzlich als Unsitte gilt, sich schützend vor sein Kind zu stellen. Stattdessen geht nun, als Gegenbewegung zu den Übermuttis, der Trend dahin, Kinder möglichst schutz- und haltlos aufwachsen zu lassen und sie in Situationen sich selbst zu überlassen, mit denen sie schlichtweg überfordert sind.

Denn natürlich müssen Kinder geschützt werden. Und selbstverständlich sollen Eltern darauf achten, dass Kindern nichts passiert, und vorausschauend planen, wenn eine Verletzungsgefahr besteht. Was denn sonst? Vermeintlich pädagogisch wertvolle Sprüche wie »Kinder können ihre Konflikte am besten alleine austragen« oder »Wenn's weh tut, dann hat er eben was gelernt« sind keine Rückbesinnung zur »guten alten Zeit« (deren Existenz noch zu beweisen wäre), sondern ein Rückschritt, der auf Kosten der Kinder geht.

Ein Mittelweg wäre mal wieder schön. Und im Sinne der Kinder erstrebenswert.

Apropos … Frau Kowalczyk schien diesen Mittelweg ebenfalls nicht gefunden zu haben. Auch wenn sie vielleicht in eine andere Richtung falsch abgebogen war.

Herr Schemmer vom Jugendamt hatte sie mir als »harten Brocken« angekündigt und erklärt, er sei mit seinem Latein am Ende. Und das war für sich genommen schon erstaunlich, denn dieser sehr fähige und findige Mann wusste eigentlich immer einen Rat und war nicht die Sorte Mensch, die leicht aufgab.

»Die Frau braucht eben doch nach wie vor eine Familienhilfe, die ihr sagt, wo's langgeht, und sie generell unterstützt. Das wäre ja auch kein Problem, aber sie will auf keinen Fall wieder eine Hilfe annehmen. Vielleicht dringen Sie ja durch …«

Ich hatte noch nie solche Worte aus Herrn Schemmers Mund gehört, entsprechend vorgewarnt ging ich zum ersten Begutachtungstermin.

Ich konnte Herrn Schemmers Verdruss nachfühlen, während ich auf Frau Kowalczyks Eckbank saß und gerade wieder eine ihrer knappen Antworten hingeknallt bekam. Gerade hatte ich sie gefragt, warum Maik-Tylor denn in letzter Zeit so oft zu spät oder eben gar nicht zur Schule kam.

»Keine Ahnung«, war ihre Antwort.

»Sie sind ja morgens dabei, richtig? Also, Sie bringen Ihren Sohn zur Schule.«

»Japp.«

»Also müssten Sie mir doch auch sagen können, warum Sie zu spät sind.«

»Mal so, mal so.«

»Zum Beispiel?« Vielleicht drang ich besser durch, wenn ich mich ihrem Sprechstil anpasste.

»Der Bus war schon weg.«

»Weil Sie zu spät dran waren?«

»Der braucht in der Früh immer.«

»Wer? Ihr Sohn?«

»Nee. Ja auch. Manchmal.«

»Wer braucht in der Früh immer für was?«

»Der Bus. Bis der kommt.«

»Und trotzdem waren Sie zu spät?«

»Ja.«

»Aber warum?«

»Diesmal war der pünktlich.«

So kam ich nicht weiter.

»Frau Kowalczyk, der Maik-Tylor fehlt ja auch oft in der Schule. Warum denn?«

»Krank.«

»Wer?«

»Mal so, mal so.«

Argh!

Das Gespräch mit Frau Kowalczyk ging ebenso zäh weiter. Erst als ich sie fragte, ob es Dinge gebe, die sie gerne ändern würde, kam Leben in sie und endlich auch mehrere Sätze in Folge aus ihrem Mund.

Allerdings gab das Ganze inhaltlich nicht viel her, da sich Frau Kowalczyk ausschließlich damit aufhielt, dass der Maik-Tylor von dieser verrückten Schule wegmüsse.

»Die is zu weit weg. Das is totaler Stress. Und die wollen dauernd, dass ich irgendwas mache. Ständig labert mich irgendeine von denen an und grinst falsch und dann soll ich bei irgend so 'nem Fest Kuchen verkaufen oder so ein Quatsch. Und dann füttern die dem Maik-Tylor laufend Biokram! Das verträgt der nicht!«

»Bitte?«

»Was?«

»Ich meine, habe ich Sie richtig verstanden, der Maik-Tylor verträgt kein Bio?«

»Japp.«

»Wie kommen Sie denn darauf?«

»Na, weil der dann kotzt! Der verträgt kein Bio! Erst letzte Woche war er bei diesem Dings, wie heißt der? Leoni… Leonardo oder so ähnlich, die haben doch alle so bescheuerte Namen da. Also bei dem war der Maik-Tylor auf dem Geburtstag. Da hat's natürlich nur diesen Biokram gegeben. Karottenkuchen hatten die. Ka-rot-ten-ku-chen! Und überall standen so Gläser mit Grünzeug drin und drumrum so Bio-Schlonz zum Reindippen. Und in der Nacht hat der Maik-Tylor so dermaßen gekotzt! Wegen dem Biokram. Ist ja auch eklig, dieses Zeugs! Wenn wir zum Mäkkes gehen, gibt's null Probleme. Ein Burger und eine Cola, und dem Maik-Tylor geht's super, aber dieser Biofraß, nee. Da wird dem schlecht. Je-des Mal. Also gehen wir jetzt öfter zum Mäkkes, und schon wird nich mehr gekotzt.«

Für Frau Kowalczyks Verhältnisse war das eine regelrechte Rede gewesen.

»Frau Kowalczyk, wäre es denn nicht vielleicht eine gute Idee, wenn wir eine neue Familienhilfe finden? Die Frau Lehmann fanden Sie doch …«

»Neeneenee!«, unterbrach sie mich und wedelte mit beiden Händen durch die Luft.

So viel Engagement hatte ich ihr gar nicht zugetraut. Immerhin wusste Frau Kowalczyk genau, was sie *nicht* wollte, und machte das dann auch entsprechend deutlich:

»Da mach ich nicht mit, neenee. Ich will nicht irgend so eine Tussi bei mir haben! Nachher ist die auch so eine Biotante, die meint, der Maik-Tylor muss jetzt Chinesisch lernen oder Geige spielen oder so einen Quatsch machen. Das kommt mir nich ins Haus, so 'n Zeuch! Nee, nee!«

Frau Kowalczyk war tatsächlich ein harter Brocken. Da hatte der Herr Schemmer nicht übertrieben. Sie wollte sich in meinem Beisein auch nicht mit Maik-Tylor beschäftigen, so dass auch eine Interaktionsbeobachtung kaum zu machen war. Sie blockierte jeden Versuch meinerseits, über ihr Verhältnis zu dem Jungen, ihre Einstellungen oder ihre Ziele zu reden. Alles, was ich erntete, waren Einzeiler der Marke »Weiß ich nicht, ja nee, vielleicht«.

Außer ich machte einen konkreten Vorschlag zur Verbesserung der Situation. Dann wedelte sie wieder mit beiden Händen, als wolle sie einen Bienenschwarm verscheuchen, und redete sich in Rage.

Ich würde nicht sagen, dass ich verzweifelt war. Aber ratlos war ich definitiv. Maik-Tylor war anzusehen, dass es ihm nicht gutging. Aber eben auch nicht schlecht genug, als dass man ihn der Mutter wegnehmen und in eine Pflegefamilie geben müsste. Die Gefahr, dass es im Laufe der nächsten Zeit kontinuierlich schlechter laufen würde, war jedoch nicht zu leugnen, und Frau Kowalczyk war nicht beizubringen, dass sie gerade wieder in alte Muster verfiel. Sie begann schon jetzt damit, alles zu vergessen, was sie bei Frau Lehmann gelernt hatte. Ohne Hilfe schien sie wohl nicht in der Lage zu sein, ihrem Jungen ein ausreichend geregeltes Leben bieten zu können. Doch eine neue Familienhilfe wollte sie auch nicht. Was also konnte ich tun?

Ich beschloss, um Rat zu fragen. Und da Herr Schemmer in diesem Fall leider dem Verdruss anheimgefallen war und ich ihn, ehrlich gesagt, nicht anrufen wollte, nur um ihm zu sagen, dass ich ihm beipflichten musste, wählte ich eine andere Nummer.

»Frau Seeberg, das ist ja nett, dass Sie anrufen«, begrüßte mich Frau Lehmann fröhlich am Telefon.

Ich kam erst einmal gar nicht dazu, ihr mein Anliegen zu schildern. Denn bevor ich die lebhafte Frau um Rat fragen konnte, war die schon mittendrin im Erzählen:

»Ich hatte mir das mit der Rente ja nun doch etwas anders vorgestellt, Frau Seeberg. Endlich mal Zeit für die Dinge haben, die man immer aufgeschoben hat, vielleicht einfach mal einen Nachmittag im Garten sitzen und ein gutes Buch lesen, ohne dass man immer denkt ›Ich muss noch dies, ich muss noch das‹, aber was soll ich sagen? Nach ein paar Wochen war das Haus blitzblank, sogar den Dachboden und die Garage hab ich ausgemistet und gemeinsam mit meinem Mann seine Modelleisenbahn abgestaubt, können Sie sich das vorstellen? Seit Jahren wollte ich da mal angreifen, und jetzt ist das gerade mal eine Sache von einem Tag!«

Ich musste lachen: »Da waren Sie also enttäuscht, dass es so schnell ging?«

»Ja natürlich, und wie! Mein Mann hatte mir das aber auch immer in den schrillsten Tönen geschildert, dass das nicht ginge und dass man dann dieses ganze Streu wegsaugt, womit er die Wiesen und so weiter gemacht hat. Aber da saugte sich gar nichts weg, denn nicht umsonst stinkt es ja in unserem ganzen Haus und im Vorgarten immer nach Sprühkleber, wenn der Herr mal wieder Landschaftsarchitekt spielt. Das Zeug ist so festgepappt wie die Frisur von der Frau Gruber vom Jugendamt. Und seit vorgestern habe ich dann also auch das letzte von den Büchern durch, die ich immer schon mal lesen wollte.«

»Das waren dann aber nicht so viele?«

»O doch, ich hatte nur plötzlich so viel *Zeit,* Frau Seeberg! Nichts als Zeit! So viel kann man doch gar nicht im Garten herumwurschteln, ohne verrückt zu werden. Oder wenigstens ein bisschen wunderlich. Ich weiß ehrlich gesagt gar nicht, wie mein Mann das aushält mit der Rente. Aber der sagt immer, er hätte sich das verdient. Ich weiß nicht, womit ich es verdient haben soll, an Langeweile einzugehen wie die Primeln, die ich jetzt aus noch mehr Langeweile viel zu oft gegossen und damit ersäuft habe. Frau Seeberg, ich war im Beruf den Menschen immer eine große Hilfe, und jetzt bin ich sogar eine Gefahr für meinen Garten!«

Ich machte »Hm«, obwohl ich innerlich fast geplatzt wäre. Dann erst setzte ich meine nachdenklichste Stimme auf: »Also, Frau Lehmann … ich weiß ja nicht, ob es da irgendwelche rechtliche Hürden gibt, aber … also vielleicht könnten Sie ja helfen, diese ganze verzwickte Situation zu retten …«

Frau Lehmann war sofort hellhörig: »Was meinen Sie?«

»Nun, mir kam da gerade ein Gedanke, aber da müsste man erst überlegen, wie man das umsetzt. Sicherlich erinnern Sie sich an die Familie Kowalczyk?«

Da lachte die Frau am anderen Ende: »Ha, wie könnte ich die vergessen! Die Frau Kowalczyk war mein größter beruflicher Triumph, wenn man das so sagen darf. Da ging ja am Anfang gar nix, und dann gegen Ende wurde das sogar manchmal richtig nett. Wie geht's denen denn?«

»Also, ich befürchte, ohne Sie geht es da nicht so gut.«

Diese Frau hatte in ihrem Leben schon so vielen Menschen geholfen, also wollte ich sie nicht beunruhigen. In meinen Bemühungen, nichts schwärzer zu malen als nötig, erzählte ich auch nicht *alles,* was in den letzten Monaten schiefgelaufen war.

Aber selbst das genügte schon, um Frau Lehmann in eine Art gutmütigen, heiligen Zorn zu versetzen.

»Das darf doch nicht wahr sein! Diese schlampige Urschl, also nein! Dabei kann sie es doch, wenn sie will, und es geht ihr doch dann auch viel besser. Und der arme Meikel, also wirklich.«

»Meikel?«

»Na ja, also Maik-Tylor krieg ich nicht über die Lippen, das hab ich schon gleich am ersten Tag klargestellt. Und der Meikel ist so ein netter und schlauer Kerl, der braucht nur eine Chance, dann blüht der auf! Wissen Sie was, Frau Seeberg, das machen wir so: Sie sagen da offiziell gar nix, und ich kümmere mich da jetzt mal drum.«

Zugegeben, ein bisschen mies fühlte ich mich schon. Aber nachdem Frau Lehmann so überdeutlich gemacht hatte, dass sie zurzeit nicht glücklich war, konnte ich es mit meinem Gewissen ganz gut vereinbaren, sie hier mehr oder weniger subtil manipuliert ... oder, sagen wir mal, auf den Weg gebracht zu haben.

Tatsächlich hatte sich Frau Lehmann direkt nach unserem Gespräch zu einem unangemeldeten Besuch bei Mutter und Sohn Kowalczyk aufgemacht. Es sollte nicht bei diesem bleiben, ganz im Gegenteil. Bis heute besucht Frau Lehmann die beiden mindestens zweimal die Woche und sorgt dafür, dass alles rundläuft. Sie will dafür kein Geld, obwohl der überaus dankbare Herr Schemmer vom Jugendamt ihr mehrfach angeboten hat, da »etwas zu deichseln«.

»Nein, nein!«, antwortet Frau Lehmann darauf jedes Mal. »Wenn ich Geld bekomme, kommen damit auch die Zettelwirtschaft und der ganze überflüssige Blödsinn, der mich nur Arbeit kostet, zurück. Ich will aber nur den Teil von meinem

Job behalten, der mir Spaß macht. Ich bin schließlich in Rente, und das hab ich mir verdient.«

Recht hat sie.

Und wenn Frau Lehmann heute etwas »mit Bio« kocht, dann isst der Maik-Tylor das mit Appetit und verträgt es ganz wunderbar.

Umgangsverbot

Ich habe im Vorgänger dieses Buches schon einmal etwas über den Umstand geschrieben, dass sich manche Kinder weigern, den Elternteil zu besuchen, bei dem sie nicht leben.

Ich halte es für sehr wichtig, sich in einem solchen Fall immer bewusst zu sein, dass es für eine solche Weigerung viele Gründe geben kann. Deshalb sind hier noch einmal einige der Gründe aufgeführt, die dazu führen können, dass ein Kind seinen Vater (oder natürlich auch seine Mutter) nicht besuchen will.

Zur besseren Lesbarkeit gehe ich in den folgenden Beispielen davon aus, dass das Kind bei der Mutter lebt und seinen Vater nicht besuchen will.

Und das könnte so sein, weil:

a) das Kind sich noch nicht gut von seiner Mutter trennen kann und eine kurzfristige und einfache Lösung hierfür sucht (nämlich bei der Mutter zu bleiben).

b) die Mutter dem Kind erfolgreich eingeredet hat, dass der Vater ein böser Mensch ist, und es nun Angst vor diesem seltsamen Typen hat.

c) der Vater bei den letzten Besuchen mehrfach im Beisein des Kindes über die Mutter geschimpft hat und das Kind den Loyalitätskonflikt lösen will, indem es den Vater nicht mehr besucht.

d) das Kind gelernt hat, dass es ganz besondere Aufmerksamkeit und vielleicht auch Streicheleinheiten bekommt, wenn es äußert, dass es nicht zu seinem Vater will.

e) der Vater das Kind misshandelt oder missbraucht hat.

f) sich das Kind beim Vater schon mehrfach gelangweilt hat und weiß, dass die Mutter mit ihm ins Schwimmbad oder Kino gehen würde, wenn es am Wochenende bei ihr bliebe.

g) das Kind das Gefühl hat, seine Mutter erwarte von ihm, dass es den Vater ablehnt, und Angst hat, die Liebe der Mutter zu verlieren, wenn es dieser Erwartung nicht entspricht.

h) das Kind bislang keine gute Beziehung zu seinem Vater entwickeln konnte und sich dort nicht wohl fühlt.

i) das Kind eben mal keine Lust hat, den Vater zu besuchen, weil es gerade damit beschäftigt ist, einen Lego-Tierpark zu bauen.

Natürlich gibt es Kinder, die tatsächlich und ganz begründet Besuche beim anderen Elternteil komplett verweigern. Diese Kinder müssen geschützt werden. Unbedingt!

Leider gibt es aber in der Gesamtschau mindestens genauso viele Mütter, die Kontakte ihrer Kinder zum Vater regelrecht verhindern. Es gibt selbstverständlich auch Väter, die das umgekehrt mit den Müttern tun.

Bitte erlauben Sie mir, dass ich das Thema hier noch einmal aufgreife, weil es einfach zu wichtig ist und Unwissenheit oft zu falschen Entscheidungen führt.

Es gibt glücklicherweise nur wenige tragische Fälle, in denen Kinder tatsächlich vor ihren Eltern oder einem Elternteil geschützt werden müssen, so dass man ein komplettes Kontaktverbot aussprechen muss.

Falls Elternteil und Kind sich entfremdet haben oder der Elternteil so viele Defizite aufweist, dass er dem Kind möglicherweise schaden könnte, kann man begleitete Kontakte stattfinden lassen. Das bedeutet, dass eine weitere Person bei den Kontakten zwischen Vater und Kind anwesend ist. In Härtefällen können das auch mal zwei Personen sein. Diese Kontaktbegleitung kann eingreifen, wenn die Gefahr besteht, dass das Kind Schaden nehmen könnte. Sie kann als »Modell« fungieren und so dem Vater langfristig beibringen, welche Verhaltensweisen gegenüber dem Kind sinnvoll sind. Außerdem kann sie die Kontakte in Gesprächen vor- und nachbereiten. Die Art und Weise, wie begleitet und geholfen wird, ist ebenso unterschiedlich, wie es unterschiedliche Eltern und Kinder gibt. Und tatsächlich kann eine auf die individuellen Bedürfnisse maßgeschneiderte Umgangsbegleitung wahre Wunder bewirken. Mütter können ihre Kinder entspannt zu den Kontakten schicken, und Väter können lernen, angemessen mit ihren Kindern umzugehen. Nicht zuletzt können Kinder die Erfahrung machen, dass ihre Väter sich um sie bemühen.

Stellen wir uns jetzt einmal einen Vater vor, der in einer oder mehr als einer Beziehung ein Trottel ist und den Sie als Mutter nicht mit Ihrem Kind alleine lassen wollen …

Liebe Mütter, wenn ihr, aus welchen Gründen auch immer, eurem ehemaligen Partner und Vater eures Kindes tatsächlich nicht zutraut, sich ohne Hilfe um euer Kind zu kümmern, dann bittet um begleitete Kontakte. Trottel hin oder her, euer Kind hat nur diesen einen Vater. Und euer Kind wird deutlich entspannter groß werden und leichter durch die Wirrnisse der Pubertät gelangen, wenn es seinen Vater kennt und erlebt, dass er bei aller Trotteligkeit doch auch seine guten Seiten hat. Denn die hat er ziemlich sicher.

Es gibt beim Kinderschutzbund und diversen weiteren Institutionen Menschen, die Kontakte zwischen eurem Kind und seinem Vater begleiten können. Dann könnt ihr sicher sein, dass eurem Kind nichts zustößt. Auch wenn der Vater ein, sagen wir mal, 85-prozentiger Trottel ist, kann eine Umgangsbegleitung ihm wahrscheinlich dennoch ein bisschen was über den

Umgang mit seinem Kind beibringen. Sie kann dafür sorgen, dass euer Kind ein paar schöne Stunden mit seinem Vater verbringen kann. Das ist nicht perfekt, aber es ist auf jeden Fall besser als ein abwesender Vater, der durch zu viele schlimme Geschichten für das Kind zu einem kompletten Volltrottel oder gar einer Art Monster mutiert ist.

Es ist kein schönes Gefühl, zu denken, dass man von einem Trottel oder einem Monster abstammt. Überhaupt gar nicht.

Liebe Mütter, helft euren Kindern.

Denn um die geht es.

Nicht um die Väter und nicht um euch.

Wenn ihr ehrlich zu euch selbst seid, dann ist es wahrscheinlich eher so, dass *ihr* den Vater eures Kindes gerade so dermaßen blöd findet, dass ihr ihn schlicht und ergreifend nicht mehr in eurem Leben haben wollt. Den Vater aus eurem Leben und dem eurer Kinder zu verbannen ist aber kurzfristig gedacht und ausschließlich an euren eigenen Bedürfnissen orientiert. Nicht an denen eurer Kinder. Kocht euch einen Tee (oder schenkt euch ein Glas Wein ein) und seid ein paar Minuten ehrlich zu euch selbst. Atmet tief durch, nehmt einen Schluck und überlegt euch, wie die Umgangskontakte zwischen euren Kindern und dem Vater aussehen könnten. Und zwar so, dass sie euren Kindern guttun. Ihr seid Mütter. Ihr könnt das ganz bestimmt tun für eure Kinder.

Wenn ihr aber wirklich und wahrhaftig denkt, eurem Kind ginge es beim Vater nicht gut, habt ihr vielleicht recht damit. Dann sucht jemanden, der die Kontakte begleitet. Denn auch ein Depp schafft es in Begleitung ziemlich sicher, ein Würfelspiel mit seinem Kind zu spielen, etwas zu basteln oder vorzulesen. Liebe Mütter, ich weiß, dass es saublöde Väter gibt. Glaubt mir, ich weiß das. Ich will das auch gar nicht schönreden. Ich will nur, dass ihr ehrlich zu euch selbst seid und, bevor ihr

Kontakte zwischen eurem Kind und seinem Vater verhindert, überlegt, ob es dafür wirklich triftige Gründe gibt. Oder ob sich vielleicht auch eine andere Lösung finden lässt. Und wer weiß, vielleicht ist der Mann ja im Grunde gar nicht so unfassbar blöd und furchtbar und monströs und ungeschickt und (hier bitte weitere Mängel einsetzen), wie es sich im Moment für euch darstellt. Die Wahrscheinlichkeit, dass dieser Mann gerade etwas Ähnliches über euch denkt, ist verdammt hoch, und auch er wird wahrscheinlich nicht nur recht damit haben.

Manchmal weiß ich nicht, welche Fälle ich tragischer finden soll. Diejenigen, in denen nicht erziehungsfähige Eltern Defizite in fast allen Bereichen haben und so uneinsichtig sind, dass die Kinder in Pflegefamilien oder in Heimen untergebracht werden müssen. Oder die Fälle, in denen grundsätzlich erziehungsfähige Eltern sich so in Konflikten mit den ehemaligen Partnern verstricken, dass sie ihren Kindern das Leben zur Hölle machen. Sei es durch andauernden Streit und unlösbare Loyalitätskonflikte oder durch das Entfernen eines Elternteils aus dem Leben der Kinder.
Sind Eltern tatsächlich erziehungsunfähig, kann ich die Kinder aus dem schädigenden Umfeld herausnehmen und ihnen so eine neue Zukunft verschaffen.
Aber wenn es »nur« um streitende Eltern geht, bin ich leider oft machtlos. Oder fühle mich zumindest so.
Beim Streit um die Umgangskontakte finde ich immer wieder Eltern vor, deren Lebensinhalt die Scheidung ist und die sich wegen einfach *allem* streiten. Wegen des Geldes, der Wohnung, der hässlichen Vase von Tante Gerda, der Wahl des Kindergartens und natürlich auch wegen des Umgangsrechts. Schon alleine deshalb, weil alles, was der jeweils andere vorschlägt, blöd sein muss. Eben, weil ja der jeweils andere nun einmal

immer und grundsätzlich ausschließlich blöde Sachen vorschlägt. Und weil man sich inzwischen daran gewöhnt hat, immer und grundsätzlich dagegen zu sein.

In diesen Fällen schaffe ich es leider nur sehr selten, eine Einigung herbeizuführen. Wenn es doch gelingt, dann bin ich erleichtert und auch stolz und feiere das am Abend mit einem
Glas besonders gutem Rotwein.

In der Regel aber kommt es dazu nicht. Ich schreibe also ein
Gutachten mit einer Empfehlung, wie die Umgangskontakte
aus psychologischer Sicht am ehesten dem Wohl des Kindes
dienen. Mit dieser Empfehlung verärgere ich dann mindestens
einen der Elternteile, manchmal aber auch beide. Was insofern
toll ist, als sie sich dann zumindest in dem Punkt einig sein
müssen, dass die Frau Sachverständige eine bescheuerte Empfehlung abgegeben hat.

Das hilft aber leider auch nicht wirklich.

Die Eltern streiten sich dann vielleicht nicht mehr um die Umgangskontakte, dafür aber darüber, wer wo warum zu spät oder
zu früh mit dem falsch angezogenen Kind an den verkehrten
Ort kam oder eben irgendwas anderes falsch gemacht hat.

Man kann diesen Eltern noch so oft und eindringlich erklären,
dass, zum Wohl ihres Kindes, diese Streitigkeiten aufhören
müssen. Es wird sich kaum etwas ändern, denn es ist ja immer
der jeweils *andere* Elternteil, der Schuld an den ganzen Konflikten hat.

»Ja, natürlich muss das aufhören!«, stimmen die Eltern mir
dann zu. »Aber sagen Sie das meinem blöden Ex (wahlweise
meiner blöden Ex) mal!«

Und dann geht das Geschimpfe wieder von vorne los. Es wird
erklärt, dass man selbst ja vernünftig sei, aber der andere eben
pausenlos derart saudumme Dinge tun, sagen und denken
würde, dass man ja gar nicht anders könnte, als …

Wenn ich daran denke, wie viele Stunden meines Lebens ich schon damit zugebracht habe, mir diese immer wiederkehrenden Erläuterungen anzuhören, werde ich gleichermaßen traurig und wütend (und das ist gar nicht so einfach. Versuchen Sie es ruhig mal).

Zuletzt gibt es aber noch die Mütter, die auf Teufel komm raus den Kontakt zwischen Vater und Kindern verhindern wollen und sich auch auf begleitete Kontakte niemals einlassen würden. Für sie ist der Vater weder ein Depp noch ein Trottel, sondern das personifizierte Böse. Und das vermitteln sie auch ihren Kindern – je nach Intensität der Gruselgeschichten und Alter des Kindes mit mehr oder weniger schnellem Erfolg.

Frau Felgner war eine dieser Mütter …

Verzicht

»... und dann hat sie noch die Frechheit, zu behaupten, die Kinder hätten Angst vor mir! VOR MIR!! Ist denn so was zu fassen??«

Ja, ich fand schon, dass das zu fassen war. Herrn Felgners Stimme klang laut und bedrohlich. Nicht gerade das, was sechs- und achtjährige Mädchen gut fanden.

»Ich hab den beiden noch nie auch nur ein Haar gekrümmt! NOCH NIE!«, polterte Herr Felgner. »Das sind alles Lügen! Gemeine Lügen sind das, die meine Ex da erzählt! Alles nur, um mir eins auszuwischen! Und SIE ...« Er zeigte recht unfein mit dem Finger auf mich. »Sie fragen mich jetzt allen Ernstes, was ICH für meine Kinder tun könnte?! ICH?! Die Verrückte hier ist ja wohl meine Ex! Was sind Sie eigentlich für eine Psychologin? Das kann ja wohl echt nicht sein, dass ich meine Kinder nicht mehr sehen darf, nur weil meine Ex auf einem Rachefeldzug ist gegen mich! Wo ist denn da bitte die Gerechtigkeit??«

Das war eine gute und durchaus berechtigte Frage. Gerechtigkeit ... gibt's die überhaupt nach einer Trennung?

Falls ja, wie kann sie aussehen? Und wer legt fest, was gerecht ist?

Es ist immer sehr schwierig, Eltern zu erklären, dass es nach der Trennung zumindest für mich als psychologische Sachverständige nicht um Gerechtigkeit geht und auch nicht gehen kann. Woran ich mich orientiere und was oberste Priorität hat, ist zuallererst einmal das Wohl des Kindes.

Wenn ich in einem familienrechtlichen Streit vermitteln und

eine Lösung finden kann, die dem Wohl der Kinder dient und daneben auch noch von den Eltern als gerecht empfunden wird, ist das perfekt.

Das gelingt öfter, als man meinen könnte, aber natürlich nicht immer.

Leider.

Am besten ist, wenn es beiden Elternteilen nicht um ihre eigenen Vorstellungen von Gerechtigkeit beziehungsweise um sich selbst geht, sondern um ihre Kinder.

Eine Trennungsfamilie, in der Mutter und Vater ihr Verhalten danach richten, was für ihre Kinder am besten ist, wird eher selten vor dem Familiengericht landen. Das gemeinsame Ziel, den eigenen Kindern Gutes zu tun, ist ein wunderbarer Schutz vor Konflikten.

Wenn ich ganz subjektiv meinen Freundes- und Bekanntenkreis betrachte, dann freue ich mich, wie viele Trennungs- und Scheidungsfamilien ohne allzu heftige Konflikte zu Patchworkfamilien wurden. Diese funktionieren im Großen und Ganzen harmonisch und stellen häufig sogar einen Gewinn für die Kinder dar, die auf diese Weise von ihren Bezugspersonen Positives über Konfliktlösungen, Toleranz und Gemeinschaft lernen können.

In meinem beruflichen Umfeld treffe ich solche Familien naturgemäß so gut wie gar nicht an. Umso glücklicher macht es mich, wenn sich eine dieser Familien am Ende doch zu einer harmonischen Patchworkfamilie entwickelt, weil die Eltern sich *für* ihre Kinder und *gegen* ewige Streitereien entscheiden.

Ich finde, eine solch positive Wendung sollte grundsätzlich mit einer großen, bunten Feier gewürdigt werden.

Familie Felgner konnte von einer solchen Feier nicht weiter entfernt sein. Nicht nur, dass Herr Felgner bislang außer langen Schimpftiraden über seine Ex-Frau inhaltlich nicht viel zur Begutachtung beigetragen hatte, seine Frau stand ihm dabei in nichts nach. Ich hatte selbst nach zwei langen Gesprächen mit ihr noch nichts auch nur ansatzweise Positives über ihren Mann gehört. Und glauben Sie mir, ich habe mehrfach danach gefragt.

Die beiden Kinder (Leonie, sechs Jahre, und Mona, acht Jahre) hatten ihren Vater seit zwei Jahren nicht mehr gesehen. Frau Felgner hatte erklärt, die Mädchen hätten Angst vor ihrem »durch und durch gewalttätigen« Vater und wollten auf gar keinen Fall Kontakt zu ihm. Wenn sie etwas in der Richtung nur erwähnte, würden beide Kinder regelrecht panisch reagieren. Sie würden sofort weinen, bekämen Bauch- und Kopfschmerzen, hätten Alpträume, kauten Fingernägel, und Leonie würde sogar wieder einnässen. So, wie Frau Felgner das erzählte, mochte man meinen, all diese Symptome setzten urplötzlich und gleichzeitig ein, sobald man den Kindern ein Foto ihres Vaters vor die Augen hielt.

Wenn hier nichts geschah, würden diese Eltern noch lange weiterstreiten. Auf Kosten der Kinder.

Und solange die Kinder das einigermaßen gut verkrafteten und nicht auffällig wurden, gab es kaum eine professionelle, legale und erprobte Möglichkeit, die Eltern davon abzuhalten. Nun gut, jenseits dieser Einschränkungen gäbe es da schon so dies und das, was man tun möchte, und glauben Sie mir, da fällt einem im Laufe der Jahre so einiges ein. Der Einsatz von Hilfsmitteln, wie zum Beispiel einem stumpfen Gegenstand, beschränkt sich aber selbstverständlich nur auf die stressinduzierte Imagination der temporär über alle Maßen genervten Sachverständigen und kommt im realen Leben nicht in Frage.

Frau Felgner hatte Leonie und Mona (damals vier und sechs Jahre alt) schon ein halbes Jahr nach der Trennung von ihrem Mann dazu gebracht, Frau Sommer vom Jugendamt zu versichern, ihren Vater auf gar, *gar* keinen Fall sehen zu wollen.

Als es einen begleiteten Kontakt geben sollte, weil sich Frau Sommer ein eigenes Bild von der Situation zwischen Vater und Töchtern machen wollte, erschien Frau Felgner zwar zum vereinbarten Termin, beide Kinder klammerten sich aber angesichts ihres Vaters kreischend an ihre Mutter und waren nicht zu beruhigen. Dass Herr Felgner dann laut wurde und der Mutter vorwarf, den Kindern Lügenmärchen über ihn zu erzählen, war dann … nennen wir es mal ungünstig.

Leonie und Mona brüllten laut Bericht des Jugendamtes »infernalisch und zogen ihre Mutter kreischend zum Ausgang«.

Von weiteren Versuchen, einen Kontakt zwischen Vater und Kindern herzustellen, wurde sodann abgesehen.

Frau Sommer besuchte Frau Felgner noch einmal zu Hause und stellte fest, dass es den beiden Mädchen an nichts fehlte, wenn man vom Vater einmal absah. Sie schloss ihren Bericht mit den Worten: »Frau Felgner ist meiner Ansicht nach bis auf ihre mangelnde Bindungstoleranz voll erziehungsfähig.« Und damit hatte Frau Sommer die Situation wirklich prima zusammengefasst.

Frau Felgner war eine gute Mutter. Aber eben nur dann, wenn man völlig außer Acht ließ, dass sie ihren Kindern eingeredet hatte, ihr Vater sei ein gewalttätiges Monstrum.

Sie war freundlich, gebildet und sogar humorvoll. Ihren Kindern gegenüber zeigte sie ein fürsorgliches und einfühlsames Verhalten. Sie war nicht überbehütend, wie man es vielleicht hätte vermuten können, sondern motivierte die beiden Mädchen zur Selbständigkeit. Als Mona während der Interaktionsbeobachtung davon erzählte, dass sie Streit mit einer Klassen-kameradin gehabt hatte, reagierte Frau Felgner tröstend, aber daneben auch lösungsorientiert. Sie überlegte zusammen mit Mona, warum sich das andere Mädchen wohl so verhalten hatte und was Mona zukünftig tun könne, um solche Konflikte zu vermeiden.

Mona und Leonie waren zwei altersgemäß entwickelte Mädchen. Sie waren entspannt und fröhlich – sowohl im Umgang mit ihrer Mutter als auch untereinander und mit mir. Ihre Lehrerinnen beschrieben sie als sozial kompetent und emotional gefestigt.

Beide Mädchen hatten feste Freundinnen und Hobbys. Leonie spielte Fußball und ging zur musikalischen Früherziehung, Mona war begeisterte Tennisspielerin und hatte seit kurzem Klavierunterricht.

Es schien alles perfekt.

Bis auf die Haltung von Mutter und Kindern zum Vater. Frau Felgner beschrieb ihren Ex-Mann als aggressiv, gewalttätig und durch und durch schlecht.

»Wissen Sie, dieser Mann ist wirklich das *Allerletzte!* An ihm gibt es nichts, aber auch *gar nichts,* was nur ansatzweise positiv ist. Nichts!«

Wenn ich sie nicht unterbrach, dann konnte Frau Felgner stundenlang darüber reden, was für ein Monster ihr Ex-Mann war. Allerdings konnte ich bis auf die Tatsache, dass Herr Felgner derjenige gewesen war, der sich getrennt hatte, keinen Auslöser für ihre Wut finden. Sie beschrieb keine besonders dramatische Situation oder Ähnliches. Sicherlich hatte sie die Trennung verletzt. Aber ob das als Erklärung für ihr extremes Feindbild ausreichte, erschien mir unwahrscheinlich.

Auch ich hatte Herrn Felgner als unangenehm laut und auch aggressiv erlebt. Erstaunlicherweise fand sich der Vorwurf der Gewalttätigkeit zwar in den Schriftsätzen ihres Anwalts, im Gespräch mit mir berichtete Frau Felgner aber kaum etwas über mögliche Handgreiflichkeiten oder sonstiges aggressives Verhalten des Vaters. Es waren eher ... banale Dinge wie das Herumliegenlassen seiner Socken oder seine Leidenschaft für schnelle Autos. Es wirkte, als sehe sie den Vater ihrer Kinder seit der Trennung durch eine dunkle Brille des Bösen.

Egal was er tat, es war böse.

Geburtstagskarten für die Kinder – böse! Denn er wusste doch, dass sie ihn nicht sehen wollten und er ihnen mit einer Geburtstagskarte nur den Tag verdarb.

Keine Geburtstagskarten für die Kinder – böse! Denn das zeigte ja nun deutlich, dass ihm seine eigenen Kinder noch nicht einmal eine Karte wert waren.

Dieselbe Frau, die zuvor so einfühlsam mit ihren Kindern umgegangen war und mit der ich ein geradezu inspirierendes Gespräch über Erziehungsziele geführt hatte, klang nun kaum anders als ein Aluhut tragender Verschwörungstheoretiker. Nein, sie klang sogar noch ein kleines bisschen wahnsinniger und dümmer.

»Und als er die beiden das letzte Mal gesehen hat, wissen Sie, was er da gemacht hat?«, ereiferte sich Frau Felgner.

Nein, wusste ich nicht.

»Er hat ...« Sie musste sich sammeln. Offenbar hatte Herr Felgner etwas wirklich Unglaubliches getan. Vielleicht würde ich nun endlich, endlich nachvollziehen können, weshalb sie ihm den Kontakt verbot.

»Er hat den Kindern doch glatt ein Eis gekauft! Ein Eis!!«

Sie sah mich mit aufgerissenen Augen an.

Ich traute mich kaum zu fragen, tat es aber dennoch: »Und was genau war daran so schlimm?«

»Was daran so schlimm war??« Sie war nun mindestens ebenso laut wie Herr Felgner. »Das fragen Sie noch? Die beiden waren hinterher total verstört!«

Hoffentlich sagte sie nun von selbst, warum ihre Kinder verstört sind, wenn sie ein Eis gekauft bekommen. Ich hatte wenig Lust, ihr diese Frage zu stellen.

»Die haben soooo geweint, und ich hab eeeeewig gebraucht, bis sie sich beruhigt hatten!« Sie sah mich auffordernd an.

Ich seufzte.

»Aber warum waren sie denn so verstört ...?«, fragte ich – und fühlte mich irgendwie auch ein wenig so.

»Weil sie doch gerade gelernt hatten, wie ungesund und schädlich Eis ist! Und dann kommt er daher und kauft ihnen Eis! Wie kann man denn so bösartig sein, bitte schön?!«

Ich erinnerte mich, dass Frau Felgner einige Minuten zuvor beschrieben hatte, wie traurig die Kinder gewesen waren, als ihr Vater ihnen bei einem gemeinsamen Essen bei McDonald's »noch nicht mal ein Eis als Nachtisch gegönnt« hatte, und beschloss, dass es sinnlos war, mit Frau Felgner weiter über ihren Ex-Mann zu sprechen.

Ich habe irgendwo einmal den wunderbaren Spruch »Das war, wie in Götterspeise zu brüllen« gelesen. Genauso fühlte ich mich, wenn ich mit Frau Felgner vernünftig über den Vater ihrer Kinder sprechen wollte. Ich brüllte in Götterspeise, und der einzige Effekt war ein kaum wahrnehmbares Wabbeln, das erstarb, sobald ich schwieg.

Es kostete mich Kraft, ich war hinterher müde und fühlte mich klebrig, erreicht hatte ich aber nichts. Null.

Leonie und Mona erzählten mir über ihren Vater exakt das, was ich schon von ihrer Mutter gehört hatte. Er mache ständig böse Sachen. Einmal hatte er doch glatt mit ihnen *Sandmänn-*

chen geschaut. Dabei seien sie ja noch viel zu klein gewesen zum Fernsehen. Daran könnten sie sich noch genau erinnern. Und dann die Sache mit dem Eis! Ich war gespannt, welche der Eisgeschichten ich wohl zu hören bekommen würde. Die mit oder die ohne Eis.

Leonie stand mit verschränkten Armen und grimmiger Miene vor mir.

»Da kauft der uns doch glatt ein Eis! Mir eins und der Mona auch eins! Da hatten wir dann beide ein Eis!«, plapperte sie aufgebracht. So als würde sie gerade berichten, dass ihr Vater ihnen einen Hamster gekauft und ihn dann vor ihren Augen bei lebendigem Leibe verspeist hatte.

»Ja!«, pflichtete Mona ihr ebenso aufgeregt bei. »Und einmal, da waren wir bei McDonald's und wollten gerne ein Eis zum Nachtisch, und da hat er einfach nein gesagt! Da haben wir dann keins bekommen! Gar keins!«

Ich hätte es ahnen müssen. Beide Eisgeschichten. Es war offensichtlich, dass Leonie und Mona massiv von ihrer Mutter beeinflusst waren. Um das zu bemerken, musste man kein Sachverständiger sein.

Beide Kinder erklärten, dass sie ihrem Vater unter keinen Umständen begegnen wollten und sich – egal unter welchen Bedingungen – auf gar, *gar* keinen Fall vorstellen konnten, im gleichen Raum mit ihm zu sein oder gar mit ihm zu sprechen.

»Dann geht es uns schon lange vorher total schlecht, und nur der ist daran schuld! Wir können dann beide nicht mehr schlafen, und die Leonie macht wieder Pipi ins Bett! Alles nur wegen dem!« Mona ballte wütend ihre Fäuste.

Leonie hatte mittlerweile hektische Flecken im Gesicht und war den Tränen nahe. »Ich will den nicht sehen! Ich will den nicht sehen! Bitte! Ich will den nicht sehen!« Sie war kurz davor, zu weinen.

Ich versprach beiden Kindern, dass ich sie selbstverständlich nicht zu Kontakten mit ihrem Vater zwingen würde – und konnte praktisch zusehen, wie sie sich entspannten.

Ich bot an, noch eine Runde *Uno* mit ihnen zu spielen, und schon nach wenigen Minuten saß ich wieder mit den beiden sozial kompetenten, fröhlichen Kindern am Tisch, die ich zuvor in der Interaktion mit ihrer Mutter gesehen hatte.

Ich war erstaunt und erleichtert zugleich.

Wenn ich im Rahmen einer Begutachtung verwirrt bin, weil die Dinge sich nicht so recht zu einem runden Ganzen fügen wollen und ich beispielsweise aufgrund der Masse der Ergebnisse nicht mehr recht weiß, wo mir der Kopf steht, dann hilft es mir, wenn ich einfach ganz stur die Bedürfnisse aller Erwachsenen ausblende und einzig und alleine mit einem Tunnelblick auf die Kinder schaue. Ich frage mich dann, wie es ihnen *wirklich* geht und was genau ich tun kann beziehungsweise was sich ändern muss, damit sich ihre Lebensumstände und ihr Befinden in Zukunft verbessern.

In der Regel finde ich mit dieser Methode am Ende einer Begutachtung recht sicher wieder meine Balance und auch die sinnvollste Empfehlung. Aber im Fall von Leonie und Mona war das wirklich schwer. Denn auch wenn ich nur die beiden Mädchen betrachtete und außer Acht ließ, dass ihre sonst so kompetente Mutter die beiden ganz übel instrumentalisiert und beeinflusst hatte und dass ihr Vater nicht gerade ein Paradebeispiel für Sanftmut war, fiel es mir schwer, eine klare Haltung zu finden.

Zum einen waren da zwei Mädchen, denen es bei ihrer durchaus erziehungsfähigen Mutter und in ihrem sozialen Umfeld gutging. Keine Schwierigkeiten, keine Auffälligkeiten, sondern gesunde, aufgeweckte Mädchen mit einem altersgemäßen

Freundeskreis und Freizeitaktivitäten. Ihr Leben war vollkommen in Ordnung. Bis auf eins: den fehlenden Kontakt zum Vater. Und das war nicht gut, auch wenn Herr Felgner daran würde arbeiten müssen, weniger bedrohlich zu wirken.

Zum anderen waren da nämlich auch zwei Kinder, die von ihrer Mutter quasi ihres Vaters beraubt wurden. Auch wenn Frau Felgner glaubte, dass ihr Ex-Mann das Monster war, war letztendlich sie es, die sich monstermäßig verhalten hatte. Sie hatte ihren Kindern das Bild eines durch und durch bösen Vaters eingeredet, Erinnerungen im Nachhinein negativ gefärbt und massive emotionale Belastungen ihrer Kinder hingenommen. Sie war höchstwahrscheinlich der Ansicht, dass dies zum Besten ihrer Kinder war, aber das war es definitiv nicht. Leonie und Mona waren zwar im Alltag größtenteils unbelastet, aber sobald der Vater zur Sprache kam, erlebten sie massiven Stress. Hinzu kam, dass sie ein extrem negatives Vaterbild in ihre Erlebniswelt integrieren mussten und durch den fehlenden Kontakt keine Möglichkeit hatten, dieses zu korrigieren.

Was also brauchen Leonie und Mona, um glücklicher aufzuwachsen?

Ja, genau, auch für diese Antwort muss man beileibe kein Psychologe sein. Frau Felgner müsste von ihrem ewigen Geschimpfe und ihrer negativen Einflussnahme Abstand nehmen, sich vielleicht sogar bei den Mädchen entschuldigen und ihnen sagen, dass Erwachsene eben auch manchmal, na ja, ein wenig doof sind und Fehler machen. Wenn sie Leonie und Mona erklären könnte, dass sie möglicherweise überreagiert und manches Verhalten des Vaters fehlinterpretiert habe und sich wünsche, dass die beiden dem Vater eine Chance geben würden, dann wäre es durchaus denkbar, dass sich Leonie und Mona auf Kontakte zum Vater einließen. Sofern Frau Felgner all das glaubhaft rüberbringen könnte.

Wenn dann Herr Felgner dafür beim Kontakt weder auf die Mutter noch mit den Kindern schimpfen würde und ihnen versichern könnte, dass er einfach noch einmal von vorne anfangen und eine schöne Zeit mit ihnen verbringen wolle, würden die Umgangskontakte sehr wahrscheinlich gut verlaufen. Mona und Leonie könnten ihr Bild vom Vater korrigieren, und alle würden glücklich leben bis an ihr seliges Ende …
Wunderbar.

In all den vielen Jahren als Sachverständige, in denen ich Fälle von Umgangsverweigerung und -verhinderung bearbeite, habe ich es erst in zwei Fällen geschafft, einen derart märchenhaften Ausgang herbeizuführen. Und das ging nur mit sehr, sehr viel Geduld, der Hilfe von einfühlsamen Anwälten, engagierten Jugendamtsmitarbeitern, einer grandiosen Verfahrenspflegerin sowie unkonventionellen Richtern und – last, but not least – Eltern, die hinter all dem Zorn, der Verbohrtheit und den verletzten Gefühlen dann doch noch eine hinreichende Portion Selbstkritik, Mut und Toleranz in sich fanden, um im Leben einen neuen Weg einzuschlagen.
Das war eine beeindruckende Leistung aller Beteiligten.
Stellen Sie sich nur mal vor, welche Energie Frau Felgner aufwenden müsste, wenn sie nun den Kurs ändern und ihre Kinder positiv auf Kontakte zum Vater vorbereiten wollte: Sie müsste sich vor ihrer Familie und ihren Freunden rechtfertigen, denen sie ja auch all die Jahre erzählt hatte, wie schrecklich der Vater war. Sie müsste mit ihren Kindern sprechen und wahrscheinlich einige Termine bei einer Beratungsstelle oder einer Familienpsychologin in Anspruch nehmen. Sie müsste sich wieder mit dem Vater auseinandersetzen …
Zu alldem war sie keineswegs bereit.
Auf gar keinen Fall.

Niemals.

Was sollte ich nun tun?

Alles so zu belassen erschien mir vollkommen falsch.

Zum einen, weil ich Frau Felgners Umgangsverhinderung egoistisch und völlig daneben fand. Zum anderen war ich aber auch der Ansicht, dass es für Leonie und Mona viel gesünder wäre, wenn sie ihren Vater hin und wieder sehen würden. Von mir aus zunächst jeweils nur ein paar Stunden und in Begleitung. Das war doch kein Zustand, dass sie diesen riesigen dunklen Bösewicht in ihren Köpfen hatten und bei der bloßen Erwähnung ihres Vaters anfingen, sich die Fingernägel abzukauen!

Aber Leonie und Mona nun gegen den Willen der Mutter und gegen ihren eigenen Willen zu Kontakten mit Herrn Felgner zu zwingen war natürlich ebenso undenkbar.

Wie viel mehr Stress würde man in das Leben der Kinder bringen, wenn man mit Gewalt alle zwei oder vier Wochen einen Besuchskontakt durchsetzen würde? Und wie sollte das konkret aussehen? Würde man sie trotz allem Widerstand mit Polizeigewalt zum Vater bringen? Um Himmels willen …

Was war denn hier die kindeswohldienliche Lösung, verdammt?!

Mir war klar, dass ich bei Frau Felgner keine Chance hatte.

Also blieb nur Herr Felgner …

Ich versuchte ihm meine Idee zu unterbreiten, ohne allzu sehr angebrüllt zu werden.

»Ich denke nicht, dass es Sinn machen würde, Leonie und Mona zu Besuchskontakten zu zwingen und deshalb …«

Wie befürchtet, kam ich nicht weiter. Herr Felgner raufte sich die Haare und sah danach aus wie ein zu groß geratener Pumuckl.

Allerdings ein recht unsympathischer.

»Zu Kontakten zu zwingen! Wenn ich das schon höre! Sagen Sie mal, wissen Sie eigentlich, was Sie da reden? Die beiden würden mich liebend gerne sehen, wenn ihre total bescheuerte Mutter sie lassen würde!«

»Ich verstehe sehr gut, dass Sie wütend sind, Herr Felgner.«

Das tat ich wirklich. Ich war ja selbst sauer auf Frau Felgner. Was für eine ohnmächtige Wut musste er da erst empfinden?

»Aber so, wie die Situation derzeit nun einmal ist, werden sich weder Leonie noch Mona zu Kontakten mit Ihnen bereit erklären. Man müsste sie also logischerweise zwingen. Und deshalb …«

»Ja, klar müsste man sie zwingen! Und das sollte man auch! Wenn die mich erst einmal sehen würden, dann würden die mir in die Arme springen. Die lieben mich nämlich. Und die vermissen mich. Die würden sich total freuen, mich zu sehen. Ich muss nur mal an sie rankommen. Und das ist verdammt noch mal Ihr Job, Frau Sachverständige!«

Herr Felgner war aufgestanden und sah nun recht bedrohlich aus, wie er da mit hochrotem Kopf und wutverzerrtem Gesicht vor mir stand.

»Herr Felgner, bitte setzen Sie sich wieder und lassen Sie uns in Ruhe reden. Wenn Sie Leonie und Mona ein wenig Zeit geben könnten und die ganze Situation etwas entspannen, indem Sie …«

Wieder wurde ich von Herrn Felgner unterbrochen. Er hatte sich nicht hingesetzt. Und war offensichtlich auch nicht dazu bereit, in Ruhe mit mir zu reden.

»Können Sie mir mal verraten, wieso ICH zurückstecken soll, weil MEINE VERKACKTE EX MEINE KINDER BEEIN-FLUSST?! Können Sie mir das mal verraten?!? Können Sie nicht!!«

Er stand mit geballten Fäusten vor mir, und ich beschloss, ihn nicht darauf hinzuweisen, dass ich ihm den Grund sehr wohl verraten könnte. Herr Felgner machte auf mich nämlich gerade ganz den Eindruck, als wäre er eher auf eine Prügelei aus als auf ein Gespräch. Da hatten wir nun aber so gar nicht die gleichen Interessen.

Ich stand auf, klappte die Handflächen nach oben wie ein Polizist, der ein Auto anhält, und rief »STOPP!«. Und tatsächlich hielt Herr Felgner in seinem Wutgeschaube inne.

»Ich werde jetzt gehen, Herr Felgner. Ich schlage vor, wir besprechen alles in unserem Abschlussgespräch Dienstag nächste Woche um die gleiche Zeit. Ich möchte dann ein normales Gespräch mit Ihnen führen und nicht angeschrien werden.« Während ich sprach, hatte ich meine Schreibutensilien in meine Tasche geräumt und war ein paar Schritte in Richtung Wohnungstüre gegangen. Auch wenn Herr Felgner auf mein Stoppzeichen reagiert hatte, war ich doch nicht sicher, ob er es sich nicht vielleicht gleich anders überlegte. Er schien mir in seiner Wut unberechenbar – und ich konnte nicht verhindern, ein gewisses Verständnis für Frau Felgner zu empfinden.

»Auf Wiedersehen, Herr Felgner. Bis nächste Woche.«

Die Hand geben wollte ich ihm nicht so gerne, denn dann hätte ich mich wieder auf ihn zubewegen müssen, und ich war doch irgendwie froh um die drei Meter Abstand.

»Jaja, tschüss!«, polterte er. »Aber nächste Woche werd ich auch nicht auf meine Kinder verzichten. Das können Sie vergessen!«

Ich besprach den Fall mit meinem Fachteam und auch mit dem zuständigen Verfahrenspfleger. Wir waren uns leider einig. Es würde keine perfekte Lösung geben.

Im besten Falle würde Herr Felgner zumindest für eine bestimmte Zeit auf die Umgangskontakte verzichten und so für eine gewisse Ruhe für Leonie und Mona sorgen. Aber auch diesbezüglich hatte ich nach meinem letzten Treffen mit ihm kaum Hoffnung.

Wahrscheinlich würde ich ein Gutachten schreiben müssen mit der Empfehlung, den Kontakt zunächst für eine begrenzte Zeit auszuschließen und für den Bereich der Umgangskontakte eine Erziehungsbeistandschaft einzurichten. Das würde bedeuten, dass Leonie und Mona eine neutrale dritte Person in ihrem Leben hätten, die ihnen Raum bieten könnte für Gespräche über den Vater und vielleicht irgendwann einmal für eine Neuanbahnung der Kontakte.

Das klang nach einer einigermaßen akzeptablen Lösung, an den verhärteten Fronten der Eltern würde es aber mit hoher Wahrscheinlichkeit nichts ändern. Die Mutter würde den Vater weiterhin schlechtmachen, der daher auch kaum damit aufhören würde, wütend zu sein. Und die Mädchen würden ziemlich sicher mindestens bis zur Pubertät an ihrer Verweigerungshaltung festhalten.

Meine Kollegen trösteten mich damit, dass man eben manchmal nicht wirklich etwas tun könne. Außer eben das Gutachten zu schreiben und die Fragen des Gerichts zu beantworten. Ich war dennoch nicht glücklich. Gar nicht.

Die Familie Felgner wird mir immer in Erinnerung bleiben. Und das nicht nur aufgrund des komplizierten Falls, sondern weil ich sie mit einer sehr persönlichen Tragödie verbinde.

Einen Tag vor meinem nächsten Termin mit Herrn Felgner rief mich meine Mutter an, um mir zu sagen, dass mein Vater gestorben war.

Der Anruf kam nicht wirklich überraschend, und doch zog er mir komplett den Boden unter den Füßen weg. Ich hatte vorgehabt, zwei Tage später meine Eltern zu besuchen. Warum war ich nicht einfach ein paar Tage früher gefahren?

Es hätte nichts am Tod meines Vaters geändert, aber ich hätte ihn noch einmal sehen, seine Hand halten und ihm sagen können, dass ich ihn liebhabe.

Obwohl ich gewusst hatte, dass mein Vater nicht mehr lange leben würde, war ich nicht auf den Schmerz vorbereitet. Er breitete sich in mir aus, als mir die ganze Ungeheuerlichkeit der Nachricht bewusst wurde. Mein Vater, der für mich immer so unzerstörbar war, von dem ich entgegen aller Vernunft insgeheim angenommen hatte, er würde mindestens 100 Jahre alt werden, war nun … gegangen.

Dieser kindliche Schmerz, den ich verspürte, als mir klar wurde, dass mein Papa nicht mehr da war, nie mehr da sein würde, brach wie eine gigantische Welle über mir zusammen.

Ich gebe zu, auf diese Urgewalt war ich nicht gefasst.

Irgendwie hatte ich gedacht, dass ein Tod leichter zu ertragen ist, wenn man doch schon weiß, dass er bald eintreten wird. Weit gefehlt.

Die Psychologin in mir ist ja des Öfteren bei den eigenen Belangen deutlich weniger kompetent als in der Ausübung ihres Berufes. Aber beim Umgang mit dem Sterben und dem Abschiednehmen hatte ich eine neue Dimension des Versagens erreicht. Ich war komplett unvorbereitet, hilflos und überwältigt von der Trauer und dem Schmerz.

Mein Vater war ein wunderbar kluger Mann gewesen, von dem ich den unbezwingbaren Drang zum Schreiben geerbt habe. Meine Mutter und er waren beide Juristen und haben dankenswerterweise unter anderem dafür gesorgt, dass mir die Art des juristischen Denkens vertraut ist. Sie waren beide bis ins hohe Alter aktiv und geistig beweglich. Meine Mutter ist dies heute noch und lässt mich hoffen, dass auch ich das in meinen Genen trage.

Selbst am Ende seines Lebens habe ich meinen Vater noch als aktiv erlebt – auch wenn er selbst das nicht so empfunden und oft über seine zunehmenden körperlichen Gebrechen geschimpft hat. Er war bis zum Schluss humorvoll und geistreich.

Ich konnte und wollte nicht fassen, dass ich nun nie wieder seinen Geschichten lauschen und mit ihm lachen sollte.

Aber in all dem Schmerz scheint der menschliche Geist, oder zumindest meiner, krampfhaft am Alltag festzuhalten. Das hilft sicher, um nicht durchzudrehen oder komplett im Moor der Trauer zu versinken wie Atréjus Pferd Artax in *Die unendliche Geschichte*. Und so dachte ich an meinen Termin mit Herrn Felgner am nächsten Tag, den ich absagen musste.

Ich wählte seine Nummer, schaffte es irgendwie, ihm ohne zu weinen vom Tod meines Vaters zu berichten, und erklärte, daher den morgigen Termin absagen zu müssen.

Meine Erinnerung an den Tag ist ein wenig schwammig und wie in Watte gepackt, aber Herrn Felgners Stimme dringt nach wie vor problemlos durch die Watte hindurch.

»Das darf ja wohl nicht wahr sein!«, schimpfte er lauthals. »Diese ganze Begutachtung zieht sich jetzt *noch* länger hin? Ich hab meine Kinder seit über zwei Jahren nicht gesehen und soll jetzt noch länger warten, bis endlich was geschieht?! Das ist eine Sauerei!«

Ich hörte mir selbst etwas teilnahmslos zu, wie ich Herrn Felgner erklärte, seine Ungeduld verstehen zu können. Er müsse aber auch verstehen, dass ich morgen zu einem Begutachtungsgespräch nicht in der Lage sein würde. Ich bot ihm einen Termin in der darauffolgenden Woche an. Gleicher Tag, gleiche Zeit. Er raunzte ein »Na dann eben nächste Woche« in den Hörer und legte auf.

Ich erinnere mich, dass ich mir dachte, dass Katastrophen auch ihr Gutes haben. Sie verhindern, dass man sich über Kleinigkeiten aufregt. Herrn Felgners Verhalten war eine absolute Unverschämtheit, aber es berührte mich nicht. Und in all der Trauer tauchte der Gedanke auf, dass es doch irgendwie prima war, wenn einem auf einmal so vieles vollkommen egal war. Insbesondere die Herrn Felgners dieser Welt.

Ich hielt diesen Gedanken fest und ließ mich ein wenig von ihm treiben, bevor die nächste Welle der Trauer über mir zusammenschlug.

Eine Woche später ging es mir nicht wirklich besser. Ich hatte mich nur besser im Griff.

Zu meiner Überraschung stellte ich auf dem Weg zu Herrn Felgner fest, dass ich wenig motiviert war, ihn davon zu überzeugen, zumindest ein gewisses Maß an Vernunft an den Tag zu legen. Mich beschlich ein schlechtes Gewissen deswegen. Es wäre besser gewesen, den Termin ein weiteres Mal zu verschieben, bis ich wieder dazu in der Lage wäre, mein Bestes zu geben. Aber dazu war es nun zu spät. Ich stand ja schon vor Herrn Felgners Wohnungstüre.

Mir öffnete ein Mann, den ich zunächst gar nicht als Herrn Felgner erkannte. Er hatte sich rasiert und trug kürzere Haare. Aber auch ansonsten wirkte er … kleiner? Älter? Ich konnte es nicht einordnen und war verwirrt. Himmel, so konnte ich doch kein Abschlussgespräch führen! Und gerade als ich mir ein Herz fasste und Herrn Felgner darüber informieren wollte, dass er nun leider noch eine Woche oder besser zwei auf seinen Termin warten müsse, nahm er meine Hand in seine beiden Hände.

Nicht bedrohlich, sondern … nett.

Er sah mich bittend an, und ich hatte plötzlich den Impuls, einfach wegzulaufen. Das war alles zu skurril. Vielleicht drehte

ich gerade durch? Wahrscheinlich litt ich unter Schmerzhallu-
zinationen, Trauerwahnsinn oder irgend so was …

Da begann Herr Felgner, noch immer mit meiner Hand in der
seinen, zu sprechen.

»Frau Seeberg …« Er hatte einen Frosch im Hals und klang wie
eine Kröte im Stimmbruch. Lustig irgendwie. Aber mir war nicht
zum Lachen. Gott sei Dank. Das fehlte noch, dass ich hier komplett durchdrehte und einen hysterischen Lachanfall bekam!

Herr Felgner räusperte sich. »Frau Seeberg, ich möchte Sie um
Entschuldigung bitten.«

Ich glaube, er überlegte kurz, ob er nun vor mir auf die Knie
fallen sollte, unterließ es aber glücklicherweise.

»Ich muss mich nicht nur bei Ihnen entschuldigen, Frau
Seeberg, sondern auch bedanken.« Herr Felgner ließ meine
Hand los. »Wollen Sie nicht hereinkommen und sich setzen?«

Ja, wollte ich.

Ich folgte ihm ins Haus, sank auf den Stuhl, auf dem ich auch
beim letzten Gespräch gesessen hatte, und stellte fest, dass Herr
Felgner mir ein Glas Wasser, Tee *und* Kaffee sowie einen großen
Teller mit Keksen bereitgestellt hatte. Irgendwie war mir das alles zu viel. Mein Hirn versuchte schwerfällig, all die unerwarte-
ten Informationen zu verarbeiten, kam dabei mächtig ins Schwit-
zen, taumelte und ließ sich neben mir auf den Stuhl sinken.

Vielleicht wäre einfach durchdrehen doch eine gute Idee. Oder
ohnmächtig werden.

»Frau Seeberg?« Herr Felgner hielt mir mit besorgter Miene
das Glas mit Wasser hin. »Sie sind ganz blass. Vielleicht trinken
Sie mal einen Schluck?«

Ich trank.

Und fühlte mich schon besser. Zumindest war ich nun dazu in
der Lage, dem Mann, der sich mir gegenübergesetzt hatte, zuzuhören.

»Nach dem Telefonat mit Ihnen war ich noch eine Weile wütend.« Herr Felgner knetete seine Hände. »Ich hab eine geraucht und mich ein bisschen beruhigt. Und dann … also, dann war das wie so eine Erleuchtung irgendwie … o Gott, klingt das bescheuert.«

Er wischte sich den Schweiß von der Stirn. »Verzeihen Sie, ich bin … also, ich bin ziemlich nervös. Und da wird mir immer so warm. Ähm … wo war ich? Ja, also, ich hab mich plötzlich echt so richtig mies gefühlt. Also, so *richtig!* Mir ist klargeworden, dass ich … also, ich kenn mich ja selbst nicht wieder. Und ich bin so ein Arschloch geworden. Entschuldigen Sie, bitte, aber ist doch wahr. Ich hab Sie angemotzt, weil Sie mir einen Termin absagen. Das alleine ist ja schon echt daneben, aber Ihr Vater ist gestorben!«

Nicht weinen, dachte ich. Nicht! Weinen!

Herr Felgner wischte sich erneut über die Stirn und rieb sich die Augen.

»Ich meine, das ist wirklich richtig schlimm, das mit Ihrem Vater. Und ich denk nur an mich und daran, dass ich jetzt noch eine Woche warten muss. Das ist doch krank! Nee, ernsthaft! Ich war total geschockt. Und Sie waren so nett. Ich meine, Sie haben Ihren Vater verloren! Dass Sie da überhaupt dran denken, mir abzusagen. Und dann … o Gott, ich schäme mich wirklich für mein Verhalten. Und Sie waren … Sie hätten ja alles Recht der Welt gehabt, zurückzubrüllen. Oder mich einfach noch vier Wochen auf einen Ersatztermin warten zu lassen, aber Sie sind freundlich geblieben und hatten sogar Verständnis. Da hab ich mich gleich doppelt und dreifach so mies gefühlt. Ich hab mich so von außen betrachtet und einfach einen verbitterten miesepetrigen Typen gesehen, mit dem ich echt nichts zu tun haben will!«

Herr Felgner hatte Tränen in den Augen, aber es schien ihm nichts auszumachen.

»Ich möchte das so nicht mehr! Auf gar keinen Fall! Ich bin noch immer wütend auf meine Ex. Und dass sie mir die Kinder vorenthalten hat, das kann ich ihr, glaube ich, nie verzeihen. Das ist eine Zeit mit den beiden, die unwiederbringlich verloren ist. Aber dass das alles so ausgeartet ist und die Fronten jetzt so verhärtet sind, das liegt auch daran, wie ich geworden bin. Ich will so nicht sein. Ich will nicht so ein ekelhafter Typ sein. Und deshalb will ich dieses ganze Verfahren hier beenden. Sie haben ja immer wieder gesagt, ich soll in erster Linie und am besten nur auf meine Kinder schauen. Ich hab's ganz oft aus Ihrem Mund gehört, und nie ist es wirklich bei mir angekommen. Jetzt aber schon. Und drum mach ich das jetzt.«
Er straffte die Schultern und sah mich ernst an.
»Den Mädchen geht es bei ihrer Mutter ja gut. Die ist ja in Ordnung, wenn man davon absieht, wie sie sich mir gegenüber verhalten hat. Und wahrscheinlich denkt sie inzwischen wirklich, dass es besser für die Kinder ist, wenn sie mich nicht sehen. So schwer mir das fällt … aber das kann ich ihr im Grunde gar nicht so übelnehmen. Ich hab mich ja echt zu einem Arschloch entwickelt. Und den Kindern, denen nehm ich das erst recht nicht übel. Sowieso nicht. Also, wie ich mich auch entwickelt hab, was will ich da erwarten? Ich bin ein Typ, der eine Frau anbrüllt, die gerade ihren Vater verloren hat und nur einen Termin verschieben will. Was sollen meine Kinder mit so einem Vater?«
Nun weinte Herr Felgner. Er schluchzte regelrecht.
»Frau Seeberg, können Sie mir helfen? Bitte.« Er putzte sich die Nase und räusperte sich mehrfach. »Ich will ab jetzt das Richtige machen, aber irgendwie weiß ich nicht, was das ist. Ich will jetzt nichts mehr verbocken. Ich will ab jetzt ein guter Vater sein. Und ich glaub, dazu muss ich die Kinder erst einmal loslassen, oder?«

Er schluchzte erneut. Und dann erfuhr ich, was sein Umdenken ausgelöst hatte. Er hatte meine Situation auf die seiner Kinder übertragen. Und da hatte es plötzlich klick gemacht.

»Ich mein, Sie sind jetzt sicher total traurig, dass Ihr Vater gestorben ist«, fuhr Herr Felgner nun fort. »Und Sie haben ganz viele schöne Erinnerungen. Ich will … also, ich will nicht, dass es meinen Kindern mal egal ist, wenn ich sterbe. Oder dass sie sogar erleichtert sind. Das ist eine ganz schlimme Vorstellung.«

Ich nickte. Und der Mann war mir für diese Regung so dankbar, dass ihm abermals die Tränen in die Augen schossen:

»Das will ich nicht. Ich will wieder ein guter Vater sein. Und dafür brauche ich Hilfe.«

Herr Felgner holte tief Luft und sah mich freundlich an. Sein gesamtes Gesicht hatte sich verändert. All die Härte und die Brutalität waren verschwunden. Alleine das rührte mich.

»Und jetzt von ganzem Herzen mein Beileid. Ihr Vater war sicher sehr stolz auf Sie.«

Ich bedankte mich und bat um eine kurze Unterbrechung.

Das war alles zu viel für mich. Nun musste ich doch weinen. Herr Felgner zog sich diskret zurück und klapperte lautstark in der Küche herum.

Dass dieser Mann nun durch den furchtbar traurigen Zufall, dass mein Vater am Vortag des letzten Gesprächstermins verstorben war, tatsächlich auf eine Art zu sich selbst zurückgefunden hatte, das war zwar kein Trost, aber es war etwas wirklich sehr Positives und Schönes.

Und es war ein wichtiger Moment für Herrn Felgner, seine Kinder und seine Frau.

Es war ein Augenblick, der vieles zum Guten veränderte. Ich empfinde jedes Mal Rührung und Glück, wenn ich einen solchen Moment miterleben darf – ob nun beruflich oder privat.

Als Herr Felgner einige Minuten später wieder vorsichtig in das Wohnzimmer lugte, in dem ich noch immer saß und mir gerade geräuschvoll die Nase putzte, fühlte ich mich sehr erschöpft, aber auch auf eine seltsame Art gut.

Ich lächelte ihm zu und bedankte mich für sein Verständnis und die Pause.

Danach besprachen wir, dass ich eine Stellungnahme und Herr Felgner selbst noch ein persönliches Schreiben verfassen würde. Es war ihm ein wichtiges Anliegen, sich bei seinen Kindern zu entschuldigen. Beispielsweise dafür, dass er damals, als die beiden ihn beim Jugendamt nicht hatten sehen wollen, so laut und unfreundlich geworden war. Er wollte ihnen selbst zeigen, dass er nicht weiter an ihnen zerren würde. Dass er aber selbstverständlich nach wie vor den innigen Wunsch habe, die beiden zu sehen und Teil ihres Lebens zu sein. Dass er aber verspreche, zu warten, bis Leonie und Mona von selbst auf ihn zukommen würden. Und dass er ihnen niemals einen Vorwurf machen könnte, selbst wenn sie erst in vielen Jahren wieder Kontakt aufnehmen würden.

»Kann ich am Schluss schreiben, dass ich sie liebe, so wie sie sind? Für immer?«, fragte Herr Felgner regelrecht schüchtern.

Ich nickte.

Aber sicher.

Ich wünschte, es gäbe mehr Schriftstücke in den Gerichtsakten, in denen derartige Dinge stehen.

Das Gerichtsverfahren wurde eingestellt, da Herr Felgner ja auf eine Regelung des Umgangs verzichtete.

Das trug zur Entspannung aller Beteiligten bei. Auch bei Herrn Felgner. Er begann eine Therapie und besuchte regelmäßig die Vätergesprächskreise der Beratungsstelle.

Frau Felgner ließ zwar zu, dass Mona und Leonie hin und wieder Gespräche mit einer Psychologin führten, aber sie veränderte ihre Einstellung zu Herrn Felgner leider nicht wirklich.

Frau Sommer vom Jugendamt hielt Kontakt zu Mona und Leonie, und daher weiß ich glücklicherweise, wie es nach der Begutachtung weiterging.

Es gab einige Unruhe, als Mona vor zwei Jahren im Alter von sechzehn entschied, Kontakt zu ihrem Vater aufzunehmen. Aber da sie ihn nur in unregelmäßigen Abständen auf ein Eis oder einen Kinobesuch sehen wollte, fand sich Frau Felgner zähneknirschend damit ab. Mona hatte schon ein Jahr zuvor pubertätsmäßig kräftig auf den Putz gehauen und ihrer Mutter mit verbotenen Partys, Jungs und einem Bauchnabelpiercing das Leben schwer gemacht, weshalb Frau Felgner damals wohl schon ein wenig weichgekocht war.

Und als sich Leonie ein Jahr nach ihrer großen Schwester ebenfalls entschied, ihren Vater neu kennenzulernen, musste sie keinen größeren Kampf mehr mit ihrer Mutter ausfechten. Frau Felgner hatte es irgendwann sogar geschafft, den Mädchen viel Spaß zu wünschen, als sie zu einem Treffen mit ihrem Vater aufbrachen. Das hatten die beiden freudestrahlend beim letzten Termin im Jugendamt berichtet.

Eine harmonische Patchworkfamilie sind die Felgners nicht geworden, aber Frau Sommer versicherte mir, dass die beiden Mädchen selbstbewusste und glückliche Jugendliche geworden waren, die erfreulicherweise zu beiden Elternteilen eine funktionierende Beziehung hatten.

Und so hat mein Vater zumindest indirekt dazu beigetragen, das Leben von Leonie und Mona – und auch das ihrer Eltern – entscheidend zu verbessern. Das hätte ihm gefallen.

Danke, Papa.

Nicht nur dafür.

Wir eliminieren Herrn Horst

Ich glaube, mein Vater hätte sich zur Geschichte von Familie Felgner noch einen guten Schlussgag gewünscht, weil er doch so gerne gelacht hat. Seine aufwendig geplanten Scherze am 1. April waren gleichermaßen geliebt wie gefürchtet. Wahrscheinlich habe ich nicht nur meinen Schreibwahnsinn, sondern auch meinen Sinn für skurrilen Humor von ihm. Und deshalb habe ich bei meinem nächsten Fall ein wenig das Gefühl, dass der Geist meines Vaters ab und an seine Finger mit im Spiel hatte.

Nachdem ich beschlossen hatte, Psychologie zu studieren, war mein Vater – nennen wir es mal – suboptimal begeistert. Ich glaube, für ihn war es grundsätzlich kaum vorstellbar, einen Nicht-Juristen großgezogen zu haben. Und dann wollte dieses Kind stattdessen auch noch Psychologin werden! Das waren doch diese Leute, die einen ständig mit säuselnder Stimme fragten, was dieses oder jenes nun mit einem mache und ob da vielleicht früher irgendwas in der Kindheit nicht so ganz in Ordnung gewesen sei. Psychologen hatten diesen verstörenden Hang zur Gedankenkonfusion und Irrationalität und waren dadurch quasi das Gegenteil von Juristen. Insofern war mein Vater ob meines (O-Ton) »grotesken Berufswunsches« wenig erbaut.
Sie können sich seine Freude vorstellen, als klar wurde, dass sich juristische Wurzeln wohl doch nicht leugnen lassen. Denn bekanntlich landete ich trotz all meiner Bemühungen, Therapeutin zu werden, dann doch in der Rechtspsychologie. So war

ich schließlich fast ebenso häufig bei Gericht anzutreffen wie meine Geschwister, die beide Anwälte geworden waren.

Therapeuten waren für meinen Vater zeit seines Lebens verkappte Verrückte, die nur per Zufall im Sessel saßen und auf einem Block herumkritzelten, statt selbst auf der Couch zu liegen und über ihre Kindheit zu reden.

Und wenn ich ehrlich bin, gebe ich angesichts so mancher Therapeuten, die ich im Laufe der Jahre kennengelernt habe, meinem Vater innerlich recht. Da war schon viel Verrücktes dabei.

Auch im Rahmen von Begutachtungen spreche ich hin und wieder mit Therapeuten. Aber das ist eher selten der Fall, da sie meiner Meinung nach häufig Partei für ihre Klienten ergreifen und somit wenig bis gar nicht objektiv in ihrer Betrachtungsweise sind. Verstehen Sie mich bitte nicht falsch. Das ist auch völlig nachvollziehbar und in Ordnung so! Es bringt mir aber nun einmal in der Regel kaum Erkenntnisgewinn.

Im Fall der Familie Horst machte ich allerdings eine Ausnahme.

Mein Lieblingsanwalt, Herr Kuben, vertrat die Kindesmutter, Frau Horst, im Rechtsstreit gegen Herrn Horst, der die gemeinsame Tochter Louise gerne an jedem zweiten Wochenende sehen wollte, was aber wiederum Frau Horst nicht guthieß.

Als ich Herrn Kuben einige Tage nachdem ich den Auftrag in dieser Familiensache erhalten hatte, zufällig bei Gericht traf, bat er darum, doch im Rahmen der Begutachtung auch mit Frau Horsts Therapeutin zu sprechen.

»Ich weiß, dass die Frau Horst ein wenig ... na ja, seltsam ist. Sie ist ja nach der Trennung zu ihren Eltern gezogen und ... also, die haben schon einen gewissen Einfluss. Einen ziemlichen Einfluss ...«

Er rollte in gespielter Verzweiflung mit den Augen. »Ich habe anfangs bestimmt doppelt so lange mit Frau Horsts Eltern gesprochen wie mit Frau Horst selbst. Mannomann ...« In Erinnerung an diese verlorenen Stunden hielt Herr Kuben kurz inne und schüttelte den Kopf.

»Aber wissen Sie, Frau Seeberg, ich kenne die Frau Horst ja nun schon von Anfang an, also seit der Trennung vor fünf Jahren. Und ich sehe, dass sie durchaus Fortschritte gemacht hat. Vielleicht zieht sie ja sogar bald in eine eigene Wohnung oder ... findet gar einen ... hm.«

»Einen Hm?«, fragte ich amüsiert und zog die Augenbrauen hoch. Mein Lieblingsanwalt lachte – und es klang ein klein wenig hysterisch.

»Einen neuen Partner, wollte ich sagen, aber um ehrlich zu sein, das halte ich tatsächlich und traurigerweise für recht unwahrscheinlich. Aber dass die Frau Horst vielleicht doch wieder bei ihren Eltern auszieht, das ist jetzt schon irgendwie vorstellbar. Also, für mich zumindest. Und das ist schon mal ein Riesenfortschritt. Ich glaube, sie braucht einfach noch ein bisschen Zeit. So insgesamt ... deshalb glaube ich, es wäre gut, wenn Sie mal mit der Therapeutin sprechen. Frau Horst habe ich schon gefragt, sie wäre auch einverstanden. Aber sagen Sie um Gottes willen ihren Eltern nichts davon, sonst reden sie ihr das wieder aus.«

»Wird gemacht, Herr Kuben«, lächelte ich. »Diese Familie klingt ... spannend.«

»Ja, so kann man das natürlich auch nennen. Ich hätte ein gänzlich anderes Wort gewählt, aber ich freue mich, wenn Sie es so sehen«, lächelte Herr Kuben leicht gequält zurück.

Frau Horst und ihre Eltern hatten ihn offenbar schon so einiges an Nerven gekostet.

Herr und Frau Timmler, Frau Horsts Eltern, empfingen mich bei meinem ersten Begutachtungstermin direkt an der Tür und erklärten umgehend, dass sie »auch etwas zu sagen hätten« und erwarten würden, dass ich genug Anstand hätte, dies auch zuzulassen.

Hatte ich. Natürlich.

Und dann stand ich also erst einmal vierzig Minuten lang mit den Eltern von Frau Horst im Flur herum, um mir all das anzuhören, was ich längst aus der Akte wusste.

Sie hielten ihren Ex-Schwiegersohn (gerne auch »dieser Mensch« genannt) für einen ungehobelten, gemeinen Kerl, der ihre Tochter nur benutzte und sowieso ganz und gar nicht verdient hatte. Gott sei Dank sei ihr »Marlenchen« dann doch zur Besinnung und zu ihnen zurückgekommen. Nun wäre alles für sie und Louischen wunderbar, würde »dieser Mensch« nur endlich Ruhe geben und verstehen, dass er keine Rolle in ihrer aller Leben zu spielen habe.

»Aber dafür sind ja nun Sie da. Nach dem Gutachten wird ja wohl endlich dafür gesorgt werden, dass wir hier in Frieden leben können, ohne dass dieser Mensch ständig hier auftaucht und das Marlenchen und das Louischen durcheinanderbringt. Das muss jetzt schnellstmöglich aufhören!«

Frau Timmler nickte mir noch einmal zu – und dann noch mal. Ich verstand: Sie wollte, dass ich auch nicke, um zu zeigen, dass ich alles verinnerlicht hatte. Oft genug wiederholt hatte sie es ja. Ihre gesamte Körpersprache schien mich förmlich anzubrüllen: »Das haben Sie ja nun hoffentlich kapiert, Sie leicht unterbelichtete Sachverständige, Sie?«

Ich ignorierte all das und bat stattdessen darum, nun bitte Frau Horst und ihre Tochter kennenlernen zu dürfen.

Die Mutter geleitete mich also zu »Marlenchen«. Frau Horst bewohnte gemeinsam mit Louisa ihr altes Kinderzimmer.

Überrascht registrierte ich, dass es sich dabei um ein Durch-
gangszimmer zwischen Elternschlafzimmer und Badezimmer
handelte. So viel zur Privatsphäre …

Frau Horst wirkte unglaublich deplaziert in diesem Kinderzimmer. Das graue Kostüm, die Pumps, ihre Perlenkette und
die gesamte erwachsene Erscheinung passten so gar nicht zu
der kindlichen Einrichtung und überhaupt dem ganzen Drum-
herum. Dass sie auf dem Bett zwischen der verspielt-kindli-
chen Patchworkdecke und einem etwas zu großen Haufen
Kissen saß, verstärkte diesen seltsamen Eindruck noch einmal
deutlich.

Um es kurz zu machen: Meine Explorationstermine mit Frau
Horst, Louisa und ihrem Vater ergaben, was ich schon geahnt
hatte: Frau Horst stand unter dem Einfluss ihrer Eltern und
verteufelte alles, was Herr Horst tat, wobei es sich bei seinen
»Verfehlungen« ausschließlich um profane Dinge handelte wie
einen Besuch mit Louisa bei McDonald's (»Da hat mir meine
Mutter gerade erst wieder einen Artikel dazu aus der Zeitung
ausgeschnitten. Das ist alles krebserregend! So was darf man
doch einem Kind nicht zu essen geben!«). Weiterhin warf sie
ihrem Mann vor, mit Louisa einen Kinderfilm geschaut (»Fernsehen kann epileptische Anfälle auslösen, und dann hat man
Schaum vorm Mund und muss ins Krankenhaus! Ich habe erst
mit vierzehn angefangen, fernzusehen. Meine Mutter hat jetzt
vorsichtshalber einen Termin für Louisa bei einem Neurolo-
gen vereinbart«) und seiner Tochter die Fingernägel geschnitten zu haben (»Louisa ist es gewohnt, dass meine Mutter das
macht! Das hat sie sehr verstört, dass dieser Mensch ihre Fingernägel geschnitten hat. Der darf ihr ja nicht einfach die Nägel
schneiden! Mein Vater hat auch gesagt, dass das so nicht geht«).
Es wirkte, als würde diese erwachsene Frau und Mutter seit
fünf Jahren quasi wieder Kind spielen. Wenn sie nicht schon

bei einer Therapeutin gewesen wäre, hätte ich ihr dringend dazu geraten. Neben der Tatsache, dass sie mit Herrn Horst eine Regelung finden und ihn einfach Louisas Vater sein lassen sollte, musste sie sich dringend ein wenig von ihren Eltern lösen. Vielleicht auch ein wenig viel mehr.

Herr Horst war verständlicherweise mächtig genervt von alldem und wünschte sich endlich einen funktionierenden Umgang mit seiner Tochter. Auch wollte er, dass Frau Horst so bald wie möglich wieder bei ihren Eltern auszog.
»Wenn sie ihre Eltern nicht gerade vierundzwanzig Stunden um sich hat, dann ist sie gar nicht so daneben. Sie ist im Grunde eine gute Mutter. Und auch eine nette Frau. Aber ihre Eltern … die sind wirklich das Grauen! Wenn man irgendwie dafür sorgen könnte, dass die weniger Einfluss haben, das wäre schon toll.«
Louisa hatte eine gute Beziehung zu ihrer Mutter und auch zu ihrem Vater, war aber natürlich verunsichert durch die schlechte Stimmung, die vor und nach ihren Besuchskontakten herrschte. Sie mochte auch ihre Großeltern, fand diese jedoch in Bezug auf viele Dinge zu streng und auch irgendwie »komisch«. Wenn es nach ihr ginge, so Louisa, sollte ihre Mutter wieder mit ihrem Vater zusammenleben oder zumindest mit ihr alleine in einer Wohnung oder einem Haus. Ohne die Großeltern.
»Also, ich finde es hier schon ganz okay, aber ich hätte halt auch gerne ein eigenes Zimmer, so wie meine Freundinnen. Hier ist ja immer meine Mama bei mir im Zimmer. Und weil Oma und Opa ja hier durchmüssen, wenn sie ins Bad gehen, sind die eben auch oft hier.« Sie schaute ein wenig verlegen auf ihre Hände. »Das nervt schon so ein bisschen manchmal, wissen Sie …«

Frau Horsts Therapeutin hieß Wilhelmine Geiger, und ihre Praxis befand sich in einem Altbau in Schwabing. Was mir allerdings in den ersten Minuten nach unserer Begegnung eine gehörige Portion an Konzentration abverlangte, war Frau Geigers frappierende Ähnlichkeit mit Margaret Thatcher. Ich war regelrecht erstaunt, aus ihrem langzahnigen Mund kein nasales Englisch zu hören.

Nach einer recht frostigen Begrüßung stöckelte sie mir voraus in ein mit dunklen Holzmöbeln ganz schön vollgepacktes Wohnzimmer und bedeutete mir, auf dem Sofa Platz zu nehmen. Dann stellte sie ein kleines Blechtablett mit Tee und Krümelkeksen auf ein Tischchen daneben.

Ich sah mich wohl ein wenig zu erstaunt um, denn Frau Geiger seufzte laut auf und erklärte mit genervter Stimme: »Ja, ich weiß. Das hier ist ein Wohnzimmer und nicht das Praxiszimmer, das Sie erwartet haben. Ich therapiere bei mir zu Hause. Da habe ich Praxis und Wohnung in einem. Das ist praktisch und effizient.«

Und meines Wissens irgendwie gar nicht so richtig erlaubt und auch irgendwie unprofessionell …

»Na ja, was soll's?«, dachte ich und bemühte mich, nicht voreingenommen zu sein. Wilhelmine Geiger konnte das ja im Grunde handhaben, wie sie wollte. Hauptsache, sie war eine gute Therapeutin. Ich zückte Block und Stift und bat Frau Geiger, mir zu sagen, seit wann Frau Horst bei ihr in Behandlung sei.

»Seit fünf Jahren. Frau Horst kommt dreimal pro Woche«, erklärte sie.

Ich riss die Augen auf. »Seit fünf Jahren??«

Okay, nun klang *ich* irgendwie unprofessionell. Aber mal im Ernst: Was ist denn das für eine Therapie, bei der über fünf Jahre dreimal pro Woche behandelt wird und die einzige Veränderung darin besteht, dass sich der Anwalt *vorstellen* kann, dass die Dame *eventuell* in nächster Zeit eine eigene Wohnung nehmen könnte?

Frau Thatch…, ähm Geiger sah mich pikiert an.

»Ich nehme an, Sie haben keine psychoanalytische Ausbildung, meine Liebe?«, säuselte sie zuckersüß.

Ich schüttelte den Kopf und verkniff mir all die kritischen Dinge, die mir zur Psychoanalyse einfielen. Fünf Jahre, dreimal pro Woche … Mannomann …

Wilhelmine Geiger lächelte dünn. »Nun ja, dann erscheint Ihnen das vielleicht ungewöhnlich viel. Wobei Sie ja im Grunde zumindest während Ihres Studiums etwas über psychoanalytische Therapie gelernt haben müssten. Sie haben doch studiert, oder?« Ohne eine Antwort abzuwarten, erklärte sie mit nachsichtiger Miene: »Die Psychoanalyse ist eine tiefgehende Art und, nebenbei bemerkt, die einzig wahre Form der Psychotherapie. Verhaltens- oder Gefühlsänderungen, die sich nach Kurztherapien ergeben, sind nie von Dauer, das weiß man ja. *Richtige* Therapeuten wenden eben auch die *richtige* Therapieform an. Und damit …«, sie machte eine bedeutungsvolle Pause, »… sind sie eben auch diejenigen, die es in der Hand haben, das Leben ihrer Patienten grundlegend und nachhaltig zu verändern. Aber, liebe Frau … wie auch immer, meine Zeit ist begrenzt, und ich kann mich nun nicht damit aufhalten, Ihnen Nachhilfe in psychologischen Grundlagen zu geben, die Sie an der Universität hätten lernen sollen.«

Sie schüttelte unwillig den Kopf, und ich biss mir beinahe meine Unterlippe blutig, um all die Dinge zur Dauer von Therapien im Allgemeinen, zur Psychoanalyse im Besonderen und zu Allmachtphantasien von Therapeuten, die mir gerade im Kopf herumschwirrten, daran zu hindern, aus meinem Mund zu schnellen. Fast war ich versucht, mich auch auf meine Hände zu setzen, damit sie nicht der Versuchung nachkamen, dieser überheblichen Zahnfee ihr Blechtablett auf die Frisur zu donnern.

Ich riss mich zusammen, schließlich war es doch Herrn Kubens Wunsch gewesen, dass ich mit dieser Dame über Frau Horst sprach. Und das wollte ich nun auch tun.

Ich atmete tief durch. »Frau Geiger, könnten Sie vielleicht kurz die Fortschritte beschreiben, die Frau Horst bislang gemacht hat, und einen kurzen Ausblick geben auf die nächsten Therapieziele?«

Frau Geiger sah mich über den Rand ihrer Lesebrille mitleidig an. »Sie haben wirklich überhaupt keine Ahnung von Therapie, Kindchen.« Sie hatte doch tatsächlich »Kindchen« gesagt!

Ich atmete erneut tief durch und versuchte, mich an Lenas Geschichte vom leeren Boot zu erinnern. Aber in meinem Kopf saß Wilhelmine Geiger in ebenjenem angeblich leeren Boot, rief hysterisch kichernd »Aus dem Weg, Kindchen!« und rammte mein eigenes Boot ein ums andere Mal, bis es langsam unterging. Dass sie dabei einen Napoleonhut trug, war zwar historisch unkorrekt, aber insgesamt mehr als stimmig.

Ich kniff mich unauffällig in den Unterarm und konzentrierte mich wieder auf das Hier und Jetzt.

»Können Sie mir denn irgendetwas zu Frau Horst erzählen, Frau Geiger?« Mist, ich hörte mich fast so gereizt an, wie ich mich fühlte.

»Aber sicher kann ich das. Kein Grund zur Aufregung, werte Kollegin.« Das »Kollegin« sprach sie so ironisch aus, dass ich mir gleich noch einmal in den Arm kneifen musste. Diesmal, um mich von dem Impuls abzulenken, einfach diesen Raum zu verlassen und Frau Geiger dabei ganz nonchalant die Teetasse samt Inhalt über ihre beige Bluse zu kippen.

»Nun gut«, ließ sich Frau Geiger gnädig vernehmen und lehnte sich in ihrem Sessel zurück. »Frau Horst kam zu mir, um die Beziehung zu ihrem Mann zu bearbeiten. Dieser infantile Mensch hatte ihr sehr zugesetzt. Ich habe ihr empfohlen, sich zunächst einmal wieder in ihr Elternhaus zurückzuziehen, bis die Wunden, die diese Ehe verursacht hat, geheilt sind. Frau Horst hat das auch sofort umgesetzt, sich von ihrem Mann getrennt und ist wieder bei ihren Eltern eingezogen. Seitdem geht es stetig bergauf mit ihrer psychischen Gesundheit.«

Ganz sicher bluteten mittlerweile sowohl meine Unterlippe als auch mein Arm. Nein, ich würde keine Zwischenfragen stellen, die ohnehin nicht beantwortet werden würden.

»Frau Horst kann sich inzwischen eingestehen, dass zwischen diesem Mann und ihr keinerlei Liebe gewesen ist und er sie nur benutzt hat. Sie hat sich entschlossen, der Männerwelt ganz zu entsagen, und fühlt sich daher nun schon viel besser. Wenn dieser Mann endgültig aus ihrem Leben und dem ihrer Tochter verschwunden ist, wird sie wieder vollständig heilen. Das werden Sie sehen.«

Ich war so fassungslos, dass ich zur Sicherheit noch einmal nachfragen musste: »Das ist also sozusagen das Therapieziel? Dass der Vater aus dem Leben seiner Ex-Frau und seiner Tochter verschwindet?« Das musste doch ein Missverständnis sein.

War es aber nicht.

Frau Geiger erklärte wortreich, dass Herr Horst »an allem schuld« sei und eine Heilung der armen Frau Horst nur möglich wäre, wenn es keinerlei Kontakt mehr gebe. Auf meine Zwischenfrage, was Herr Horst denn so Schlimmes getan habe, antwortete Frau Geiger mit ihrer schon gewohnt mitleidigen Miene, dass es ja wohl nichts Schlimmeres gebe, als jemanden »vor Gott zu heiraten« (Hilfe, nun kam auch noch Gott ins Spiel!), ihn dann aber gar nicht wirklich zu lieben.

Ich erwartete zwar im Grunde keine sinnvolle Antwort mehr, musste aber dennoch nachfragen, woraus sie schließe, dass Herr Horst seine Ex-Frau nicht wirklich geliebt habe.

»Frau Horst hatte das im Gefühl und mir davon berichtet. Für fehlende Liebe gibt es keinen Beweis. So etwas fühlt man schließlich, Kindchen.«

Wenn sie noch einmal Kindchen sagte, würde ich … würde ich … Dings. Irgendwas … machen. Also, nicht wirklich natürlich. Aber vorstellen konnte ich mir etwas. Etwas, das mit Scheppern und vielen Scherben zu tun hatte.

Ganz sachlich erklärte ich: »Aber Herr Horst ist nun einmal Louisas Vater, und es gibt ein Recht auf Umgang. Sowohl für den Vater als auch für Louisa. Das kann man nur dann ausschließen, wenn es dafür triftige Gründe gibt.«

Frau Geiger schnaufte nur verächtlich und sagte nichts. Das fand ich noch unverschämter, als wenn sie mir erklärt hätte, warum sie es für Blödsinn hielt.

Ich griff nicht nach links, schnappte mir nicht die hässlich bunte Vase auf dem Sockel, warf sie nicht gegen die Wand und trat Frau Geiger nicht mit voller Wucht gegen das Schienbein. Stattdessen fasste ich zusammen:

»Also, wenn ich Sie richtig verstanden habe, dann arbeiten Sie seit fünf Jahren dreimal pro Woche daran, Frau Horst klarzumachen, dass es notwendig ist, Herrn Horst, der der Vater ihrer achtjährigen Tochter ist, aus ihrem Leben zu verbannen, weil er sie angeblich nie so richtig geliebt hat. Dass Frau Horst seit ebenfalls fünf Jahren mit ihrer Tochter in ihrem Kinderzimmer bei ihren Eltern wohnt, das zugleich der Durchgang zwischen elterlichem Schlafzimmer und Bad ist, und die Frau so langsam, aber sicher jegliches selbständige Denken aufgegeben hat, ist somit auch ein Teil Ihrer Therapie. Richtig?«

Die Ironie in meinem letzten Satz perlte an Frau Geiger ab wie Regentropfen an einer Windschutzscheibe mit Nanobeschichtung.

»Genau.« Sprach sie und nickte zufrieden, als hätte ich endlich verstanden, um was es eigentlich ging. »Wir eliminieren Herrn Horst und seinen negativen Einfluss. Herr und Frau Timmler hingegen haben einen sehr heilenden Einfluss auf Frau Horst. Ich habe mehrfach mit dem Ehepaar Timmler über ihre Tochter gesprochen. Die beiden haben meine Therapie in all den Jahren geradezu vorbildlich unterstützt.«

Ich hatte nun wirklich keine Fragen mehr, deutete so was wie ein Nicken an und wollte mich gerade zum Gehen erheben, da beugte sich Miss Thatcher vor und legte mir ihre Hand auf den Arm.

»Sie sollten dringend auch eine Therapie beginnen, meine Liebe. Sie sind ja so voller Wut und Unruhe. Das ist nicht gesund. Ich nehme an, in Ihren Liebesbeziehungen läuft etwas gehörig schief.« Sie schaute mir in die Augen. Ich nahm an, es sollte bedeutungsvoll oder vielleicht sogar besorgt aussehen, aber sie erinnerte nur an die Schlange Kaa, die ihr »Trust in meeeee« züngelte.

Ich zuckte zusammen, als sich Frau Geiger mit einem Ruck aufsetzte und aus vorerst unklaren Gründen sehr laut den Namen »Wilhelm!« rief.

Hatte sie einen Butler, der mich zur nur wenige Schritte entfernten Türe geleiten würde?

Ein dicklicher Mann mittleren Alters in gelbem Pullover und beiger Cordhose erschien und gab mir seine schlaffe Hand.

»Das ist Wilhelm, mein Sohn«, erklärte Frau Geiger. »Er ist auch Therapeut. Er könnte Ihnen helfen.«

»Wilhelm«, wandte sie sich an ihren Sprössling, »mach einen Termin mit der Frau aus. Sie hat ein Männerproblem.«

Wilhelm starrte mich aus trüben Augen an.

Hilfe.

Was war das denn hier?

Ödipussi ... nur in nicht lustig?

Psycho ...? Nein, Frau Geiger lebte ja noch. Oder so was in der Art.

»Hallo.« Sagte Wilhelm und lächelte. Ohne Augen. Nur der Mund. Also, nur die Mundwinkel und sonst nichts. Es wirkte, als hätte Frau Geiger an seinem Rücken dafür an einer Draht-schlaufe gezogen.

»Auf Wiedersehen«, antwortete ich, und die letzte Silbe ertön-te bereits im Treppenhaus.

Ja, ich war tatsächlich geflüchtet.

Das war mir, soweit ich mich erinnern konnte, noch nie pas-siert. Irgendwie war es mir auch ein wenig peinlich – ebenso wie die Tatsache, dass ich lange nicht so souverän gewesen war, wie ich es mir gewünscht hätte. Aber egal. Ich stand auf der Straße und befand mich nicht mehr bei der verrückten Frau und ihrem fischäugigen Sohn in dieser höchst seltsamen Praxis. Puh ...

Ich fühlte mich, als wäre ich gerade einer drohenden Entfüh-rung entkommen. Wahrscheinlich sah ich mir zu viele Krimi-serien an ... ich sollte mehr Rosamunde-Pilcher-Filme schau-en. Oder Dokumentationen über Bahnstrecken oder so ... und damit aufhören, dummes Zeug zu denken.

Ich kaufte mir einen Kaffee. Das wäre ein guter Moment, um eine zu rauchen. Leider war ich seit Jahren Nichtraucher. Mist.

Mit dem Kaffee in der Hand rief ich Herrn Kuben an, berich-tete kurz von meinem verstörenden Termin und gab ihm den Ratschlag, Frau Horst einen Therapeutenwechsel zu empfeh-len. Und zwar zu einem Therapeuten, der nicht der Familie Geiger angehörte. Dringend.

»Das werde ich, Frau Seeberg. Vielleicht rate ich auch gleich zu einem Anwaltswechsel ...« Er seufzte vernehmlich.

»Ach, Herr Kuben, das wäre aber zu schade! Bitte geben Sie jetzt nicht auf. Sie schaffen das schon. Denken Sie an Louisa. Für die wäre es wirklich gut, wenn Sie weiter mit dem Fall befasst wären und vielleicht doch ein wenig auf Frau Horst einwirken könnten. Ich glaube, wenn die von zu Hause ausziehen, sich einen Job samt neuem Mann suchen und einfach anfangen würde, ihr eigenes Leben zu leben, dann würde der Umgang zwischen Louisa und ihrem Vater ganz automatisch funktionieren. Das wäre großartig.«

»Jaja, und Weltfrieden wäre auch toll. Sonst noch Wünsche?«, brummte Herr Kuben.

Aber mich konnte er nicht täuschen. Ich wusste genau, dass er in Wahrheit längst nicht so grummelig war, wie er tat. Auch war ich mir sicher, dass er sich bemühen würde, in Louisas Sinne auf Frau Horst Einfluss zu nehmen. Da konnte er nicht aus seiner Haut. Und dafür mochte ich ihn gleich noch ein bisschen lieber.

»Nein, sonst keine Wünsche. Und selbst wenn Sie das mit dem Weltfrieden jetzt nicht direkt hinkriegen, kein Problem. Es reicht, wenn Sie sich weiter um Frau Horst kümmern«, erwiderte ich betont fröhlich.

»Grmmpf«, kam es von Herrn Kuben.

Ich musste kichern. »Sie sind ein Schatz!«

In diesem Fall war es tatsächlich Herr Kuben, der ganze Arbeit leistete. Nach meinem Gutachten mit der Empfehlung, Louisa solle ihren Vater an jedem zweiten Wochenende sehen und Frau Horst daneben eine Beratung mit dem Ziel einer verbesserten Bindungstoleranz in Anspruch nehmen, dauerte es noch weitere zwei Jahre und viele Gerichts-, Beratungs- und Anwaltstermine, aber dann geschah das Wunder: Frau Horst nahm sich eine eigene Wohnung, begann halbtags zu arbeiten und besuchte ihre Eltern nur noch zweimal pro Woche.

Bald funktionierten auch die Umgangskontakte zwischen Louisa und ihrem Vater so gut wie reibungslos. Es gab noch den ein oder anderen Konflikt, aber inzwischen sehen sich Vater und Tochter regelmäßig und ohne weitere Gerichtsverfahren.

Ob allerdings Wilhelm Geiger jemals in eine eigene Wohnung gezogen ist, weiß ich nicht. Ich bezweifle es. Vielleicht steht er immer noch am gleichen Platz in dem dunklen Raum und sagt alle paar Stunden »Hallo«. So lange, bis ich irgendwann wiederkomme … brrrr.

Paul

Paul saß in seinem Buggy, drückte auf einem Stück Plopp-
folie herum und kicherte dabei fröhlich vor sich hin.
Frau Schulte, die seit fast drei Jahren Pauls Pflegemutter war,
beugte sich zu dem Kleinen und sagte: »So, wir fahren jetzt
wieder nach Hause. Sag mal ›Tschüss‹, Paul.«
»Schüss, Paul!«, krähte er und lachte sich kaputt.
Frau Schulte verdrehte lächelnd die Augen. »Seitdem er das
einmal gemacht hat und meine Jungs es so witzig fanden, macht
er das ständig.« Sie sah entschuldigend zu Frau Albrecht hin-
über.
»Sag das bitte noch mal richtig. Einfach ›Tschüss‹ sagen und
winken. Ja, Paul? Bitte.« Sie wuschelte ihm über die Haare,
winkte ihrerseits und rief ein fröhliches ›Tschüüüühüüüss!‹.
Paul tat es ihr nach, und ich hörte, wie Frau Schulte ihn im
Hinausgehen dafür lobte.

Nun war ich mit Frau Albrecht alleine.
Sie saß zusammengesunken vor mir und sah mich unendlich
traurig an.
»Ich kann mich einfach nicht daran gewöhnen. Das ist jedes
Mal so furchtbar, wenn der Paul wieder wegmuss …«
Ich sah, wie ihre Hände zitterten, als sie sich unwillig über die
Augen wischte.
Nicole Albrecht war Ende zwanzig, aber mit den dunklen
Ringen unter den Augen, der fahlen Haut und den herun-
tergezogenen Mundwinkeln wirkte sie deutlich älter. Sie war
seit fast zehn Jahren alkohol- und drogenabhängig. Sie hatte

exzessiv getrunken, alle möglichen und unmöglichen Drogen ausprobiert und war schließlich bei Heroin hängengeblieben.

Als sie von ihrer Schwangerschaft erfahren hatte, wollte sie ihr Leben ändern. Sie hatte versucht, »nur noch« zu trinken, weil sie der Ansicht gewesen war, Alkohol sei weniger schlimm als Heroin.

Allerdings hatte sie damit unrecht. Entgegen unserem Alltagswissen ist Heroin für ein Kind im Mutterleib in der Regel deutlich weniger schädlich als Alkohol. Das klingt zunächst einmal unglaublich, ist aber so.

Zwar macht der Heroinkonsum einer werdenden Mutter das Ungeborene abhängig und birgt – wie auch das Rauchen während der Schwangerschaft – ein erhöhtes Risiko für Fehl- und Frühgeburten sowie den plötzlichen Kindstod. Wenn das Heroin aber »sauber« ist und in Maßen konsumiert wird, ist es sehr gut möglich, dass das Kind keine bleibenden Schäden davonträgt. Es muss in den ersten Lebenswochen einen Entzug durchmachen, der den kleinen Körper sehr belastet. Ganz davon abgesehen, dass das generell kein schöner Start ins Leben ist.

Tatsächlich ist es aber so, dass die sogenannten Heroinbabys im Gegensatz zu Babys, deren Mütter Kokain, Crystal Meth, Ecstasy oder eben Alkohol konsumiert haben, wirklich gute Chancen haben, nach dem Entzug ein gesundes Leben zu führen. Wohingegen Kinder, deren Mütter andere Drogen nehmen, mit diversen, oft irreversiblen Schädigungen zur Welt kommen. Sowohl die Organe als auch das Immunsystem, das zentrale Nervensystem und das Gehirn können in Mitleidenschaft gezogen sein. Das führt später zu intellektuellen Einschränkungen, generellen Leistungsstörungen sowie sozialen und psychischen Auffälligkeiten.

Glücklicherweise begab sich die schwangere Nicole Albrecht recht bald in ärztliche Behandlung bei einem sehr netten und erfahrenen Gynäkologen. Er bemühte sich intensiv, sie in einem Methadonprogramm unterzubringen. Mit Erfolg.

Frau Albrecht war dafür sehr dankbar und versuchte, alles richtig zu machen. Es gelang ihr nicht ganz, aber in Anbetracht ihrer Drogenkarriere leistete sie Erstaunliches.

Leider nicht genug.

Paul kam mit massiven Entzugserscheinungen zur Welt. Und schnell war klar, dass diese nicht nur vom Methadon kommen konnten. Nicole Albrecht hatte kurz vor der Entbindung doch wieder Heroin konsumiert.

Paul musste für acht Wochen im Krankenhaus bleiben, konnte dann aber recht stabil und mit guter Prognose entlassen werden. Aber eben nicht zu seiner Mutter, die vor lauter Schuldgefühlen komplett abgestürzt war. Sie war nicht mehr im Krankenhaus erschienen, sondern wochenlang untergetaucht. Schließlich war sie einige Tage vor Pauls Entlassung alkoholisiert und kaum ansprechbar im Park neben der Klinik gefunden worden.

Paul wurde bei Familie Schulte untergebracht und entwickelte sich sehr gut. Frau Albrecht stabilisierte sich ein wenig und nahm die kurzen Umgangskontakte alle vier Wochen bis auf wenige Ausnahmen zuverlässig wahr.

In den Stunden, die sie mit Paul verbringen durfte, verhielt sie sich liebevoll und fürsorglich. Manchmal überhäufte sie Paul ein wenig zu sehr mit Küssen und Umarmungen, aber insgesamt verliefen die Kontakte sehr gut.

Nicole Albrecht trank allerdings noch immer und konsumierte regelmäßig Drogen. Deshalb fanden die Besuchskontakte nach wie vor nur einmal im Monat für zwei Stunden und mit Begleitung statt.

Aber Frau Albrecht hatte sich um einen Therapieplatz bemüht. Und nachdem dieser zugesagt worden war, hatte sie einen Antrag bei Gericht gestellt, Paul wieder bei sich aufnehmen zu dürfen.

»Ich will nicht, dass er bei fremden Leuten aufwächst«, erklärte sie mir mit rauher Stimme. »Ich meine, die ist nett, die Pflegemutter. Und die kümmert sich auch gut um ihn, das weiß ich alles, aber er ist doch mein Sohn … ich will doch …«

Sie stockte und griff zitternd nach ihrem Wasserglas, wodurch sie sich selbst und den Tisch mit Wasser besprenkelte.

»Ach, Scheiße!« Sie knallte das Glas wieder auf den Tisch und fuhr sich durch die Haare.

Dann sah sie mich trotzig an. »Ich weiß, dass ich gerade nicht so wirke wie jemand, der sich gut um sein Kind kümmern kann. Aber nach dem Entzug kann ich das. Und dann will ich den Paul bei mir haben!«

Sie weinte und schien es gar nicht zu bemerken.

In den zwei Stunden zuvor hatte sie sich sehr nett und einfühlsam mit Paul beschäftigt. Sie hatte sich bemüht, ihn nicht zu sehr mit Zärtlichkeiten zu überhäufen, ihm vorgelesen, Fingerspiele gemacht und ihn zum Lachen gebracht.

Diese zwei Stunden hatten sie aber sichtlich angestrengt, und nun war sie am Ende ihrer Kräfte. Ich schlug ihr vor, nach einer kleinen Pause weiterzureden.

Sie schüttelte den Kopf. »Nein, geht schon«, erwiderte sie fast patzig.

Nein, es ging eben nicht. Das spürte ich genau. Aber ich spürte auch, dass sie das niemals zugeben würde.

Also nickte ich, schaute auf mein Handy und entschuldigte mich dafür, dass ich leider noch einen Anruf erledigen müsse.

»Das dauert nur so zehn bis fünfzehn Minuten. Könnten Sie solange draußen warten, bitte?«

Ich weiß nicht, ob Frau Albrecht mein zugegebenermaßen doch recht stümperhaftes Schauspiel durchschaute. Falls ja, ließ sie sich nichts anmerken, sondern stand wortlos auf, schnappte sich ihre Zigaretten und verließ den Raum.

Gut.

Als ich sie einige Minuten später bat, wieder hereinzukommen, stank sie zwar nach Rauch, wirkte aber nicht mehr ganz so fahrig.

Ich lächelte sie an.

»Frau Albrecht, ich kann gut nachvollziehen, dass Sie Paul bei sich haben wollen. Das ist nur allzu verständlich, aber ...«

Sie lächelte zurück und hatte mein »aber« entweder bewusst oder unbewusst überhört.

»Ja, der Paul ist einfach ... er ist so süß! Und ich liebe ihn so sehr. Ich hätt nie gedacht, dass ich das überhaupt kann. Also, jemanden so sehr ... also, dass mir jemand so wichtig ist. Das ist ... irgendwie schön, aber auch ... bisschen viel manchmal. Wenn er dann wieder gehen muss nach den Kontakten zum Beispiel. Da denk ich, dass ich das einfach nicht mehr aushalten kann.« Tränen traten wieder in ihre Augen. »Und deshalb werde ich das auch schaffen. Ich mach jetzt die Therapie, und dann nehme ich keine Drogen mehr und trink auch nicht mehr. Ich weiß, dass ich das kann! Für Paul kann ich das! Für den schaffe ich alles! Da bin ich mir hundertprozentig sicher.«

Ich sah ihr an, dass sie glaubte, was sie sagte. Ich spürte ihre Motivation und ihre Hoffnung beinahe körperlich. Pauls Mutter wirkte mit einem Mal jünger. Gesünder. Lebensfroh.

Am liebsten hätte ich das getan, was offenbar vor mir sowohl der zuständige Mitarbeiter des Jugendamtes als auch ihre Anwältin getan hatten: ihr zustimmen. Sagen, dass sie das sicher schaffen werde. Dass danach alles gut werden und Paul dann bei ihr leben würde.

Das könnte ich ihr sagen. Sie würde sich freuen und mit einem guten Gefühl nach Hause und später möglicherweise noch motivierter in die Therapie gehen. Könnte ich.

Sollte ich aber nicht.

Weil es eben einfach nicht stimmte.

Manchmal kann ich den Menschen, die ich begutachte, nicht wirklich helfen. Aber was ich immer tun kann, ist, sie mit Respekt zu behandeln und ehrlich zu ihnen zu sein.

Und so erklärte ich Nicole Albrecht, dass sie die Therapie vor allem *für sich* machen musste. Natürlich würde ihr drogenfreies Leben auch Paul zugutekommen. Aber am wichtigsten war, dass sie sich selbst wichtig genug nahm, um die Zeit der Therapie durchzustehen.

Frau Albrecht nickte und bestätigte, dass der Mann von der Klinik das auch so ähnlich formuliert hatte.

»Ich versteh das ja auch. Aber ehrlich gesagt weiß ich nicht, ob ich das ohne den Paul durchziehen würde. Wenn ich weiß, dass wir danach zusammenleben können, dann schaff ich das.« Sie lächelte versonnen in die Ferne.

Verdammt!

Verdammt, verdammt, verdammt!

Ich hätte sie jetzt gern bestätigt, ihr viel Glück gewünscht und wäre nach Hause gefahren, um mich ins Bett zu legen und die Decke über den Kopf zu ziehen.

»Frau Albrecht, Sie werden immer Pauls Mutter sein und eine Beziehung zu ihm haben. Und deshalb machen Sie Ihre Therapie natürlich *auch* für Paul.«

Frau Albrecht kniff die Augen zusammen und verspannte sich.

»Aber die Wahrscheinlichkeit, dass Sie nach Ihrer Therapie mit Paul zusammenleben werden, geht gegen null.«

Da.

Ich hatte es gesagt.

»WAS??!?«

Frau Albrecht war mit vollem Recht empört und aufgebracht. Hatten ihr doch bisher alle Fachleute versichert, dass sie bloß drogenfrei werden müsse und dann ihren Sohn zu sich nehmen könne.

Ich ging davon aus, dass sowohl der Jugendamt-Heinz als auch die Anwaltstante wenig Ahnung von ihrem Job hatten und Frau Albrecht nur deshalb völlig zu Unrecht Hoffnungen auf ein Leben mit Paul gemacht hatten.

Obwohl … nein, wenn ich ehrlich bin, gehe ich gar nicht davon aus. Ich glaube, dass beide sehr wohl wussten, dass ein gemeinsames Leben nie Realität werden würde. Aber sie waren zu feige oder zu bequem, es auch zu sagen. Da war es natürlich einfacher und kostete auch deutlich weniger Zeit und Nerven, die Mutter in ihren unrealistischen Träumereien zu unterstützen. Immer mit dem Hintergedanken, dass sich die ganze Sache im Laufe der Zeit wahrscheinlich ohnehin von selbst regeln würde. Und das fand ich wirklich widerlich! Am liebsten hätte ich den beiden dafür gehörig ans Schienbein getreten. Mindestens.

»Ich kann sehr gut verstehen, dass Sie jetzt verärgert sind. Wirklich. Sehr gut! Bitte hören Sie mir trotzdem zu.« Ich sah Frau Albrecht eindringlich an. »Bitte.«

Sie sah mich mit einer Mischung aus Verwirrung, Ärger und Angst an, nickte schließlich aber langsam.

»Es ist so: Paul ist jetzt fast drei Jahre alt. Selbst wenn wir wahnsinnig optimistisch rechnen und Ihre Therapie nur etwa sechs Monate dauert, kommt noch die Nachsorge dazu und ein gewisser Zeitraum, in dem Sie drogenfrei sein müssen. Erst dann kann man davon ausgehen, dass Sie stabil sind. Das bedeutet, dass Paul fast fünf Jahre, wahrscheinlich aber eher sechs Jahre alt sein wird, wenn der Zeitpunkt gekommen ist, dass ich oder ein anderer Sachverständiger zu einer Entscheidung kommen können. Paul hat dann sein ganzes bisheriges Leben in der Pflegefamilie gelebt. Seine Pflegeeltern sind seine psychologischen Eltern geworden. Ihn dort herauszureißen würde Paul extrem belasten und höchstwahrscheinlich seiner Entwicklung schaden.« Frau Albrecht sah mich mit schreckensgeweiteten Augen an.

Ich fühlte mich grauenhaft. Ich *wollte* ihr nicht weh tun. Ich wollte dieses Gespräch nicht führen. Ich wollte ihr lieber sagen, dass alles gut und wunderbar werden würde! Warum war ich nicht Lottofee geworden?!

»*Stopp!*«, rief ich mir innerlich zu. Hier geht's nicht um dich und deine Luxusprobleme, Sophie. Hier geht's um Frau Albrecht. Hilf ihr!

Ja, wie denn, verdammt noch mal?!

Ich hätte mich so gerne auch echt angebrüllt, statt nur in Gedanken. »Es ist so …«, begann ich eine erneute Erklärung.

»Er wird gar nie bei mir leben können«, unterbrach mich Frau Albrecht tonlos. »Es ist total egal, ob ich Drogen nehme oder nicht. Paul bleibt bei der Pflegefamilie.«

Sie war so blass geworden, dass ich Sorge hatte, sie würde ohnmächtig werden.

»Lassen Sie mich das erklären …«, begann ich erneut.

Sie hob abwehrend die Hände.

»Nein, ich hab das schon verstanden. Und ganz ehrlich? Das klingt total logisch, was Sie da sagen. Für den Paul sind die Schultes seine Familie. Ich bin nur … ich weiß nicht, so was wie eine Tante oder so …«

Aus Frau Albrechts Augen liefen die Tränen in Sturzbächen, aber sie nahm wieder keine Notiz davon.

»Wenn ich den Paul da rausreiße, aus seiner Familie … dann tu ich ihm weh und … und … ich mach wieder was kaputt in ihm. Schon wieder …«

Sie konnte nicht mehr weitersprechen und wurde vom Weinen geschüttelt.

Ich rückte meinen Stuhl neben sie und legte ihr die Hand auf die Schulter.

Da ließ sie sich gegen mich fallen, klammerte sich an mich und weinte so herzzerreißend, dass mir noch heute die Tränen kommen, wenn ich daran denke.

So saßen wir eine ganze Weile.

Ich war irgendwie froh, dass sie weinte. Dass sie nicht aufgesprungen und hinausgestürmt war, sondern zugelassen hatte, dass ich sie im Arm hielt.

Ich fand, dass das auf sonderbare Art wahre Größe zeigte.

Irgendwann reichte ich Frau Albrecht ein Taschentuch, und sie schneuzte sich mehrfach die Nase. Dann sah sie mich erschöpft an.

»Was mach ich denn jetzt?«

»Sie treten die Therapie an, wie geplant. Das machen Sie«, erwiderte ich mit Nachdruck.

»Aber das macht ja jetzt alles gar keinen Sinn mehr.«

»Ich finde schon, dass es Sinn macht. Natürlich müssen Sie erst einmal verarbeiten, dass es nun doch nicht so laufen wird, wie Sie gedacht haben. Mir tut das von Herzen leid. Aber ich …«

»Danke«, flüsterte Frau Albrecht. »Danke, dass Sie ehrlich waren. Das ist zwar schmerzhaft. Aber wenn ich mir vorstelle, dass ich die ganze Zeit geglaubt hätte, ich würde Paul zurückbekommen, und nachher … o Mann … nee, das war schon gut, dass Sie mir die Wahrheit gesagt haben. Danke noch mal. Ich finde gut, wenn man mir nichts vormacht.«

Sie versuchte ein Lächeln. »Aber ich weiß jetzt nicht, ob ich diese Therapie … also, wozu das Ganze?«

Ich sah sie stumm an.

»Für mich, ich weiß …«, seufzte sie. »Aber für mich kann ich das vielleicht gar nicht.«

»Das ist auch etwas, das Sie in der Therapie lernen sollen. Sie müssen das nicht jetzt gleich von Anfang an können. Bitte treten Sie die Therapie an. Sie bleiben Pauls Mutter. Und Sie werden weiterhin Kontakt zu ihm haben. Auch wenn er nicht bei Ihnen leben wird, wäre es doch schön, wenn Sie ein drogenfreies Leben führen könnten. Für Sie *und* für ihn. Meinen Sie nicht?«

»Doch … klar …«

Wir saßen eine Weile da und schwiegen.

Dann sagte Nicole Albrecht: »Ich würde gern ein bisschen an die Isar gehen. An die Luft. Laufen. Kommen Sie mit?«

Normalerweise lehne ich so etwas ab, weil es mir zu privat ist. Aber in diesem Fall sagte ich gerne zu.

Wir spazierten noch zwei Stunden die Isar hinauf und hinunter. Frau Albrecht erzählte von sich, schimpfte auf ihre Anwältin und das Jugendamt, lachte erstaunt auf, als ich mitschimpfte, weinte noch ein paarmal und verabschiedete sich schließlich herzlich von mir.

»Auf Wiedersehen, Frau Seeberg, und noch mal vielen Dank. Ich ziehe meinen Antrag zurück und sage auch dem Jugendamt, dass Paul in seiner Pflegefamilie bleiben kann. Darauf kann er sich dann auch verlassen, denn ich stehe zu dem, was ich sage.«

»Das finde ich großartig. Und es zeigt, was Sie für eine wundervolle Mutter sind. Alles Gute, Frau Albrecht. Und Sie machen die Therapie. Versprochen?«

»Versprochen!«, antwortete Frau Albrecht mit einem Lächeln.

Sie hat ihr Versprechen gehalten.

Sowohl in Bezug auf die Therapie als auch in Bezug auf Pauls Lebensmittelpunkt.

Vom Pflegekinderdienst weiß ich, dass es Paul nach wie vor gutgeht und er seine Mutter regelmäßig sieht.

Er ist inzwischen ein Schulkind und hatte vor einigen Wochen zum Besuchskontakt sogar ein kleines Geschenk mitgebracht, das er von seinem Taschengeld gekauft hatte: eine rosa Babyrassel für seine kleine Halbschwester Amelie, die während der Kontakte nun meist friedlich im Kinderwagen schlummerte.

>»Everything is going to be fine in the end.
If it's not fine, it's not the end.«

(Oscar Wilde)

Ich liebe dieses Zitat.
Und ich bin gerade ein bisschen wehmütig. Das hier ist nun das letzte Kapitel. Und da ich doch ein großer Fan von Happy Endings bin, möchte ich zum Schluss nur noch positive Dinge berichten, die mir in meinem Beruf passiert sind.

Hier sind sie, die Happy-Schnipsel zum Schluss.

Da war zum Beispiel die Mutter, die ich ganz zu Anfang meiner Sachverständigenlaufbahn begutachtete und die damals so gar nicht erziehungsfähig war. Sie hatte nur Shoppen, Feiern und Alkohol im Kopf. Ihr Baby war ihr lästig, und als es in eine Pflegefamilie kam, besuchte sie es nicht einmal mehr. Zehn Jahre später saß ich in einer Sorgerechtssache einer Frau gegenüber, die mich anstrahlte und fragte: »Kennen Sie mich noch? Ich hieß früher Piotrowski.«
Ich muss ein sehr dummes Gesicht gemacht haben, denn die ehemalige Frau Piotrowski, jetzige Frau Berger, lachte. »Sie haben damals dafür gesorgt, dass der Manuel in die Pflegefamilie gekommen ist.« Sie lächelte ein offenes, freundliches Lächeln.
Ich gebe zu, das irritierte mich, denn normalerweise werde ich in ähnlichen Fällen eher weniger angelächelt. Von ehemaligen Kindern, deren Situation wir verbessern konnten, schon eher. Aber von Eltern, die ich in meinem Gutachten als nicht erziehungsfähig beurteilt hatte, wirklich selten. Wenn ich so genauer darüber nachdenke, erinnere ich mich nur an

eine Handvoll freundlicher Begegnungen. Also, wenn ich großzügig aufrunde.

»Natürlich erinnere ich mich an Sie«, sagte ich also wahrheitsgemäß, »aber ich hätte Sie jetzt nicht mehr erkannt.«

Frau Berger setzte sich aufrecht hin und sah mich glücklich an.

»Ja, nicht wahr? Ich hab mich ganz schön verändert. Dass der Manuel damals in die Pflegefamilie gekommen ist, das war ein großes Glück für uns beide. Ich hätte sonst vielleicht immer so weitergemacht und dem Manuel geschadet. Aber so … als er weg war, bin ich ins Grübeln gekommen und wollte von da an alles anders machen. Das war einfach genau richtig so.« Sie strahlte regelrecht. »Dem Manuel geht es so gut da, in der Familie, der hat sich richtig toll entwickelt. Und wissen Sie was? Ich mich auch«, sagte Frau Berger voller Stolz.

Das hatte sie tatsächlich. Frau Berger hatte ihren Schulabschluss nachgeholt, eine Ausbildung zur Altenpflegerin gemacht und schließlich beim Jugendamt darum gebeten, ihren Sohn ab und zu sehen zu dürfen. Sie hatte Herrn Berger kennengelernt, ihn geheiratet und mit ihm zwei Mädchen bekommen. Dann hatte sie sich allerdings in einen anderen Mann verliebt und sich getrennt, woraufhin ihr Ex-Mann beantragt hatte, dass die Mädchen bei ihm leben sollten.

»Ich kann das ja verstehen. Der ist jetzt total verletzt und will irgendwie … ich weiß auch nicht. Ich glaube, er will mir die Mädchen gar nicht wirklich wegnehmen, sondern mir nur ein wenig Angst machen. Das ist blöd von ihm, aber der kriegt sich auch wieder ein. Bestimmt.«

Die beiden Kinder blieben bei Frau Berger, besuchten aber ihren Vater regelmäßig. Und nach den ersten konfliktreichen Monaten fanden die Eltern schließlich zu einem friedvollen Miteinander, was zu einem großen Teil Frau Bergers Verdienst war.

Aus der erziehungsunfähigen Partybiene war eine emotional intelligente, einfühlsame und voll erziehungsfähige Frau geworden. Frau Berger ging wunderbar mit ihren Mädchen um und kümmerte sich rührend. Ich konnte mich gar nicht sattsehen an dieser wundervoll positiven Veränderung.

Und dann war da noch das Künstlerehepaar Salvani, das ich wegen Streitigkeiten um den Lebensmittelpunkt ihrer beiden Kinder begutachtet hatte. Gemeinsam fanden wir schließlich die Lösung im sogenannten Wechselmodell, bei dem die Kinder eine Woche bei der Mutter und eine beim Vater leben. So wunderbar »gerecht« dieses Modell auch zunächst klingt, es passt nicht für alle Familien, denn es setzt ein hohes Maß an Flexibilität und Kommunikationsfähigkeit der Eltern voraus. Ich war damals ein wenig skeptisch, ob die beiden das wirklich ohne ständige belastende Konflikte schaffen würden.
Ich hatte nichts mehr von der Familie gehört, bis ich sie eines Tages in anderer Konstellation wiedertraf. Ich begutachtete in einem Fall der Umgangsregelung eines Pflegekindes. Und dieses Pflegekind lebte bei Herrn Salvani und seiner neuen Frau.
Als ich zum Kennenlernen des Pflegekindes zum Haus der Familie kam, fühlte ich mich wie im Paradies. Ich stand vor genau *dem* Haus, von dem ich immer geträumt hatte. Es war ein geräumiges, freundliches Fachwerkgebäude mit großen Fenstern und einem Balkon um das ganze Obergeschoss herum. Überall waren Blumenkästen, und der Garten, der das Haus umgab, war alt gewachsen mit großen Obstbäumen, in denen bunte Lampions hingen. Unter ihnen stand ein gigantischer Holztisch. Es war eher eine riesige Tafel, an der locker fünfzehn Personen Platz fanden. Dieser Garten hatte die für mich perfekte Mischung aus gepflegt und verwildert. Und als ich am hinteren Ende auch noch eine Gruppe wilder Mohnblumen

entdeckte, war ich restlos begeistert. Denn ich liebe Mohnblumen. Und sie wachsen nicht überall. Gerne würde ich folgern, dass Mohnblumen nur an Orten seelischer Ruhe gedeihen oder etwas in der Art. Nachdem sich diese Blumen aber seltsamerweise ausgerechnet an Grünstreifen stark befahrener Straßen wohl fühlen, wäre diese Folgerung zwar hübsch für den Moment, aber faktisch schon sehr falsch.

Herr Salvani begrüßte mich erfreut und stellte mir seine neue Frau vor. Eine füllige, sehr freundlich dreinschauende Frau kam auf mich zuge… nun ja, ich kann es nicht anders sagen … gehopst. Nicht dass sie wirklich gesprungen wäre. Aber ihr Schritt wirkte, als würde sie sich auf einem dieser Kinderhüpfbälle auf mich zubewegen. Stellen Sie sich Winnie-the-Pooh als fröhliche Frau vor, die auf einem Hüpfball durch den Garten ditscht, und Sie liegen ganz gut. Sie war Grundschullehrerin, und mir gefiel die Vorstellung von dieser rundum fröhlichen, positiven Frau vor einer Klasse von Grundschulkindern. Sie erkundigte sich, ob wir vielleicht erst einmal am Gartentisch Platz nehmen wollten. Und wie ich wollte!

Während wir in den Garten gingen und ich voller Staunen auch noch ein wunderschönes Baumhaus, eine Schaukel *und* einen kleinen Teich entdeckte, rief Herr Salvani in Richtung Haus, dass die Frau Seeberg da sei. Und schon wuselte eine Horde Kinder in den Garten, gefolgt von einem Mann und einer Frau mit einem Baby auf dem Arm. Wenn jetzt auch noch ein Hund … da kam auch schon ein Golden Retriever hinterhergetrottet und rundete das Bild höchst gelungen ab. Ich war noch damit beschäftigt, mich begeistert umzuschauen und die Kinder zu zählen, als ich in der Frau mit Baby auf dem Arm Frau Salvani erkannte. Sie strahlte, begrüßte mich überschwenglich und stellte mir ihren neuen Mann, einen muskelbepackten Schreinermeister, vor.

»Und das hier«, sie deutete auf das Kindergewusel, »sind Sinja und Mareike. Die kennen Sie ja noch.«

In der Tat hatten sich die Mädchen kaum verändert in den letzten Jahren. Sie waren einfach eine sehr viel größere Version ihrer selbst geworden.

»Ihr Süßen«, rief Frau Salvani in die Runde. »Kommt doch bitte mal her, um Frau Seeberg zu begrüßen!«

Und schon kamen alle Kinder angelaufen, stellten sich in einer Reihe auf und gaben mir nacheinander die Hand. Das war so absurd freundlich und heile-Welt-mäßig, dass ich beinahe laut gelacht hätte.

Während ich das hier schreibe, kann ich selbst kaum fassen, dass sich das alles wirklich so zugetragen hat. Es klingt wie aus einem dieser in warmen Farben gedrehten Alles-ist-wunderbar-Filme, die ich so gerne sehe. Aber es hat sich tatsächlich exakt so zugetragen.

Neben den gemeinsamen Kindern der ehemaligen Eheleute Salvani begrüßte ich noch zwei Teenager, die sich als Söhne der neuen Frau von Herrn Salvani vorstellten, sowie das Pflegekind Ramon, um das es bei meinem Besuch ging. Außerdem wuselte ein etwa dreijähriges Zwillingspärchen im Garten umher.

»Das sind Theo und Fiona«, erklärte Frau Salvani und fügte mit Blick auf das Baby auf ihrem Arm hinzu: »Und das hier ist Samuel.«

»Und das Emma!«, krähte Theo und wuschelte dem Hund durch das Fell.

Dann trollten sich die Teenies wieder ins Haus. Die anderen Kinder spielten im Garten, während ich mich mit den Erwachsenen an den Tisch setzte. Frau Salvani war wohl extra mit ihrem Mann zum Kaffeetrinken vorbeigekommen, weil sich die Frau Seeberg nach all den Jahren angekündigt hatte. Das alles fand ich zwar nett, aber auch irgendwie seltsam. Vielleicht hatte ich ein paar Mal zu oft ähnliche Situationen gesehen, die sich dann als fadenscheinige Scharadenspiele entpuppten und nicht einmal so lange vorhielten, bis »die Frau vom Amt« wieder weg war.

Doch diesmal lag ich falsch.

Das, was ich hier vor mir hatte, war tatsächlich eine einzige große, glückliche Patchworkfamilie.

Nachdem die Salvanis jeweils einen neuen Partner gefunden hatten, war die Überlegung aufgekommen, dass es doch viel praktischer und schöner wäre, wenn alle zusammen in einem großen schönen Haus mit Garten wohnen und gemeinsam für die Kinder da sein könnten.

»Ja, und dann haben wir dieses Haus hier gefunden und gar nicht mehr groß überlegt.« Herr Salvani lächelte. »Wir wohnen jetzt seit über vier Jahren hier und sind sehr glücklich damit.«

Ich schaute in zustimmend lächelnde Gesichter.

Ich werde diese Szenerie niemals vergessen.

Es war eine Momentaufnahme der Harmonie und des Glücks. Dieser Garten, der mir jetzt irgendwie verzaubert erschien, die fröhlich miteinander spielenden Kinder, der Hund, der dösend unterm Kirschbaum lag, die neue Frau Salvani, die gerade der ehemaligen Frau Salvani ihr Baby abnahm und es liebevoll im Arm hielt, die beiden Männer, die mir erzählten, wie gut sie sich alle ergänzten … ich wäre am liebsten ebenfalls in dieses Haus eingezogen. Oder in das Baumhaus.

Und dann war da der ehemalige Alkoholiker, Herr Friedrich, der nach vielen Jahren der Abhängigkeit erfolgreich die Entgiftung und eine Therapie durchlaufen hatte und nun schon seit zwei Jahren trocken und stabil war. Seine drei Kinder lebten mittlerweile seit einem Jahr wieder bei ihm.

Er hatte sich kurz nach der Geburt des dritten Kindes von der Mutter getrennt. Frau Friedrich hatte ebenfalls getrunken. Die beiden hatten viel gestritten, sich wieder versöhnt, erneut getrennt und bei all dem Beziehungshinundher oftmals die Bedürfnisse ihrer Kinder vernachlässigt. Seit drei Jahren waren die Eltern nun endgültig getrennt. Frau Friedrich hatte sich danach immer weniger um die drei gekümmert, dafür aber immer mehr getrunken. Schließlich waren die Kinder in verschiedenen Bereitschaftspflegefamilien untergebracht worden. Etwa zu diesem Zeitpunkt hatte sich Herr Friedrich in Therapie begeben und es tatsächlich geschafft, trocken zu werden. Und zu bleiben. Frau Friedrich dagegen stürzte vollends ab, experimentierte neben dem Alkohol mit diversen Drogen und wurde wiederholt straffällig, wofür sie eine Haftstrafe auf Bewährung aufgebrummt bekam. Einige Wochen bevor ich den Gutachtenauftrag erhielt, hatte sich Frau Friedrich in stationäre Therapie begeben. Herr Friedrich dagegen hatte sein Leben wieder recht gut unter Kontrolle. Allerdings hatte das Jugendamt Zweifel, ob es den Kindern bei ihm auch wirklich gutgehen würde. Ihnen war zu Ohren gekommen, dass das Ehepaar sich wieder angenähert hatte.

Hier kam ich als Gutachterin ins Spiel und lernte zunächst Herrn Friedrich kennen: Er war das, was man einen vollen Therapieerfolg bezeichnen kann. Wenn er über seine Vergangenheit sprach, beschönigte er nichts, zerfleischte sich aber auch nicht mit Selbstvorwürfen und Schuldgefühlen. Er war reflektiert, klug und realistisch. »Natürlich werde ich nie wirklich sicher sein. Deshalb habe ich ja auch weiterhin eine Nachsorge und gehe zu den Treffen. Ich kann nicht so leben, als wäre ich kein Alkoholiker. Aber ich kann als trockener Alkoholiker leben. Ich hatte schon einige Phasen, die gefährlich waren. Zum Beispiel, als letztes Jahr meine Mutter tödlich verunglückt ist. Aber ich habe das geschafft, ohne wieder zu trinken. Ich will das auch weiterhin schaffen. Für meine Kinder, aber auch genauso für mich. Ich möchte ein Leben haben. Und das hat man nicht, wenn man in einer Sucht gefangen ist.«

Herr Friedrich ging liebevoll mit seinen Kindern um und nahm auch hier Hilfe in Anspruch. Er hatte eine erfahrene Familienhelferin, die ihn unterstützte, wenn er mal nicht weiterwusste. »Und ich sag Ihnen, das passiert schon ab und zu. Ich bin alleinerziehend mit drei Kindern, die so einiges mitgemacht haben. Das schaffe ich nicht ohne Hilfe. Noch nicht. Aber irgendwann vielleicht schon.«

Als ich ihn nach seiner Ex-Frau fragte, lächelte er. »Ich weiß, dass das Jugendamt nicht gut findet, dass wir uns wieder besser verstehen. Dabei sollten sie sich doch drüber freuen. Ich will, dass meine Kinder mit uns beiden aufwachsen können. Nicht in einer gemeinsamen Wohnung oder so. Das ist vorbei. Aber ich möchte meine Ex-Frau, soweit ich kann, bei ihrer Therapie unterstützen. Was ich tun kann, damit sie es schafft, von dem ganzen Zeug loszukommen, das werde ich auch tun. Wir kennen uns gut, und ich weiß in etwa, wie es ihr geht. Wir können darüber reden. Ich kann ihr Mut machen. Und ich kann ihr guttun, indem ich ab und zu mit den Kindern hinfahre, damit sie sich sehen und eine Runde *Mensch ärgere Dich nicht* spielen können oder so. Warum soll ich mich denn von ihr fernhalten? Sie ist die Mutter meiner Kinder. Ich weiß, dass sie eine schwere Zeit durchmacht, und möchte ihr dabei so viel helfen, wie ich kann. Natürlich nur, soweit es nicht auf Kosten der Kinder geht. Das ist doch klar. Ich verstehe nicht, was dagegen zu sagen ist.«

Recht hatte er.

Dagegen war nämlich rein gar nichts zu sagen.

Darüber konnte man sich einfach nur freuen. Was für ein warmherziges und einfühlsames Verhalten. Und was für ein wunderbar positives Vorbild für die drei Kinder!

Und es gibt noch eine gute Nachricht: Frau Friedrich schaffte es zwar nicht beim ersten Anlauf und auch nicht beim zweiten, aber beim dritten. Sie sieht ihre Kinder regelmäßig. Auch Herr Friedrich ist nicht mehr rückfällig geworden und seinen Kindern weiterhin ein wundervoller Vater.

Und dann war da ein komplett unfähiger Amtsrichter, der den zwölfjährigen Moritz nach acht Jahren in seiner Dauerpflegefamilie wieder in den Haushalt seiner Eltern zurückschickte. Diese verbrachten zwar mittlerweile nicht mehr die meiste Zeit im Gefängnis oder beim Ableisten von Sozialstunden, waren aber auch nicht einfühlsam genug, zu bemerken, dass die Hauptbezugspersonen ihres Sohnes nun seine Pflegeeltern waren. So belasteten sie den Jungen mit ihrem Antrag bei Gericht massiv. Moritz hatte seine Eltern in unregelmäßigen Abständen gesehen, fand sie »ganz okay«, wollte aber selbstverständlich unbedingt bei seiner Pflegefamilie bleiben, in der er seit seinem vierten Lebensjahr lebte. Der Richter fand aber, dass das nun mal nicht Moritz' Entscheidung sei, sondern seine. Und er entschied, dass Moritz' Eltern mittlerweile erziehungsfähig seien und deshalb ihren Sohn zurückbekommen sollten. Selbstverständlich nahmen sich die Pflegeeltern, Herr und Frau Jäger, einen Anwalt und legten Berufung ein. Die Richter am Oberlandesgericht beauftragten mich schließlich mit der Begutachtung. Denn irgendwie hatten sie das berechtigte Gefühl, dass ihr Kollege vom Amtsgericht das ein oder andere übersehen hatte: zum Beispiel die Bindungen, den Willen und die Bedürfnisse des Kindes. Und eine genaue Überprüfung der Erziehungsfähigkeit der Eltern.
Das Verfahren dauerte sieben Monate.
Das sind rund achtundzwanzig Wochen. Oder 196 Tage. Genauer waren es sogar 199. Moritz hat sie gezählt. Jeden einzelnen.

Am zweihundertsten Tag war die Verhandlung am Oberlandesgericht, und danach durfte er mit seinen Pflegeeltern nach Hause gehen.

Die Jägers hatten, optimistisch, wie sie waren, ein Fest für Moritz vorbereitet und mich so herzlich eingeladen, eine Tasse Kaffee mit ihnen zu trinken, dass ich nicht ablehnen konnte – und wollte. Es gab Kuchen, Girlanden, ein »Willkommen zu Hause«-Schild und von jedem Familienmitglied ein Geschenk. Die kleinen Geschwister hatten etwas gemalt, Frau Jäger hatte Moritz' Zimmer neu gestrichen, und Herr Jäger überreichte seinem Pflegesohn feierlich ein eigenes Schweizer Taschenmesser, über das sich dieser so maßlos freute, dass er sich direkt in den Daumen schnitt. Ich weiß nicht, ob das vielleicht eine Art genetisch-archaischer Initiationsritus war. Es scheint ein ungeschriebenes Gesetz zu geben, dass Kinder, denen man ihr erstes Taschenmesser schenkt, sich damit umgehend in den Finger schneiden. Nicht tief, nicht dramatisch, aber doch so, dass die Erinnerung daran noch eine Weile im Gedächtnis bleibt. Die klassische Warnung »Schneid dich nicht« war dabei noch nie eine Hilfe. Eher eine Art negative Aufforderung.

Ich selbst finde diese Taschenmesser übrigens auch wirklich praktisch. Rein theoretisch. Denn ich kann sie nicht benutzen. Dazu müsste erst ein Werkzeug erfunden werden, mit dem ich die verschiedenen Werkzeuge aus dem Inneren des irre praktischen Taschenmessers herauspulen kann.

Ich sehe zwar immer wieder, dass es Menschen auch ohne Spezialwerkzeug gelingt. Mir aber nicht.

Wenn ich einmal in die Verlegenheit komme, ein Taschenmesser benutzen zu wollen oder zu müssen, stehe ich da wie der Deppenkaiser und kann damit höchstens einen Zettel am Wegfliegen hindern. Aber nicht, indem ich diesen mit der Klinge an die Tischplatte pinne, sondern indem ich das Taschenmesser in zugeklappter Form als Briefbeschwerer nütze. Ich könnte damit auch eine Scheibe einwerfen. Aber mehr auch nicht. Seitdem ich aber bei Familie Jäger zur Willkommensfeier für Moritz war, verbinde ich mit Taschenmessern nicht mehr nur mein eigenes Unvermögen, sondern auch und vor allem das wundervolle Happy End mit Herrn Jäger und Moritz, die nach zweihundert Tagen unfreiwilligen Getrenntseins entspannt und guter Dinge auf der Gartenbank saßen und schnitzten.

Moritz studiert im Übrigen seit einigen Semestern Jura und ist fest entschlossen, später als Familienrichter zu arbeiten. Ich bin sicher, er wird einer der besonders guten werden.

Und dann war da noch Mascha, die ich in meinen ersten Jahren als Sachverständige in Obhut nehmen ließ. Im Rahmen der Begutachtung einer Umgangsstreitigkeit hatte sich herausgestellt, dass das damals zehnjährige Mädchen sowohl von ihrer Mutter als auch ihrem Vater massiv verprügelt und beschimpft worden war. Sie kam zunächst in einer Diagnosegruppe in einem Heim unter und wechselte später in ein SOS-Kinderdorf, wo sie sich sehr gut entwickelte.

Vor zwei Jahren traf ich Mascha wieder. Sie arbeitete mittlerweile im Jugendamt beim Pflegekinderdienst, lebte mit ihrem Freund zusammen und besuchte ihr ehemaliges SOS-Kinderdorf weiterhin regelmäßig. Sie erzählte mir, dass sie ihre leiblichen Eltern zwar nicht mehr sehe, diese aber nicht hasse oder Ähnliches.

»Ich hab meinen Frieden damit gemacht. Und ich bin jeden Tag dankbar dafür, dass ich so ein gutes Leben habe. Besser als gut! Ich bin gesund, auch psychisch.« Sie lächelte. »Und ich habe alles, was ich brauche – und noch mehr. Ich bin glücklich. Das kann man nämlich auch mit verkorkster Kindheit sein.«

Da konnte ich ihr nur aus vollem Herzen zustimmen. Ich habe mich sehr gefreut, zu sehen, dass Mascha selbst das beste Beispiel dafür ist.

Und dann war da noch Herr Markovic, dessen Frau verstorben war. Ich weiß, das klingt zunächst alles andere als positiv. Es wurde zunächst sogar noch schlimmer, da eine Dame vom Jugendamt der Ansicht war, der Mann sei mit seiner Trauer, seiner Arbeit und den Kindern sicherlich überfordert. Und deshalb hatte diese Dame mit Unterstützung einer geradezu grotesk unfähigen Richterin beide Kindergartenkinder in verschiedenen Pflegefamilien untergebracht. Es dauerte einige Monate, aber dann war die kleine Familie wieder vereint. Denn nach meiner Begutachtung konnte Herr Markovic seine beiden kleinen Kinder wieder zu sich nehmen.

Mehrere Jahre später traf ich ihn per Zufall wieder. Ich saß mit einem Freund in einem Straßencafé, als er mit einem seiner Kinder vorbeilief. Ich erkannte zunächst weder ihn noch das Kind, das mittlerweile schon fast ein Teenager war, bemerkte aber, dass der Mann stehen geblieben war und mich aus einiger Entfernung musterte. Er sagte etwas zu seinem Kind und kam dann zu mir. Erst dann erkannte ich ihn an seinem Gang und seinem angespannten Gesichtsausdruck, den ich in der Zeit der Begutachtung so oft gesehen hatte. Als Herr Markovic bei mir angekommen war, erhob ich mich. Er gab mir die Hand und sagte: »Ich weiß nicht, ob Sie sich an mich erinnern …«

»Ich erinnere mich, Herr Markovic. Wie geht es Ihnen?« Ich lächelte und sah, dass er sich deutlich entspannte.

»Ja, gut …« Er lächelte unsicher. »Also, ich … das ist jetzt ein bisschen unangenehm, aber ich …« Seine Stimme brach, und er knetete nervös seine Hände.

»Frau Seeberg«, begann er feierlich und mit Tränen in den Augen. »Sie haben mir damals das Leben gerettet, indem Sie mir meine Kinder zurückgebracht haben. Ohne Sie wäre ich … ich weiß es nicht. Aber ich muss so oft an Sie denken, und jetzt, wo ich Sie hier sehe … also … ähm … Frau Seeberg, darf ich Sie vielleicht einmal umarmen?«

Ich wollte sagen, dass ich nur meinen Job gemacht hatte und jeder andere Sachverständige mit halbwegs funktionierendem Hirn genau das Gleiche getan hätte, aber glücklicherweise besann ich mich. Das wäre ein dummer und unangebrachter Kommentar gewesen.

»Natürlich dürfen Sie«, sagte ich stattdessen.

Und dann stand ich da. Mitten in der Einkaufsstraße. In der Umarmung dieses Mannes, den ich einmal begutachtet hatte. Erst war mir das unangenehm, aber dann ließ ich mich in den Augenblick fallen und spürte Herrn Markovics Dankbarkeit und Rührung. Er weinte, und auch mich berührte das sehr.

Schließlich ließ er mich los, schaute mich verweint, aber glücklich an und sagte noch einmal »Danke! Vielen, vielen Dank!«.

Ich wischte mir über die Augen und lächelte. »Ich danke Ihnen, Herr Markovic.«

Dann sahen wir beide zu dem Teenie-Mädchen, das in einiger Entfernung auf ihren Vater wartete und die Augen verdrehte. Als sie aber meinen Blick bemerkte, lächelte auch sie und winkte mir freundlich zu.

Herr Markovic und ich verabschiedeten uns, und ich setzte mich mit wackeligen Knien wieder zu meinem Freund an den Tisch.

Der hatte einen ganz glasigen Blick und sagte ergriffen: »Wow … hast du einen schönen Beruf!«

Und wissen Sie was?
Das finde ich auch.

Ich danke …

… den wunderbaren Menschen beim Droemer Knaur Verlag, insbesondere Stefanie Hess und meinem Lektor Roman Schmid. Die Zusammenarbeit war mir eine große Freude.

… Ihnen. Danke, dass Sie Maik-Tylor und mir Ihre Aufmerksamkeit geschenkt haben! Ich hoffe, Sie hatten eine gute Zeit mit uns.

… Barbara und Jutta für fachliche und spirituelle Inspiration. (Ja, das geht erstaunlicherweise beides fast gleichzeitig.)

… meiner Mutter, für all das leckere Essen, die vielen Bücher, die guten Gespräche und dafür, dass immer genug Liebe da ist.

… Steffi. Thank you for being a friend. Du bist toll!

… Nadine. Ich danke dir von Herzen für deine Nähe und Liebe, dein Vertrauen, gute Ratschläge, deinen Humor und Lizzy, das Schreibschaf. Du bist meine liebste Seelenschwester – und eine echte wahre Heldin.

… Laura für Begeisterung, Engagement und Weinschorle.

… den Ex-Männern und -Frauen in meinem Leben. Ich bin stolz und glücklich, in einer so gut funktionierenden, fröhlichen Patchworkfamilie leben zu dürfen. Und ich freue mich unendlich, dass dadurch auch noch ein Bonuskind in mein Leben getreten ist. Ein ganz besonders liebenswertes – im wahrsten Sinne des Wortes.

… meinen Kindern. Ihr seid eine einzige große Freude für mich, und ich bin immer wieder erstaunt, dass ich noch nicht geplatzt bin vor Stolz auf euch. Ich liebe euch quer durch das ganze Märchenland und sieben Mal ums Universum herum. Mindestens.

… meinem Mann. Durch dich hat der Begriff »Gefährte« eine ganz neue, wundervolle Bedeutung bekommen. Dich an meiner Seite zu wissen, das ist ein ganz und gar unfassbares, riesengroßes Glück!

SOPHIE SEEBERG

Die Schakkeline ist voll hochbegabt, ey!

Aus dem Leben
einer Familienpsychologin

Sophie Seeberg kriegt es hautnah mit, das Leben, denn die Psychologin begutachtet Familien fürs Gericht.
Sie erlebt dabei schockierende und traurige, aber auch urkomische und skurrile Geschichten. Wenn zum Beispiel der Vater nicht zum Termin erscheint, weil er betrunken auf der Straße eingepennt ist – auf einem Rucksack voller Diebesgut. Oder wenn die Mutter ihren erwachsenen Sohn behandelt, als wäre er ein Kleinkind. Seeberg zeigt uns den ganz normalen Familienwahnsinn und behält dabei immer einen unnachahmlichen Sinn für Humor.

KNAUR

SOPHIE SEEBERG

Die Schanin hat
nur schwere Knochen!

Unerhörte Geschichten
einer Familienpsychologin

Absurde Geschichten aus dem echten Leben: Sandy erwartet
ein Kind vom Ex-Freund ihrer Mutter, der der Vater ihres kleinen Bruders ist. Dass die Mutter auch noch vom Ex-Freund
der Tochter schwanger ist, macht das Ganze nicht einfacher für
Familienpsychologin Sophie Seeberg. Als Gerichtsgutachterin
erlebt sie tragische, aber auch skurrile Momente. Wenn beispielsweise eine Mutter erklärt, dass ihre Schanin »nur schwere
Knochen« habe, während diese in kurzer Zeit mehrere Tafeln
Schokolade verdrückt.
Zum Weinen, Kopfschütteln, Lachen und Wundern.

THOMAS KAUSCH

Wie ich meine Tochter durchs Abitur brachte

Ein Helikoptervater dreht auf

Der steinige Weg zur ABIkalypse.
Wunderkind ist immer (nur) das eigene! Auch wenn man dafür das Abi selbst in die Hand nehmen muss. Thomas Kausch erzählt witzig und selbstironisch, mit welchen Tricks und Finten man den Nachwuchs durch die Schulzeit und die Lehrer auf seine Seite bringt. Ein Buch für alle Eltern, die nur noch mit Humor durch den Erziehungsalltag kommen.